吴常艳 著

长江经济带
土地利用与经济一体化

Land Use and Economic
Integration of
the Yangtze River Economic Belt

南京大学出版社

图书在版编目(CIP)数据

长江经济带土地利用与经济一体化 / 吴常艳著. --
南京：南京大学出版社，2021.8
ISBN 978 - 7 - 305 - 24615 - 9

Ⅰ. ①长… Ⅱ. ①吴… Ⅲ. ①长江经济带－土地利用
②长江经济带－经济一体化 Ⅳ. ①F321.1②F127

中国版本图书馆 CIP 数据核字(2021)第 118223 号

出版发行　南京大学出版社
社　　　址　南京市汉口路 22 号　　　　邮　编　210093
出 版 人　金鑫荣
书　　　名　**长江经济带土地利用与经济一体化**
著　　　者　吴常艳
责任编辑　田　甜　　　　　　　　编辑热线　025 - 83593947
照　　　排　南京南琳图文制作有限公司
印　　　刷　徐州绪权印刷有限公司
开　　　本　718×1000　1/16　印张 17　字数 258 千
版　　　次　2021 年 8 月第 1 版　2021 年 8 月第 1 次印刷
ISBN 978 - 7 - 305 - 24615 - 9
定　　　价　158.00 元

网址：http://www.njupco.com
官方微博：http://weibo.com/njupco
官方微信号：njupress
销售咨询热线：(025) 83594756

序　言

　　土地利用是一切人与自然活动的载体和空间体现,因此,经济活动对于土地利用的影响具有显著的时空效应。长江经济带是典型的流域经济带,也是由不同规模城市群支撑的综合性城市群经济带,人口密集、经济总量大,已经成为新时期我国综合实力最强、战略支撑作用最大的区域之一,也是我国畅通国内国际双循环的主动脉和强有力的抓手。

　　长江经济带建设经历了"大开发"到"大保护"的发展阶段,耕地加速减少、建设用地急剧扩张、生态用地空间受到挤压、湿地生态遭到破坏、水体污染严重等资源环境问题突出,这一过程中长江经济带经济发展与土地利用关系如何演变?长江经济带土地利用格局如何支撑经济一体化发展?近年来,长江经济带交通运输快速发展,初步形成横贯东西、纵贯南北的综合立体交通走廊,基础设施网络布局进一步完善,长江经济带建立综合交通运输体系会不会加强区域之间的联动发展?市场要素的流动会不会影响国土空间开发格局的重构?尤其是如何适应长江生态大保护的战略要求,优化长江经济带国土空间用途管制?这些都是长江经济带人与自然和谐共生,现代化建设需要回答的重要学术命题。

　　为此,《长江经济带土地利用与经济一体化》专著就上述问题进行了深入研究与探讨,其着重在于尝试构建多维指标体系评价长江经济带经济一体化程度,利用遥感影像数据揭示长江经济带土地利用空间演化格局,并分析土地利用与经济一体化之间的响应关系,阐述土地利用与经济一体化响应的路径,从陆路交通网络化入手,分析交通网络骨架对实际土地利用结构、国土空间资源配置起到的重要调控作用,并解释综合交通发展对土地利用的影响机制。

该书研究表明:长江经济带经济一体化呈现由弱到强的演变特征,尤其是空间一体化过程不断加强,呈现出经济联系网络日益稠密化趋势,且表现出以城市群为核心的组团式一体化发展格局。其中,交通网络化发展提高了长江经济带经济一体化水平,加快了经济转型速度,促进了市场各大要素的自由流动。1990—2015年长江经济带土地利用变化呈现出耕地面积减少有所加速,建设用地面积持续增长的态势。各个地类之间的转化逐渐加剧,耕地、林地、草地转化为其他地类的比例最高,尤其是耕地转化为建设用地的面积占耕地减少总面积的50%以上。长江经济带经济一体化与耕地变化面积呈现负响应关系,建设用地面积变化与经济一体化呈现正响应关系。该书的主要创新在于:

一是系统地分析了长江经济带经济一体化与土地利用的耦合特征

长江经济带土地利用变化问题一直是学术界关注的重要议题,已有研究主要是围绕长江经济带干流沿岸城市的土地利用转型、长江经济带内部各个城市群的建设用地扩张等方面开展,但城市群内部各城市的自然地理禀赋及发展程度差异大,而现有研究对于长江经济带整体流域内地级市的社会经济发展与土地利用变化之间的耦合性分析不足。本书略有弥补了这一不足,分别从经济一体化与土地利用变化的响应关系、经济一体化与土地利用变化之间的空间关联性、经济一体化与土地利用变化的响应路径等三个章节探讨了地级市尺度上长江经济带经济一体化与土地利用变化的耦合响应特征,从而更为系统、深入地揭示了长江经济带社会经济一体化过程与土地利用变化之间的关系,有助于全面统筹长江经济带社会经济发展与土地资源利用问题,为长江经济带构建"山水林田湖草生命共同体"提供参考。

二是科学地阐述了长江经济带土地利用变化的空间溢出机制

该书注重通过理论与实证相互印证,凝练科学问题并给予系统研究。尝试性地将土地利用与经济一体化命题相结合,探索经济一体化过程对土地利用的影响。理论上利用新经济地理学理论和远程耦合分析框架,将区域城际陆路交通网络化作为经济空间一体化的重要指标,重点剖析了时空压缩效应对土地利用变化的溢出影响;并基于交通可达性修正传统空间计量模型,探索性地计量了城际陆路交通网络化视角下的土地利用空间溢出机制,这为未来长江经济带实施国土空间规划,科学谋划绿色发展理念具有重要的指导价值。从而,从理论上丰富了新经济地理学理论对土地利用变化的解释力,这为尚处于探索的土地利用变化的空间效应研究提供新视角。

三是深刻体现了长江经济带人与自然和谐共生的基本方略

生态文明建设作为统筹推进"五位一体"总体布局和协调推进"四个全面"战略布局的重要内容,坚持人与自然和谐共生是新时代生态文明建设发展理念的重要体现。长江经济带发展是我国区域协调发展战略的重要高地,也是落实"绿水青山就是金山银山"绿色发展理念的关键带,更是实现国内国际双循环发展的主战场。

长江经济带社会经济发展与土地利用的协调共生发展,是长江生态大保护的重要战略内涵。随着长江经济带开发建设进程的不断推进,各类要素加速集聚,中西部承接东部产业转移强度加大,城镇化和工业化水平进一步提高,这将需要优化或重构国土空间开发格局,长江经济带区域经济协调发展与生态环境保护和国土空间优化面临重大挑战。因此,专著就长江经济带土地利用变化对经济一体化的响应过程及其机理进行研究,为探索形成经济一体化背景下长江经济带土地资源合理有效利用路径提供了政策参考。

近年来,南京大学的土地利用研究团队持续关注长江经济带资源环境与绿色发展问题,形成了重要的研究专著《长江经济带资源环境与绿色发展》。

《长江经济带土地利用与经济一体化》一书，是作者在博士论文研究成果的基础上完善修订而成，作为研究团队的成员，本书也属于南京大学关于长江经济带绿色发展研究的系列丛书。作者尝试构建经济一体化与土地利用变化之间的响应关系的理论分析框架，揭示长江经济带经济一体化过程对土地利用的影响，不仅具有理论上的探索性意义，而且试图定量解释土地利用的空间溢出效应，在研究思路及方法上具有新颖性。

需要指出的是，长江经济带区域异质性特征明显，经济一体化的过程相对复杂，土地利用对经济一体化的响应过程也存在差异，在长江经济带生态优先、绿色发展的新理念下，需要更多更为系统、更为深入的研究成果，才能为长江经济带高质量发展奠定科学坚实的理论基础。另外，随着长江经济带国土空间规划颁布实施，如何将规划约束条件下优化配置长江经济带国土空间资源，科学协调生态环境保护与社会经济高质量发展关系，还需要作者及更多研究者在未来研究中深入思考和研究。

中国土地学会副理事长

黄贤金

南京大学地理与海洋科学学院教授

2021 年 6 月于南京

自 序

　　土地利用变化由于引起了一系列社会环境效应而受到国际学者的研究关注,例如土地资源浪费[①],土地污染[②],土地生物多样性减少[③],生态系统的功能和结构、服务价值的改变等问题[④⑤⑥]。人类活动引起的土地利用变化深刻改变了地球表层系统的分布格局[⑦⑧],是土地利用变化的主要驱动因素。经济全球化促进了经济一体化发展的进程,人力、资本、技术等生产要素的流动引起了土地利用的间接性消费,增加了土地利用变化驱动力研究的复杂性。因此,深入分析经济一体化对土地利用变化的影响机理并构建土地利用变化响应模

　　① Huang X J, Li Y, Yu R, et al. Reconsidering the controversial land use policy of "linking the decrease in rural construction land with the increase in urban construction land": A local government perspective[J]. China Review-an Interdisciplinary Journal on Greater China, 2014, 14(1): 175 - 198.

　　② Yang H, Huang X J, Thompson J R, et al. China's soil pollution: urban brownfields[J]. Science, 2014, 344(6185): 691 - 692.

　　③ Seto K C, Fragkias M, Guneralp B, et al. A meta-analysis of global urban land expansion [J]. PLOS One, 2011, 6(8): 1 - 9.

　　④ Foley J A, DeFries R, Asner G P, et al. Global consequences of land use[J]. Science, 2005, 390(5734): 570 - 574.

　　⑤ De Groot R S, Alkemade R, Braat L, et al. Challenges in integrating the concept of ecosystem services and values in landscape planning, management and decision making[J]. Ecological Complexity, 2010, 7(3): 260 - 272.

　　⑥ Roces-Diaz J V, Diaz-Varela E R, Alvarez-Alvarez P. Analysis of spatial scales for ecosystem services: Application of the lacunarity concept at landscape level in Galicia (NW Spain)[J]. Ecological Indicatoes, 2014, 36: 495 - 507.

　　⑦ Turner B L, Clark W C, Kates R W, et al. The Earth as Transformed by Human Action [M]. New York: Cambridge University Press, 1990.

　　⑧ Hall C A S. Integrating concepts and models from development economic with land use change in the tropics[J]. Environment, Development and Sustainability, 2006, 8(1): 19 - 53.

型是当前研究土地利用变化的重要课题之一。

长江经济带土地利用变化对区域经济一体化的响应研究主要目的是探索长江经济带土地利用变化的规律,为实现长江经济带开发战略实施过程中土地资源合理配置提供借鉴。区域内城市参与长江经济带开发建设的程度不同,城市之间的行政分割和地方保护主义使得城市之间的土地资源市场化配置程度不高,导致了区域内大型基础设施重复建设、城市间产业结构趋同引起的土地低效利用以及土地资源浪费等现象。所以本书对区域土地利用变化对经济一体化响应的理论机理进行讨论,并对其响应的过程、路径和机制进行深入分析,为未来加强区域城市协作,打破行政壁垒后土地资源合理开发利用提供借鉴,促进区域城市土地资源的可持续利用和区域城市经济可持续发展。土地利用变化对经济一体化响应研究是我国区域经济一体化发展大趋势下的一个新的研究方向。

深入研究土地利用变化对区域经济一体化的响应有助于拓展土地利用研究的新视角和新领域。目前有关区域经济一体化的研究成果较多,区域经济一体化发展有利于促进各种生产要素有效配置,土地资源作为一种重要的生产力要素,对于土地利用变化对经济一体化响应的机理理论上还没有进行系统梳理,深入土地利用变化对经济一体化响应的科学内涵、基本框架、响应过程及其路径以及响应机制等研究,有助于厘清土地利用变化与经济一体化之间的联系和互动,有利于探寻在当代全球经济一体化大趋势下,区域经济一体化进程中的土地合理开发利用的新思路,更好地拓展土地利用研究的新视角和新领域。

当前,我国区域经济面临全面开放、全面协调、全面合作的新机遇,长江经济带区域经济协调发展更是保障了"一带一路"发展战略的顺利推进,而土地资源保护和合理开发成为区域经济一体化发展的重要影响因素,因此,深入分析土地利用变化对经济一体化响应的研究探索了长江经济带土地资源合理开发利用的有效途径,对长江经济带"一轴、两翼、三极、多点"发展格局过程中的国土资源开发具有实践指导意义。

目　录

第一章 / 新时代长江经济带经济转型发展

第一节　长江经济带土地资源面临的问题与发展背景

一、土地利用面临的问题

(一) 城市土地利用效率区域异质性特征突出

长江经济带城市土地利用效率呈现出下游地区显著高于中上游地区,长江沿线以南地区高于以北地区的分布态势[①]。城市土地利用效率局域关联呈现"小集聚大分散"现象,长江经济带上中下游的协调发展仍有待进一步加强[②]。综合来看,各个城市之间的土地利用效率差距明显,但是土地利用效率的整体差距不断缩小。土地利用效率与技术水平呈现出显著的关联性。因此,要提高长江经济带城市土地的利用效率,要在发挥规模效益的基础上加强技术革新,针对不同区域城市的发展现状和特征,制定专门化的土地利用政策,充分挖掘土地资源的潜力,激发各种类型用地生产活力,实现土地资源的集约化和高效化利用,严格控制城市新增建设用地规模,转变"摊大饼"式的城

[①]　杨奎,文琦,钟太洋.长江经济带城市土地利用效率评价[J].资源科学,2018,40(10):2048 - 2059.

[②]　金贵,邓祥征,赵晓东,等.2005—2014 年长江经济带城市土地利用效率时空格局特征[J].地理学报,2018,73(07):1242 - 1252.

市发展模式,发掘城市存量建设用地,增强城市之间的联动发展,突出带动作用,有效促进长江经济带统筹协调发展。

(二)流域生态环境恶化,中上游水土流失严重

长江中上游地区毁林开垦、过度放牧以及矿产资源过度开发等不合理的生产方式导致森林和草地退化,植被覆盖度下降趋势明显,局部水源涵养和水土保持生态功能丧失,水土流失严重,石漠化侵蚀加剧,山体滑坡、崩塌、泥石流频发[1][2]。2013年《全国第一次水利普查水土保持情况公报》显示,长江中上游地区水土流失面积达40.63万 km²,高于我国其他各大流域。2012年原国家林业局调查结果显示,长江流域石漠化土地面积占全国石漠化总面积的55%以上,主要集中在贵州省和云南省。

(三)土壤重金属污染问题严重

据初步调查,长江经济带67亿亩耕地中,2.2亿亩存在不同程度的土壤重金属污染[3]。长江中上游地区有色金属、稀土和磷矿等矿产资源过度开发,所产生的固废随意堆置现象普遍,造成严重的区域土壤污染。此外,长江流域江西、湖南、重庆等地为我国酸雨重灾区,酸雨使得当地土壤酸化和板结问题不断加重[4]。长江中游地区农业投入强度大,红壤区土壤酸化严重,耕地地力低下。长江下游地区环境容量超载,历史遗留化工污染造成场地土壤—地下水污染严重,导致二次再开发风险高。长三角地区拥有较为发达的工业,企业排放大量含重金属的污染物,再加上化肥农药大量使用,导致局部土壤受重金

---

① 洪亚雄. 长江经济带生态环境保护总体思路和战略框架[J]. 环境保护,2017(15):12-16.

② 吴传清,黄磊. 长江经济带绿色发展的难点与推进路径研究[J]. 南开学报(哲学社会科学版),2017(3):50-61.

③ 罗来军. 把握转型机遇"共抓大保护"为长江经济带发展"立规矩"[N/OL]. 人民网,2020-01-06[2021-04-26]. http://www.people.com.cn/n1/2020/0106/c32306-31536229.html.

④ Müller F, Bergmann M, Dannowski R, et al. Assessing resilience in long-term ecological data sets[J]. Ecological Indicators,2016,65(SI):10-43.

属污染程度严重,为长江流域土壤重金属污染主要集中区域①。长三角地区土壤受 Cd、Pb、Cr、Cu 和 Zn 污染,其中 Cd 污染最为严重,土壤受污染程度为:环太湖地区＞浙江南部地区＞沿江区域/城市直辖区＞县级城镇及农村②。

二、经济一体化与土地利用协调发展背景

(一) 全球可持续发展理念对资源配置利用提出更高的要求

当前国际经济形势发生变革,从经济一体化视角探讨土地利用变化为平衡经济全球化与土地资源稀缺矛盾提供新视角。20 世纪 80 年代以后,随着土地荒漠化、土地退化、全球变暖、极端天气频发等全球性环境问题的不断涌现,人类的生存和发展受到巨大威胁。人们越来越认识到土地利用与覆被变化是全球变化的主要驱动力,而人类活动引起的土地利用变化研究一直以来是学术界和世界组织关注的热点话题。近年来,从全球土地资源利用的视角研究土地利用变化成为解决当前出现的世界人口剧增、贫困问题加剧、环境污染转移等社会环境问题的重要途径。

(二) 中国经济转型期用地供需矛盾突出,土地资源利用粗放

中国经济正处于转型的重要时期,"十二五"以来,传统的经济高速增长的势头有所减缓,随着参与全球生产链程度提高,经济和产业结构转型升级提速在国际经济环境中占据了重要地位,重塑了国内的经济发展格局,这也加强了土地资源承担国际贸易的开发利用强度;另外,我国的城市化和工业化正处于加速发展期,可承载未来经济转型的土地资源成为重要的稀缺性资源之一,城市间基础设施重复建设,产业结构重构现象都导致土地资源利用处于粗放利

---

① 刘朋超,麻泽浩,魏鹏刚,等.长江流域重金属污染特征及综合防治研究进展[J].三峡生态环境监测,2018(3):33-37.

② 张慧,高吉喜,宫继萍,等.长三角地区生态环境保护形势、问题与建议[J].中国发展,2017,17(2):3-9.

用水平。如何合理配置土地资源成为我国当前面临的突出性问题，加强区域间的合作是提高土地资源利用效率的重要选择。

（三）流域经济带经济一体化的深入发展对土地利用变化产生深远影响

流域经济带成为世界上大国经济发展的重要区域，新时期我国区域发展格局的调整，将长江经济带开发利用再次提到了国家战略的高度，流域经济带建设将成为我国未来经济增长的重要增长极。2014年国务院发布的长江经济带发展指导意见对长江经济带的发展做了战略性指导，长江经济带开发建设成为我国三大战略发展的关键区域之一，也是我国沿海沿江国土空间开发战略的重要一极。但是，长江经济带区域内各大城市群经济发展规模差异较大，区域内产业布局不够合理，区域城市间的协作发展较低，土地开发强度远高于国家土地开发强度的平均水平，导致长江经济带下游资源供给紧张、上游生态环境脆弱等问题突出。随着长江经济带战略的实施，城市化和工业化水平将会加速提高，重加工产业将在沿岸城市全面展开，城市基础设施大规模建设，城市人口也会剧增，这些都会给长江经济带的国土空间开发产生巨大压力，合理配置土地资源，提高土地资源的利用效率，是长江经济带发展战略实施的重要保障。鉴于此，有必要对长江经济带的经济一体化现状进行分析，发现当前长江经济带国土空间开发的问题，有利于促进经济增长空间从沿海向内陆扩展，形成上中下游优势互补、协作互动格局，缩小东中西部发展差距。

（四）供给侧结构性改革对土地资源合理利用提出更高要求

区域土地资源合理配置是优化国土空间开发格局的基础，2016年4月12日原国土资源部正式印发《国土资源"十三五"规划纲要》，明确提出了"十三五"时期的国土资源开发利用约束性指标，并要求加快转变国土资源利用方式，加快供给侧结构性改革来优化国土资源利用结构。规划纲要提出国土资源优化配置需要探索合作发展的新空间，开放有利于拓展土地资源的远程合作。协调构建国土资源开发利用新格局，完善国土空间规划体系，进一步优化国土资源开发利用布局,这对当前国土空间开发提出了新要求。2016 年 10 月 23 日中共中央办公厅、国务院办公厅印发的《关于建立健全国家"十三五" 规划纲要实施机制的意见》第十六条意见针对加快构建有利于国土空间合理 开发和高效利用的空间规划体系做出强调,要以主体功能区规划为基础统筹 各类空间规划,协调推动全国土地规划。长江经济带自东向西连接着沿海和 内陆,覆盖了超过 1/5 的国土面积,区域内国土资源开发区域差异较大,上中 下游面临的国土资源开发困难存在异质性。2016 年 9 月印发的《长江经济带 发展规划纲要》进一步明确了长江经济带发展战略目标,打造"一轴、两翼、三 极、多点"的发展新格局,但是对长江经济带国土资源开发利用缺乏具有针对 性的空间规划目标,本研究认为遵循长江经济带协调发展的原则,有必要对长 江经济带的国土资源开发利用现状进行研究,为科学有效实施国土空间规划 提供依据。

第二节　双循环发展背景下赋予长江经济带的使命

十九届五中全会明确提出了,"加快构建以国内大循环为主题,国内国际 双循环相互促进的新发展格局"。在十九届五中全会召开后,习近平总书记来 到南京,亲自主持召开了第三次长江经济带发展座谈会,这充分体现了党中央 对长江经济带国家战略的高度重视,此次座谈会也强调要贯彻落实十九届五 中全会精神,把握新发展阶段,坚持新发展理念,融入新格局,推动长江经济带 高质量发展,使长江经济带成为我国畅通国内国际双循环的主动脉和强有力 的抓手。

(一) 长江经济带是推动国内循环畅通的内河经济带

积极融入新发展格局,坚持以扩大内需为战略基点,加快培育完整的内需 体系。长江经济带人口众多,经济发达,其具有的区位优势、人口优势和经济 优势对于畅通国内大循环尤为重要。从地缘关系上看,长江经济带东起上海,西至云南,覆盖沿江 11 个地区,横跨东中西的经济地理格局在我国的经济格局中十分重要。长江经济带国土面积只占到全国的 20%,但是其聚集了 40% 以上的人口,长江下游的上海城镇化率达到 88.10%,江苏、浙江、重庆、湖北等也达到了较高的城镇化水平。2019 年,长江经济带实现国内生产总值 45.78 亿元,占全国的 46.24%,增速达到 7.23%,是中国经济发展的压舱石和重要引擎。

(二)长江经济带是支撑产业转型升级的创新驱动带

在当前全球增速放缓,我国已进入新常态的大背景下,经济高质量发展需要新的支撑,亟待新的区域经济增长极,而长江经济带便成为这一要求的不二选择,长江经济带是依靠长江黄金水道的作用形成的战略经济带,是全国工业、商贸产业最为密集的区域。长江经济带的工业体系较为完整,产业链相对齐全,具备了比较雄厚的先进制造业产业基础。同时长江经济带科教资源丰富,普通高等院校数量、研发支出、有效发明专利数据等指标占据了全国的"半壁江山",是引领中国经济高质量发展的排头兵。

(三)长江经济带是实现"双循环"相互促进的协调发展带

长江经济带集长三角一体化、中部大崛起和西部大开发三大战略于一体,呼应"一带一路"和沿海经济带,是我国经济战略发展的主轴。就国际大循环来说,我国是全球产业链中不可或缺的一环,而长江经济带的东部沿海地区改革开放起步早,很多产业早已融入全球产业链体系,中西部腹地广阔,市场需求潜力和发展回旋空间巨大。在新的历史条件下,长江经济带发展战略被赋予构建全方位开放格局的重要使命。

(四)长江经济带是我国生态优先、绿色发展的主战场[①]

长江经济带以"生态优先、绿色发展"为导向,构建形成以现代农业为基

---

① 双循环格局下长江经济带再迎发展新机遇[N/OL].中国经营报,2021-01-04[2021-04-26].http://k.sina.com.cn/article_1650111241_625ab30902000u6r5.html.

础、旅游服务为先导、创新经济为主体、绿色智造为支撑的生态型产业体系①。

2018 年 2 月 23 日,国家长江办印发《关于支持上海崇明开展长江经济带绿色发展示范的意见》,崇明成为长江经济带首个开展绿色发展示范的地区。开展绿色发展示范以来,崇明将"共抓大保护、不搞大开发"的理念不断落细落实,积极探索人与自然和谐共生的新路径。秉持着"人不负青山,青山定不负人"的观念,其在实施上海最高的绿色发展门槛的同时,努力依托良好的自然生态资源,发挥上海的区位、人才、科研、市场等综合优势,推动旅游、康养、医疗、教育、赛事经济等布局发展,加快推动生态优势向发展优势转化,不断提高生态产业发展水平,努力为"绿水青山就是金山银山"提供生动案例。以坚持高科技、高品质、高附加值方向为指引,崇明大力发展现代农业,加速绿色农业现代化,连续三年面向全球招商 160 个项目,农业绿色发展指数位列全国第一。"十三五"以来,上海加快构建绿色制造体系。2016 年至 2020 年,20 个绿色制造系统集成项目获工信部立项支持,拉动绿色投资 35 亿元。2018 年至 2020 年 5 月底,上海市已通过评审绿色园区 6 家,绿色工厂 75 家,绿色产品 99 项,绿色供应链 7 家。

2020 年 11 月 18 日,重庆市委常委会召开扩大会议,会议强调,要深刻领会把握推动长江经济带高质量发展的主要任务,结合重庆实际对标对表抓好落实。要把修复长江生态环境摆在压倒性位置,统筹山水林田湖草系统治理,着力在治水、建林、禁渔、防灾上下功夫,筑牢长江上游重要生态屏障,推动长江经济带高质量发展。五年来,上海、湖南、重庆等沿江 11 省、市全力打好污染防治攻坚战,推动产业转型绿色发展。各地将实施长江经济带发展战略视为难得的机遇,更将其作为义不容辞的责任。

---

① 湖南省发展和改革委员会. 把长江经济带建成双循环主动脉[EB/OL]. (2021 - 01 - 06)[2021 - 04 - 26]. http://fgw. hunan. gov. cn/fgw/tslm_77952/mtgz/202101/t20210106_14118561. html.

第三节　长江经济带面临的挑战与机遇

一、长江经济带面临的挑战

随着我国进入新发展时代,国际国内形势发生了深刻的变化,长江经济带具有多方面的优势和条件,但仍面临着许多亟待解决的问题。

(一)地区市场分割,要素跨界流动受限①

尽管近年来我国已采取一系列措施来消除地区市场分割的问题,但在行政区经济体制下,地方保护主义导致国内市场呈现明显的碎片性特征,在一定程度上形成地方经济封锁,严重阻碍了生产要素跨区域自由流动。具体来看,城乡二元土地市场割裂,"同地"难"同权"成为制约城乡融合发展的最主要障碍;劳动力市场配置功能存在局限性,劳动力要素自由流动受到户籍、地域、身份、学历、人事关系、评价机制、保障机制等因素的制约;资本市场割裂,企业异地收购兼并往往受制于地方政府保护限制,企业所有权转让在现实中并不顺畅。

(二)专业化分工不高,部分省市同构化严重

长江经济带沿江省市经济发展缺乏对跨区域之间上中下游分工合作和功能互补的顶层设计。沿江省市即使签署了相关合作协议,也常因追求自身利益最大化而出现"行政合作,经济对抗"的现象。在 GDP 绩效考核激励下,各地区对价高、利大的产业蜂拥追逐,利用财税优惠政策、地价优惠政策、外贸政策等自相竞争,造成重复建设、过度投资等问题。结果是沿江省市间横向分工的产业高度同构,规模相近,高效率的纵向分工尚未形成。

---

① 张为付,胡雅蓓.推动长江经济带高质量发展,畅通"双循环"主动脉[EB/OL].(2020 - 11 - 19)[2021 - 04 - 27]. http://cjjjd. ndrc. gov. cn/zhongshuochangjiang/xsyj/202011/t20201118_1250668. htm.

（三）全球产业链低端锁定，外部经济环境严峻复杂

近年来，我国外向型经济的增长受国际经济环境及制造成本上升等因素的影响已出现疲软的迹象，以吸收外商直接投资和承接国际产业转移参与国际分工的模式实质上已难以为继，大量企业被发达国家跨国公司主导的全球价值链锁定在低端。新冠疫情以来，逆全球化和贸易保护主义进一步抬头，特别是中美贸易摩擦形成长期化、复杂化的局面。贸易保护主义通过关税和各种非关税壁垒限制进口，在一定程度上削弱了中国产品的国际竞争力，加大了中国企业拓展国际市场的难度，也限制了中国获取国外先进技术的渠道。

二、长江经济带面临的机遇

（一）产业转移助推产业结构优化升级[①]

目前，在以国内大循环为主，推动国内、国际双循环的背景下，长江经济带高质量发展有了新的内涵。党中央多次强调，要把需求牵引和供给创造有机结合起来，推进上中下游协同联动发展，强化生态环境、基础设施、公共服务共建共享，引导下游地区资金、技术、劳动密集型产业向中上游地区有序转移，留住产业链关键环节。

长江三角洲作为我国经济最为发达的地区之一，在经济、技术、基础设施等方面有着较高的水平，各方面的增长都达到了较成熟的阶段。因此，也需要新的地区来承接其裂变、外溢的产业与人口转移。而长江经济带恰好串联着长江中游城市群和上游成渝城市群。区域上的强关联性使得长江经济带更好地辐射、带动中上游的发展，打造国家承接转移示范区，促进产业结构的优化升级。

---

① 陈诚.激活高质量发展新动能——长江经济带推进畅通国内大循环[J].当代党员,2021(01)：17-20.

(二)都市圈的崛起带动长江中游发展

进入高铁时代后,长江中游的区位优势开始显现。尤其是武汉,作为"九省通衢",具有中国地理中心的地理之便,使其在新时代推动国内大循环上具有得天独厚的优势。同时武汉作为中部六省中的唯一特大城市、副省级市、国家区域中心城市(华中)、长江经济带中游城市群核心城市,地处长江的"龙神腰眼"的重要位置,是中部崛起的重要支撑点。

2016 年,国家发改委正式复函要求武汉加快建成以全国经济中心、高水平科技创新中心、商贸物流中心和国际交往中心四大功能为支撑的国家中心城市。

彼时,武汉 GDP 占湖北省 GDP 的比例不断上升,但武汉外围城市 GDP 占湖北省 GDP 的比例不断降低,在人口流动上,武汉市人口数不断增长,而外围城市基本上呈外流的特征。这主要是因为武汉并没有对外围城市的经济起到带动作用,在湖北省仍然是极化效应明显。

2017 年武汉顺应长江经济带的发展战略。强化武汉"主中心"辐射带动作用,加强与周边区域协同发展,统筹产业经济、生态保护、公共交通、市政设施、公共服务等综合布局,深入推进武汉大都市区一体化发展。同时,发挥国家中心城市核心引领作用,有力挺起长江经济带脊梁,深化长江中游城市群省会城市新一轮合作,加强与上海、重庆等城市对接,共同推动长江经济带联动发展。同年 2 月,"武汉都市圈"的概念被提出,将武汉及其周边 11 个县级市划为武汉大都市区的范围。这意味着,武汉都市圈的发展思路由从跨区域联合发展战略,升级到更聚焦强化武汉"主中心"辐射带动的协作经济。

在产业发展上,武汉推出"工业倍增计划",围绕都市核深化布局产业,明确要求优化工业空间,依托地域和现有产业形成四大增长极:大光谷、大车都、大临空、大临港,构建四大工业板块,打造一批高端产业基地和特色产业集群。在交通方面,通过建设环线高速公路,形成了"武汉都市圈"1 小时交通网,打破了城市出口通道"瓶颈",满足圈内城市的快速往来。与此同时,通过与周边政府的合作,招商引资,截至 2020 年 12 月底,已为武汉都市圈导入 99 个项目,签约落地投逾 400 亿元,储备产业项目逾百个,有力助推湖北产业升级与区域经济发展。

目前,经过两年多的发展,武汉都市圈已在产业、人力、金融、政策资源等方面异军突起,在双循环大背景下将在中部崛起中承担更为重要的角色。

(三) 建设以人为本的新型城镇化

在城乡以及区域发展上,长江经济带的城镇化要实现以人为核心的新型城镇化,处理好中心城镇和区域发展的关系,推进以县城为载体的新型城镇化建设,促进城乡融合发展。从长江沿岸的城市群发展来看,长三角作为全国综合实力最强的城市群,城市的人口趋近饱和,中低端产业也开始向中上游转移,中西部地区以及广阔的经济腹地的发展面临新的机遇。西部的一些新型城镇化重点瞄准社会人口就业流动的关键节点,通过老旧小区改造,提升公共设施和服务能力,积极承接下游产业转移,建设新家园吸纳新居民等方式,既满足了当地务工人员就近就业的需求,还可以满足一些人员安居乐业的需求。就当地城镇来说,既可以提升当地的经济活力,又可以扩大都市圈的辐射带动作用,形成以城市群为主体,以中心城市为引领,以重要节点城市为支撑,以县城和中心镇为基础的现代化城镇体系。

(四) 立体交通助飞实体经济发展

在新时代背景下,交通成为长江经济带进一步发展的硬性要求。在 2018 年印发的《江苏省长江经济带综合立体交通运输走廊规划(2018—2035)》以长江为轴,拓展水上航道,加密过江通道,以南京为中心构建"米"字形高铁网络,加快形成水陆空一体的综合运输体系,为长江经济带高质量发展提供坚强支撑。

在过去的几年中,江苏构建的立体交通网络已经逐渐成形:经由南京发散的"米"字形高速铁路网,在长江两岸形成比翼双飞的高铁交通格局;不断拓展长江航运,打通了"长江黄金水道",与上中游相连;以禄口国际机场为龙头,与上海、杭州等共建的长三角世界级机场群连通着国内与国际。水陆空一体构筑起的立体交通走廊,带给江苏的是物流降本增效,实体经济进一步发展。随着长江经济带沿线各省市运输体系的不断完善,运输市场更加统一开放有序,各省市间也将进一步促进产业资源优势互补、战略重组。

第二章 / 经济一体化与土地利用变化的研究进展

第一节　区域经济一体化

一、区域经济一体化的概念内涵

（一）经济一体化的由来

　　20 世纪 50 年代，经济一体化的研究得到了学术界的诸多关注，经济学家认为对"经济一体化"的认识需要从经济一体化"本体"入手，从理论上对其进行界定，认为经济一体化有利于消除阻碍经济有效运行的相关人为因素，加强主体之间的协调统一，最终实现经济要素自由流动。目前，学术界广泛认可的经济一体化的含义是美国经济学家贝拉·巴拉萨（Bela Balassa）在 1961 年提出的，他认为经济一体化既是一种"过程"，也是一个"状态"，从过程来讲，经济一体化是消除经济要素自由流动的限制性障碍的行为过程，从结果来讲，主要表现为经济一体化后各国之间的经济合作达到顺畅状态，国家的差别待遇消除。

　　20 世纪 70 年代开始，经济一体化的内涵更多从生产要素的最佳配置、国际劳动分工等"功能"方面进行解释。例如，维多利亚·柯森认为一体化"过程"可以理解为"趋向全面一体化的成员国之间的生产要素的再配置"，把一体化"状态"理解为"一体化成员国的生产要素的最佳配置"[1]。

20世纪80年代以来,经济一体化的定义逐渐多元化,出现了区域合作、区域组织等相似概念,区域合作是一个含糊的概念,仅仅强调了地区之间的相互活动关系,但是并没有实现共同发展的普遍性经济活动,有时采用经济合作的衡量指标来研究经济一体化。区域组织更多的是倾向地区之间的企业间合作或者行政部门间的制度性演化过程。有部分经济一体化理论更加倾向于从政治一体化的视角,研究行政组织的组织任务以及制度性演变的一体化过程。所以,经济一体化是对经济发展过程和状态的一种描述,其本质是资本、贸易、技术、人才自由流动与合理配置,而区域合作、区域组织等相似概念都是经济一体化过程的主要表现形式。

(二) 经济一体化内涵的发展

国内学者对区域经济一体化的概念研究主要有两个方面:(1) 借鉴国际上以主权国家为研究对象的经济一体化概念,分析中国与世界其他国家间的经济一体化关系。例如,屈子力[2]从削减内生交易费用的角度认为国际区域经济一体化是市场一体化的过程,目的是倡导降低市场的交易成本,达到产品、生产要素的自由流动。董青等[3]从经济一体化导致的区域空间重构视角,认为经济一体化是指地理上临近的国家或地区,为了维护共同的经济利益,加强经济合作,相互间通过契约和协定,在区域内逐步消除成员国间的贸易与非贸易壁垒,进而协调成员国间的社会经济政策,形成一个跨越国界的商品、资本、人员和劳务等自由流通的统一的经济区域的过程。

(2) 以主权国家内部的地理上相近或者相邻区域为对象,分析其经济发展向一体化转变的过程,由此来探索经济一体化的内涵。例如,张军[4]认为一

---

① 马博.中国沿边地区区域经济一体化研究[D].北京:中央民族大学,2011.

② 屈子力.内生交易费用与区域经济一体化[J].南开经济研究,2003,2:67-70.

③ 董青,李玉江,刘海珍.经济全球化背景下区域空间结构的变化及重组[J].科技经济市场,2009,3:40-42.

④ 张军."珠三角"区域经济一体化发展研究[D].四川:西南财经大学,2011.

国内部的区域经济一体化实质上就是打破行政区划限制，通过建设一体化的基础设施、促使生产要素流动、优化布局产业活动和生态环境一体化保护，最终实现区域经济均衡发展。张靖等[①]认为区域经济一体化是通过区域分工和协作，促进区域经济利益共享、资源优化配置，形成区域经济联动发展的经济发展格局。陈建军[②]从产业转移的角度将区域经济一体化认为是要素的跨区域流动和空间结构的演化过程。孙大斌[③]将中国经济一体化的内涵界定为具有地缘关系的省区之间、省内各地区之间或各城市之间，为谋求发展而在某些领域实行不同程度的经济联合，形成一个产品、要素、劳动力及资本自由流动的统一区域市场的动态过程。曾刚等[④][⑤]从城市协同发展视角对长江经济带城市协同发展指数进行了分析，对城市协同发展的内涵做了界定，认为协同发展既包括区域内部各要素间的协同，也包含了区域内不同城市间的协同，实现不同城市之间要素优化配置、职能合理分工，达到促进区域整体竞争力的目的。

二、区域经济一体化研究内容

（一）国外区域经济一体化研究内容

国外区域经济一体化研究内容经历了以下几个阶段：（1）从传统的构建关税同盟、共同市场、经济同盟，完全经济一体化逐渐演化向多元化研究转变。20世纪60年代末至70年代初，国外学者对国际贸易和区域一体化影响下的多个国家间的企业合作进行了实证分析，并对发达国家区域一体化对贸易和

① 张靖,沈玉芳,刘曙华,等.区域金融协调发展研究——基于长三角经济一体化的实证[J].地域研究与开发,2010,29(5):33-38.
② 陈建军.长江三角洲地区产业结构与空间结构的演变[J].浙江大学学报(人文社会科学版),2007,37(2):88-98.
③ 孙大斌.由产业发展趋势探讨我国区域经济一体化动力机制[J].国际经贸探索,2003,19(6):71-74.
④ 曾刚,王丰龙.长江经济带城市协同发展能力测评研究[J].人民论坛·学术前沿,2016(02):58-64(a).
⑤ 曾刚,王丰龙."长江经济带城市协同发展能力指数"发布[J].环境经济,2016(z6):60-64(b).

成员国之间资源分配与收益进行了对比研究[1][2][3][4]。经济一体化和贸易一体化，以及共同市场的建设对国际经济贸易的影响是很多学者关注至今的关键话题，它对国家间贸易政策和外交政策制定起到重要指导作用[5]。Baier 等[6]分析了不同类型的经济一体化协议政策对贸易边缘化的影响。Faber[7] 对中国大城市群和外围地区之间的交通基础设施建设对贸易成本的影响进行分析，发现交通基础设施的网络化连接抑制了外围区域的经济增长。

（2）随后国外有更多的研究开始关注区域经济一体化带来的影响。有学者对区域经济一体化背景下，经济贸易对外商直接投资的影响进行了实证研究[8][9][10]。Tuan 和 NG[11] 分析了中国改革开放后，香港与广东之间外商直接投资的转移变化过程，认为广东接近香港的地区由于丰富的劳动力供给和市场潜力因素吸引了大量的外商直接投资，并强调了香港与广东的区域一体化过程在公司层面更容易吸引外商投资，并对制造业向广东转移过程中的资源配

① Robson P. International Economic Integration[M]. Harmondsworth: Penguin, 1972.

② Brada J C, Mendez J A. Regional economic integration and the volume of intra-regional trade: A comparison of developed and developing country experience[J]. Kyklos, 1983, 36(4): 589 - 603.

③ Brada J C, Mendez J A. Economic integration among developed, developing and centrally planned economies: A comparative analysis[J]. The Review of Economics and Statistics, 1985, 67(4): 549 - 556.

④ Dunning J H, Robson P. Multinational corporate integration and regional economic integration[J]. Journal of Common Market Studies, 1987, XXVI(2): 103 - 123.

⑤ Chan S, Kuo C C. Trilateral trade relations among China, Japan and South Korea: Challenges and prospects of regional economic integration[J]. East Asia, 2005, 22(1): 33 - 50.

⑥ Baier S, Bergstrand J H, Feng M. Economic integration agreements and the margins of international trade[J]. Journal of International Economics, 2014, 93(2): 339 - 350.

⑦ Faber B. Trade integration, market size, and industrialization: Evidence from China's national trunk highway system[J]. The Review of Economic Studies, 2014, 81(3): 1046 - 1070.

⑧ Motta B M, Norman G. Does economic integration cause foreign direct investment? [J] International Economic Review, 1996, 37(4): 757 - 783.

⑨ Feils D J, Rahman M. Regional economic integration and foreign direct investment: The case of NAFTA[J]. Management International Review, 2008, 48(2): 147 - 163.

⑩ Stone S F, Jeon B N. Foreign direct investment and trade in the Asia-Pacific Region: Complementarity distance and regional economic integration[J]. Journal of Economic Integration, 2000 15(3): 460 - 485.

⑪ Tuan C, NG L F Y. Hong Kong's outward investment and regional economic integration with Guandong: Process and implications[J]. Journal of Asian Economics, 1995, 6(3): 385 - 405.

置起到重要作用,但是在产业层面反而降低了当地制造业的就业和劳动生产率。Bende-Nabende[①]等对东南亚外商投资和区域经济一体化以及经济内生性增长进行了实证分析,发现外商投资通过人力资本和知识技术效应有效地刺激了经济增长。同时,区域经济一体化引起的外商直接投资对产业重新选址和产业结构重组都起到了重要作用[②③]。除此之外,区域经济一体化的研究内容也涉及了一体化经济增长对贫穷、金融效应以及制度变迁的影响[④⑤⑥]。

(3)区域经济一体化带来的经济收敛性和经济的内生增长以及经济集聚性、溢出效应等相关研究。Lopez-Bazo等[⑦]分析了欧盟区域经济增长的驱动力和收敛性,并对区域的经济发展差异进行分析,发现区域一体化过程在区域层面加剧了经济差异性。Monfort和Nicolini[⑧]进一步论证了经济活动的地理集聚性对区域间或国家间的贸易市场一体化的影响和对区域经济差异的影响,发现交易成本影响了企业在地理上的集聚性,但是区域间交易成本的下降会强化经济活动的集聚性,区域一体化和贸易自由化是区域经济集聚的重要内在驱动力。Holod和Reed[⑨]也认为区域经济一体化通过知识技术的溢出

① Bende-Nabende A, Ford J, Slater J. FDI, regional economic integration and endogenous growth: Some evidence from Southeast Asia[J]. Pacific Economic Review, 2001, 6(3): 383-399.

② Young-Ham K. Impacts of regional economic integration on industrial relocation through FDI in East Asia[J]. Journal of Policy Modeling, 2007, 29(1): 165-180.

③ Tiradi D A, Paluzie E, Pons J. Economic integration and industrial location: The case of Spain before World War I [J]. Journal of Economic Geography, 2002, 2(3): 343-363.

④ Nguyen T D. Regional economic integration and its impacts on growth, poverty and income distribution: The case of Vietnam[J]. Review of Urban & Regional Development Studies, 2005, 17(3): 197-215.

⑤ Ludema R D, Wooton I. Economic geography and the fiscal effects of regional integration[J]. Journal of International Economics, 2000, 52(2): 331-357.

⑥ Phylaktis K, Ravazzolo F. Measuring financial and economic integration with equity prices in emerging markets[J]. Journal of International Money Finance, 2002, 21(6): 879-903.

⑦ Lopez-Bazo E, Vaya E, Mora A J, et al. Regional economic dynamic and convergence in the European Union[J]. The Annals of Regional Science, 1999, 33(3): 343-370.

⑧ Monfort P, Nicolini R. Regional convergence and international integration[J]. Journal of Urban Economics, 2000, 48(2): 286-306.

⑨ Holod D, Reed R R. Regional spillovers, economic growth, and the effects of economic integration[J]. Economic Letters, 2004, 85(1): 35-42.

效应对经济增长产生影响,但是他提出国家之间的经济合作对经济增长的影响比全球经济一体化产生的影响更大。

(二)国内区域经济一体化研究内容

我国学者从不同的学科研究视角对区域经济一体化进行了研究。(1)制度经济学视角的研究。有学者从制度经济学的视角分析了经济全球化与区域经济一体化之间的相互关系①②。也有很多学者从区域经济一体化过程的政府作用角度分析区域之间的行政壁垒和地区封锁造成阻碍地区之间要素流动的过程③④⑤。(2)从经济学视角对经济一体化展开研究。有学者分析区域经济一体化产生的产业专业化分工,对我国地方优势产业形成的影响,也有学者从产品价格波动角度认为经济一体化过程就是区域内产品价格共同运动的过程⑥。张靖等⑦以长三角经济一体化为实证研究了区域金融协调发展,区域金融业呈现出"一心两极两轴多点"的空间结构特点。(3)从地理学空间视角出发,构建综合性的评价指标体系对经济一体化进行研究。有学者从市场、产业、空间等方面构建综合评价指标体系,分析京津地区一体化整合程度,并根据费里德曼空间结构的演变阶段理论将其空间一体化程度划分为初级阶段⑧。也有学者从物流空间整合、产业结构和空间结构演变等视角,对长江三角洲的经济一体化趋势进行研究,认为物流一体化的发展重构了基础设施空

① 华民,王疆华,周红燕.内部化、区域经济一体化与经济全球化[J].世界经济与政治,2002,12:39-42.

② 伋晓光.从新制度经济学角度看经济全球化和区域经济一体化[J].经济与管理,2005,19(8):10-13.

③ 袁莉.区域经济一体化与政府的中观调控[J].甘肃社会科学,2003,3:86-87+91.

④ 马波,王双.论区域经济一体化过程中地方政府的角色定位[J].经济纵横,2005,07:2-4.

⑤ 乔燕,孙晓燕.中国的内部区域经济一体化现象断思[J].济南大学学报,2005,15(2):76-79.

⑥ 何雄浪.专业化分工、区域经济一体化与我国地方优势产业形成的实证分析[J].财贸研究,2007,6:11-17.

⑦ 张靖,沈玉芳,刘曙华,等.区域金融协调发展研究—基于长三角经济一体化的实证[J].地域研究与开发,2010,29(5):33-38.

⑧ 吕典玮,张琦.京津地区区域一体化程度分析[J].中国人口·资源与环境,2010,20(3):162-167.

间格局,应提高物流信息一体化,推动区域物流协调机制的发展[1]。胡振宇[2]从流域产业分工协作角度分析了皖江流域社会经济一体化发展。

第二节　区域经济一体化测算方法

一、直接测算法

(一)指标评价法

国际上的测算主要基于不同的经济一体化理论体系选取不同的指标因子来测算多个国家之间的区域经济一体化程度[3]。亚洲发展银行报告(Asian Development Bank)通过选取贸易、直接投资、金融流动、社会经济交流等方面指标来综合反映亚洲经济体经济一体化程度。也有学者从贸易壁垒、贸易市场一体化的角度对经济一体化进行衡量[4][5][6]。Garman 和 Gilliard[7] 采用引力模型测算拉丁美洲与加勒比之间贸易流来反映拉丁美洲与美国中部地区共同市场的一体化程度。Li 等[8]建立最小化模型反证了中国区域内的贸易壁垒,认为国内财政分权尤其是关税改革加剧了区域保护主义,并预测外部区域的

①　王能洲,沈玉芳,张婧,等.区域物流空间整合研究—基于长三角一体化的实证[J].地域研究与开发,2011,30(4):36 - 41.

②　胡振宇.皖江流域产业分工协作与区域经济一体化[J].科技和产业,2006,11(6):18 - 21.

③　Lombaerde P D. Assessment and Measurement of Regional Integration [M]. Taylor & Francis e-Library,2006.

④　Holz C A. No razor's edge：Reexamining always young's evidence for increasing interprovincial trade barriers in China[J]. The Review of Economics and Statistics,2009,91(3)：599 - 616.

⑤　Kali R,Reyes J. The architecture of globalization：A network approach to international economic integration[J]. Journal of International Business Studies,2007,38(4)：595 - 620.

⑥　Combes P P,Lafourcade M,Mayer T. The trade-creating effects of business and social networks：Evidence from France[J]. Journal of International Economics,2005,66(1),1 - 29.

⑦　Garman G,Gilliard D. Economic integration in the Americas：1975—1992[J]. The Journal of Applied Business Research,2011,14(3)：1 - 12.

⑧　Li J,Larry D Q,Sun Q Y. Integrational protection：Implications of fiscal decentralization and trade liberalization[J]. China Economic Review,2003,14(3)：227 - 245.

贸易自由能够降低区域间贸易障碍。

　　国内对经济一体化的衡量主要集中在以下几个方面:从多个视角选取指标因子构建经济一体化的评价指标体系进行综合衡量。大多数用此类方法的学者认为经济一体化实质上是市场一体化的过程,目前对市场一体化衡量的方法有多种,例如生产法、贸易法、专业化指数法、价格法等[1][2]。娄文龙[3]引入区域政策一体化和市场一体化两个维度选取 10 个指标因子,采用层次分析法测算对比了珠三角、长三角和京津唐经济一体化程度。

　　丁振辉等[4]用价格法将价格方差的倒数作为衡量市场一体化的指标测算京津冀 1997 年以来的市场一体化。周立群等[5]综合考虑了市场一体化和政策一体化,选取 4 个层次 28 个变量构建区域经济一体化指标体系,利用层次分析法和标准差值法对 1989—2007 年京津冀、长三角和珠三角的经济一体化进行测算。曾鹏等[6]分别从市场一体化、税收一体化、金融市场一体化、公共服务和交通一体化等层面选择 15 个变量测算了我国十大城市群的经济一体化程度。杨凤华等[7]认为市场一体化涉及金融、土地、劳动力、技术、信息等各个方面的要素一体化,因此采用 FH 检验方法对长三角金融一体化程度进行了测算。

　　① Poncet S. A fragmented China: Measure and determinants of Chinese domestic market disintegration[J]. Review of International Economics,2005,13(3):409 - 430.
　　② 白重恩,杜颖娟,陶志刚,等.地方保护主义及产业地区集中度的决定因素和变动趋势[J].经济研究,2004,4:29 - 40.
　　③ 娄文龙.京津冀、长三角和珠三角区域经济一体化测量和比较[J].统计与决策,2014,398(2):90 - 92.
　　④ 丁振辉,刘漫与.京津冀地区市场一体化与区域经济增长[J].科学经济社会,2013,31(3):115 - 120.
　　⑤ 周立群,夏良科.区域经济一体化的测度与比较:来自京津冀、长三角和珠三角的证据[J].江海学刊,2010,4:81 - 87.
　　⑥ 曾鹏,罗艳,于渤.我国十大城市群经济一体化程度非均衡差异研究[J].科技进步与对策,2012,29(24):62 - 66.
　　⑦ 杨凤华,王国华.长江三角洲区域市场一体化水平测度与进程分析[J].管理评价,2012,24(1):32 - 38.

（二）边界效应测算法

边界效应、运输成本和地理空间上的联系的衡量也是测算经济一体化的一个重要方面[1]。Hanson[2]试图分析美国与墨西哥之间的边界城市对其边界地区经济活动的扩张影响，发现墨西哥出口制造业占据美国边界城市就业的相当大比例。Helliwell 和 Verdier[3]修正了传统的区域间的边界效应计算，将人口作为权重计算了加拿大每个省份内部之间的贸易距离，用边界效应衡量了一体化程度。Phylaktis 和 Ravazzolo[4]采用平衡价格法对国家股票额外收益的协方差数据进行测算，来分析金融和经济一体化。Rodrik 等[5]从制度、地理、贸易对收入水平影响的角度对经济一体化进行测算。

有部分学者通过边界效应方法构建计量模型分析我国的市场一体化以及边界效应演化过程[6]，也有结合 Barro 模型和重力模型构建区域经济一体化进程的边界效应来度量一体化[7][8]。刘生龙和胡鞍钢[9]将交通基础设施引入引力方程验证了在交通基础设施影响下产生的边界效应对经济一体化的影响。

① Parsley D C，Wei S J. Explaining the border effect：The role of exchange rate variability，shipping costs，and geography[J]. Journal of International Economics，2001，55(1)：87 - 105.

② Hanson G H. U. S. —Mexico integration and regional economies：Evidence from border-city paris[J]. Journal of Urban Economics，2001，50(2)：259 - 287.

③ Helliwell J F，Verdier G. Measuring internal trade distances：A new method applied to estimate provincial border effects in Canada[J]. The Canadian Journal of Economics，2011，34(4)：1024 - 1041.

④ Phylaktis K，Ravazzolo F. Measuring financial and economic integration with equity prices in emerging markets[J]. Journal of International Money and Finance，2002，21(6)：879 - 903.

⑤ Rodrik D，Subramanian A，Trebbi F. Institutions rule：The primacy of institutions over geography and integration in economic development[J]. Journal of Economic Growth，2004，9(2)：131 - 165.

⑥ 何雄浪，张泽义.边界效应、国内市场一体化与区域壁垒[J].工业技术经济，2014，33(10)：58 - 67.

⑦ 李郇，徐现祥.边界效应的测定方法及其在长江三角洲的应用[J].地理研究，2006，25(5)：792 - 802.

⑧ 郭晓合，王来全.边界效应与长三角区域经济一体化问题研究[J].统计与信息论坛，2012，27(5)：66 - 70.

⑨ 刘生龙，胡鞍钢.交通基础设施与中国区域经济一体化[J].经济研究，2011，46(3)：72 - 82.

Xu[①]采用方差成分统计模型对中国 1991—1998 年省际经济一体化格局、演化以及程度进行分析,发现改革开放后一体化程度有所提升,但是存在时间尺度效应。Tang[②]用经济循环方法测算了中国省际经济一体化程度,认为只有东部省份一体化程度较高,全国省份的一体化格局尚未形成。但是,Xu 和 Fan[③]利用中国多区域投入产出数据和引力模型对区域市场一体化和边界效应进行分析,认为区域间的差异在减小,收入的增长、交通成本的降低和产业间商品流通积极促进了中国省际的区域一体化。Poncet[④]、Xing 和 Li[⑤]分别采用劳动力移动数据和附加税统计数据对中国的省际边界效应、市场一体化以及成本进行了定量分析。

二、间接测算法

(一) 一体化程度评价

吕典玮等[⑥]分别采用价格法、区位商、城市分布等方法对京津冀地区的市场一体化、产业一体化和空间一体化进行综合测算。姜付秀等[⑦]用上市公司的并购数据检验了我国经济一体化的发展程度。陈秀珍[⑧]选择贸易、金融、人流等三个层面的 9 个指标编制了量化中国香港与内地经济一体化程度的综合

① Xu X P. Have the Chinese provinces become integrated under reform? [J] China Economic Review, 2002, 13(2-3): 116-133.

② Tang K K. Economic integration of the Chinese provinces: A business cycle approach[J]. Journal of Economic Integration, 1998, 13(4): 549-570.

③ Xu Z H, Fan J Y. China's regional trade and domestic market integrations[J]. Review of International Economics, 2012 20(5): 1052-1069.

④ Poncet S. Provincial migration dynamics in China: Borders, costs and economic motivations [J]. Regional Science and Urban Economics, 2006, 36(3): 385-398.

⑤ Xing W B, Li S T. Home bias, border effect and internal market integration in China: Evidence form inter-provincial value-added tax statistics[J]. Review of Development Economics, 2011 15(3): 491-503.

⑥ 吕典玮,张琦. 京津地区区域一体化程度分析[J]. 中国人口·资源与环境,2010,20(3):162-167.

⑦ 姜付秀,张敏,刘志彪. 经济发展、政府干预与国内经济一体化——基于中国上市公司同区域并购视角的研究[J]. 学术研究,2015,6: 63-74.

⑧ 陈秀珍. 香港与内地经济一体化程度的量化评价——CDI 香港与内地经济一体化指数研究[J]. 开放导报,2005,4:62-68.

指数检验一体化进程。刘云中等[1]通过对我国各个区域经济波动一致性程度的测算来度量区域经济一体化程度。

（二）一体化效应评价

通过经济一体化产生的效应侧面佐证经济一体化。有学者对经济一体化产生的效应做了系统梳理，认为从区域经济一体化的内涵出发，经济一体化具有贸易转移、生产转移和投资转移效应[2][3]。汪占熬和陈小倩[4]提出经济一体化效应应该包括静态效应、动态效应和产业集聚效应。郭丹丹等[5]将 GTAP 模型应用到区域经济一体化效应的测算，做了系统总结，发现此模型在研究中国与其他第三方国家间贸易自由化方面使用较为广泛。刘力等[6]通过比较区域承接产业转移的结构效应差异来强调经济一体化的空间效应。

第三节　经济一体化对土地利用变化的影响

一、国外区域经济一体化对土地利用变化影响

国外对土地利用/覆被变化研究具有较长时间的研究积累，从早期关注和监测人类活动对土地利用/覆被变化的空间格局影响逐渐发展到全球环境变化、整个地球系统科学与土地利用变化之间的相互作用关系[7]。随着世界经济发展逐步进入全球化进程，经济一体化趋势对社会经济系统和土地资源开发利用产生的作用逐渐凸显。经济一体化对土地利用变化的影响研究主要从

---

① 刘云中,刘泽云.中国区域经济一体化程度研究[J].财政研究,2011,5：34-39.

② 安虎森,李瑞林.区域经济一体化效应和实现途径[J].湖南社会科学,2007,5：95-102.

③ 李瑞林,骆华松.区域经济一体化:内涵、效应与实现途径[J].经济问题探索,2007,1：52-57.

④ 汪占熬,陈小倩.区域经济一体化经济效应研究动态[J].经济纵横,2012,10：110-113.

⑤ 郭丹丹,陶红军.GTAP 模型在区域经济一体化效应分析中的应用[J].湖南农业大学学报(社会科学版),2011,12(1)：67-72.

⑥ 刘力,白渭琳.区域经济一体化与行政区经济的空间效应研究—基于"泛珠三角"区域合作与广东"双转移"的政策协同效应[J].经济地理,2010,30(11)：1773-1778.

⑦ Glacken C. Traces on a Rhodian Shore[M]. Berkeley：University of California Press, 1967.

以下几个方面展开：

（一）虚拟土地

经济一体化过程加剧了土地资源的消费，无论是土地资源的直接供给还是土地资源间接消费（虚拟土地）。土地资源的间接性利用与贸易过程中经济活动或者生产要素发生转移有关。在全球化过程中，隐含在贸易交易活动中的自然资源的虚拟交易促使贸易活动对政策或者经济活动的环境影响进行了重新分配[1]。例如，现有的研究文献对虚拟水资源、生物资源、隐含碳排放、虚拟土地等内容进行了研究[2][3][4]。同时，为响应经济一体化发展而制定的土地开发或者保护政策也会导致土地利用变化，例如一个地区为减少环境压力而实施的土地开发限制政策也会加强土地资源的间接性利用[5]。Lambin 以森林砍伐土地利用转化为例分析了一个国家或者区域对土地利用保护限制开发的政策实施力度会影响其周边国家或地区的森林砍伐强度。但是，也有学者对土地开发限制政策的空间溢出效应进行了验证，认为临近区域的政策限制并没有影响周边地区的土地利用[6][7]。

① Srinivasan U T，et al. The debt of nations and the distribution of ecological impacts from human activities[J]. Proceedings of the National Academy of Sciences of the United States of America (PNAS)，2008，105(5)：1768-1773.

② Zhang Z Y，Yang H，Shi M J. Analysis of water footprint of Beijing in an interregional input-output framework[J]. Ecological Economics，2011 70(12)：2494-2502.

③ Wu C Y，Huang X J，Yang H，et al. Embodied carbon emissions of foreign trade under the global financial crisis—A case study of Jiangsu Province，China[J]. Journal of Renewable and Sustainable Energy，2015，7：1-15.

④ Wurtenberger L，Koellner T，Binder C R. Virtual land use and agricultural trade：Estimating environmental and socio-economic impacts[J]. Ecological Economics，2006，57(4)：679-697.

⑤ Lambin E F，Meyfroidt P. Global land use change，economic globalization，and the looming land scarcity[J]. Proceedings of the National Academy of Sciences of the United States of America (PNAS)，2011，108(9)：3465-3472.

⑥ Andam K S，Ferraro P J，Pfaff A，et al. Measuring the effectiveness of protected areas networks in reducing deforestation[J]. Proceedings of the National Academy of Sciences of the United States of America (PNAS)，2008，105：16089-16094.

⑦ Gaveau D，Lyne O，Linkie M，et al. Evaluating whether protected areas reduce tropical deforestation in Sumatra[J]. Journal of Biogeography，2009，36(11)：2165-2175.

（二）一体化带来的土地扩张

经济一体化加快了城市化和工业化进程，从而增加了用地需求，产生诸多土地利用转化问题。工业化带动了世界各地的城市化浪潮，大量的城市建设需要土地资源的支撑，城市蔓延性发展和城市扩张占用了大量的耕地、林地等其他土地类型[1][2][3]。诸多学者利用遥感技术对土地利用变化的格局进行了监测，并对其变化机理进行分析。Woodcock 等[4]利用遥感技术对大区域的森林覆盖变化速度、变化的格局以及变化程度进行了监测研究。也有研究从区域尺度和部门尺度对土地利用变化进行监测分析[5][6]。Weng[7]利用遥感技术对珠江三角洲土地利用变化的方向、速度以及空间格局进行监测分析。Irwin 和 Geoghegan[8]构建经济理论框架模型分析土地利用变化的过程和人类行为对土地利用变化的影响，并分别验证了帕塔克森特分水岭，马里兰和美国的案例。也有学者研究发现城市化、工业化、农用地空间格局、土地所有权制度以

①　Irwin E G, Bockstael N E. Land use externalities, open space preservation, and urban sprawl [J]. Regional Science and Urban Economics, 2004, 34(6): 705 - 725.

②　Deal B, Schunk D. Spatial dynamic modeling and urban land use transformation: A simulation approach to assessing the costs of urban sprawl[J]. Ecological Economics, 2004, 51(1 - 2): 79 - 95.

③　Herold M, Couclelis H, Clarke K C. The role of spatial metrics in the analysis and modeling of urban land use change[J]. Computers, Environment and Urban Systems, 2005, 29(4): 369 - 399.

④　Woodcock C E, Macomber S A, Pax-leney M. et al. Monitoring large areas for forest change using landsat: Generalization across space, time and landsat sensors [J]. Remote Sensing of Environment, 2001, 78(1 - 2): 194 - 203.

⑤　Lambin E F. Modelling and monitoring land-cover change processes in tropical regions[J]. Progress in Physical Geography, 1997, 21(3), 375 - 393.

⑥　Lambin E F, Ehrlich D F. Land-cover changes in sub-Saharan Africa (1982—1991): Application of a change index based on remotely sensed surface temperature and vegetation indices at a continental scale[J]. Remote Sensing of Environment, 1997, 61(12): 181 - 200.

⑦　Weng Q H. Land use change analysis in the Zhujiang Delta of China using satellite remote sensing, GIS and stochastic modelling[J]. Journal of Environmental Management, 2002, 64(3): 273 - 284.

⑧　Irwin E G, Geoghegan J. Theory, data, methods: Developing spatially explicit economic models of land use change[J]. Agriculture, Ecosystems and Environment, 2001, 85(1 - 3): 7 - 23.

及基础设施到农用地的便利程度都是影响土地利用变化的因素[1][2][3]。

经济一体化在加快城市化过程的同时，加快了城市人口的增长，加大了土地的需求，发展中国家的土地利用变化在大城市群和经济发达地区尤为突出。Seto 和 Kaufmann[4] 认为人类活动是土地利用变化的主要驱动因素，人口增长是影响地球表面系统结构和功能的主要因素[5]，例如，从资源的需求和供给角度看，人口增长成为其主要的驱动力，引起了森林砍伐和干旱地退化[6][7][8]。Deng 等[9]分析了中国 20 世纪 80 年代—2000 年土地利用变化的驱动力，发现人口、农业用地和交通成本以及工业化过程是导致土地变化的主要原因。城市的扩张也加剧了土地变化过程[10]，有研究对中国的广州[11]、珠三角[12]、

① Huang J K，Zhu L F，Deng X Z，et al. Cultivated land changes in China：The impacts of urbanization and industrialization[J]. Remote Sensing and Modelling of Ecosystems for Sustainability，2005，5884：1-15.

② Mertens B，Lambin E F. Spatial modelling of deforestation in southern Cameroon spatial disaggregation of diverse deforestation processes[J]. Applied Geography，1997，17(2)：143-162.

③ Mottet A，Ladet S，Coque N，et al. Agricultural land-use change and its drivers in mountain Landscapes：A case study in the Pyrenees[J]. Agriculture，Ecosystems and Environment，2006，114 (2-4)：296-310.

④ Seto K C，Kaufmann R K. Modeling the drivers of urban land use change in the Pearl River Delta，China：Integrating remote sensing with socioeconomic data[J]. Land Economics，2003，79(1)：106-121.

⑤ Meyer W B，Turner II B L. Human population growth and global land-use/cover change[J]. Annual Review of Ecology and Systematics，1992，23：39-61.

⑥ Goldewijk K K. Estimating global land use change over the past 300 years：The HYDE Database[J]. Global Biogeochemical Cycle，2001，15(2)：417-433.

⑦ Reynolds J F，Stafford Smith D M，Lambin B，et al. Global desertification：Building a science for dryland development[J]. Science，2007，316(5826)：847-851.

⑧ Lambin E F，Geist H J，Lepers E. Dynamics of land-use and land-cover change in tropical regions[J]. Annual Review of Environment and Resources，2003，28：205-241.

⑨ Deng X Z，Huang J K，Rozelle S，et al. Growth，population and industrialization，and urban land expansion of China[J]. Journal of Urban Economics，2008，63(1)：96-115.

⑩ Jiang L，Deng X Z，Seto K C. Multi-level modeling of urban expansion and cultivated land conversion for urban hotspot counties in China[J]. Landscape and Urban Planning，2012，108(2-4)：131-139.

⑪ Ma Y L，Xu R S. Remote sensing monitoring and driving force analysis of urban expansion in Guangzhou City，China[J]. Habitat International，2010，34(2)：228-235.

⑫ Seto K C，Fragkias M. Quantifying spatiotemporal patterns of urban land-use change in four cities of China with time series landscape metrics[J]. Landscape Ecology，2005，20(7)：871-888.

北京①、昆山②、杭州③的土地利用变化的影响因素进行了分析。Verburg 和 Chen④ 从多尺度角度分析了中国的土地利用变化格局。

（三）一体化政策导向的土地扩张

经济一体化既是一种发展趋势，也是引导社会经济发展的一种政策，政策因素自身也会影响土地利用变化。大量学者认为政策制度因素是土地利用决策过程和协调土地开发程度与经济发展的重要驱动力之一⑤⑥。Wang 等⑦从政策维度分析了中国目前以及未来土地利用变化的趋势。Zhu 和 Hu⑧ 通过对中国土地租赁差异的分析，认为不完全的模糊性土地产权制度导致的土地租赁差异是土地利用变化的重要驱动力。另外，有学者强调了空间尺度效应对土地利用变化的影响⑨⑩⑪。Kok 和 Veldkamp⑫ 分析了美国中部六大类土

① Xie Y C, Fang C L, Lin G C S, et al. Tempo-spatial patterns of land use changes and urban development in globalizing China：A study of Beijing[J]. Sensors, 2007, 7(11)：2881 - 2906.

② Long H L, Tang G P, Li X B, et al. Socio-economic driving forces of land-use change in Kunshan, the Yantze River Delta economic area of China[J]. Journal of Environmental Management, 2007, 83(3)：351 - 364.

③ Wu K Y, Zhang H. Land use dynamics, built-up land expansion patterns, and driving forces analysis of the fast-growing Hangzhou metropolitan area, eastern China (1978—2008)[J]. Applied Geography, 2012, 34：137 - 145.

④ Verburg P H, Chen Y Q. Multiscale characterization of land-use patterns in China[J]. Ecosystems, 2000, 3(4)：369 - 385.

⑤ Lambin E F, Turner B L, Geist H J, et al. The cause of land-use and land-cover change：Moving beyond the myths[J]. Global Environmental Change, 2001, 11(4)：261 - 269.

⑥ Klooster D. Forest transitions in Mexico：Institutions and forests in a globalized countryside [J]. The Professional Geographer, 2003, 55(2)：227 - 237.

⑦ Wang J, Chen Y Q, Shao X M, et al. Land-use changes and policy dimension driving forces in China：Present, trend and future[J]. Land Use Policy, 2012, 29(4)：737 - 749.

⑧ Zhu J M, Hu T T. Disordered land-rent competition in China's periurbanization：Case study of Beiqijia Township, Beijing[J]. Environment and Planning A, 2009, 41(7)：1629 - 1646.

⑨ Serneels S, Lambin E F. Proximate causes of land-use change in Narok District Kenya：A spatial statistical model[J]. Agriculture, Ecosystems and Environment, 2001, 85(1 - 3)：65 - 81.

⑩ Verburg P H, Chen Y Q, Veldkamp T. Spatial explorations of land use change and grain production in China[J]. Agriculture, Ecosystems, and Environment, 2000, 82(1 - 3)：333 - 354.

⑪ Veldkamp A, Fresco L O. Reconstructing land use drivers and their spatial scale dependence for Costa Rica (1973 and 1984)[J]. Agricultural Systems, 1997, 55(1)：19 - 43.

⑫ Kok K, Veldkamp A. Evaluating impact of spatial scales on land use pattern analysis in Central America[J]. Agriculture, Ecosystems and Environment, 2001, 85(1 - 3)：205 - 221.

地类型与驱动因子之间的关系,发现尽管存在美国中部共同市场,但是空间尺度效应在农业用地变化过程中影响显著。Verburg 等[1]对荷兰土地利用变化及其驱动力进行分析,发现居住用地、工商业用地和休闲娱乐用地的变化与可达性、空间政策和邻近效应密切相关。Verburg 等[2]采用多个模型从多尺度角度对欧洲土地利用的驱动力进行分析,发现全球化的贸易产品需求是欧洲土地利用变化的原因,农业用地和城市化是未来影响欧洲土地利用格局的主要方面。Meyfroidt 等[3]也认为全球化过程中,土地利用变化的驱动力不仅仅在本国内部,而且存在空间距离效应,从本国到国家间的相互贸易过程间接影响土地利用变化。

二、国内经济一体化对土地利用变化影响研究进展

国内将经济发展作为土地利用变化的驱动力的研究较多,大部分的研究文献主要从讨论土地利用变化的驱动力入手,包括自然生物、社会经济、制度以及技术因素,例如人口、技术进步、政策实施、气象变化等。一般情况下,自然生物因素比较稳定,引起土地利用/覆被变化的因素中社会经济发展因素起到了主导作用。尤其是自 20 世纪 90 年代以来,国内土地利用变化的驱动力研究主要集中在对不同区域的驱动力识别、不同空间尺度的驱动力探索以及挖掘适用于研究复杂驱动力的各种方法。很多学者针对我国经济发展程度,对经济发达地区或者工业化程度较高、城市化水平较高的地区的驱动力进行

① Verburg P H, Eck J R R, Nijs T C M, et al. Determinants of land-use change patterns in the Netherlands[J]. Environment and Planning B: Urban Analytics and City Science, 2004, 31(1): 125 - 150.

② Verburg P H, Eickhout B, Meijl H V. A multi-scale, multi-model approach for analyzing the future dynamics of European land use[J]. The Annals of Regional Science, 2008, 42(1): 57 - 77.

③ Meyfroidt P, Lambin E F, Erb K H, et al. Globalization of land use: Distant drivers of land change and geographic displacement of land use[J]. Current Opinion in Environmental Sustainability, 2013, 5(5): 438 - 444.

分析,例如珠江三角洲[①]、长江三角洲地区[②③]、深圳[④]、武汉城市圈[⑤]等。这些研究成果表明城市化过程是大量建设用地占用耕地及其他用地的驱动力,城市间的交互作用以及人口城市化过程更是当前促使土地利用变化的关键因素。另外,生态环境比较脆弱地区的土地利用变化驱动力研究是直接关系到这些区域的生态环境保护和经济发展协调关系的重要途径,邓祥征等[⑥]对中国北方农牧交错带的土地利用变化驱动力进行分析,谢花林[⑦]也对典型农牧交错区构建了指标体系,并对其土地变化驱动力进行回归分析。

由可塑性面积单元问题导致的土地利用变化驱动力具有尺度效应[⑧],张云鹏等[⑨]具体分析了不同尺度下的土地利用变化驱动力情况,认为我国快速城镇化进程中区域土地利用变化受人口增长、经济发展和交通体系等因素影响较大。不少研究对不同空间尺度的土地利用变化驱动力进行了分析,例如对半城市化地区[⑩]、城市边缘区[⑪],这些研究表明经济增长、产业结构调整和人口增长以及城市化是土地利用变化的主要驱动力,而非农业人口增长、固定资产投资、房地产投资等因素是建设用地变化的驱动力。另外有学者对生态脆

① 黎夏.珠江三角洲发展走廊1988—1997年土地利用变化特征的空间分析[J].自然资源学报,2004,19(3):307-315.

② 杨桂山.长江三角洲近50年耕地数量的变化过程与驱动机制研究[J].自然资源学报,2001,16(2):121-127.

③ 谭少华,倪绍祥,赵万民.江苏省土地利用变化及其驱动机理研究[J].地理与地理信息科学,2006,22(5):50-54.

④ 王兆礼,陈晓宏,曾乐春,等.深圳市土地利用变化驱动力系统分析[J].中国人口•资源与环境,2006,16(6):124-128.

⑤ 何建华,王宵君,杜超,等.武汉城市圈土地利用变化系统仿真模拟与驱动力分析[J].长江流域资源与环境,2015,24(8):1270-1278.

⑥ 邓祥征,刘纪远,战金艳,等.区域土地利用变化的多情景分析——以内蒙古自治区太仆寺旗为例[J].地理信息科学,2004,6(1):81-88+1.

⑦ 谢花林.典型农牧交错区土地利用变化驱动力分析[J].农业工程学报,2008,24(10):56-62.

⑧ 邓祥征,刘纪远,战金艳,等.区域土地利用变化的多情景分析——以内蒙古自治区太仆寺旗为例[J].地理信息科学,2004,6(1):81-88+1.

⑨ 张云鹏,孙燕,陈振杰.基于多智能体的土地利用变化模拟[J].农业工程学报,2013,29(4):255-265+300-301.

⑩ 黄云凤,崔胜辉,石龙宇.半城市化地区土地利用变化及驱动力分析——以厦门市集美区为例[J].环境科学与技术,2012,35(6):199-205.

⑪ 陈浮,陈刚,包浩生,等.城市边缘区土地利用变化及人文驱动力机制研究[J].自然资源学报,2001,16(3):204-210.

弱区①②③和绿洲荒漠交错带④进行研究,发现人类活动与自然的交互作用、不合理的开发使得生态脆弱区的土地利用变化加剧。流域尺度的土地利用变化研究也得到了广泛的重视,很多学者对石羊河流域、毕节赤水流域、巢湖流域、黄土沟壑区小流域等地区展开了研究⑤⑥⑦⑧⑨,发现不同的流域地区自然条件存在差异,土地利用变化的驱动因素中自然因素也占了主导。毕节赤水流域地形、坡度和气候以及石漠化对该地区的土地利用变化影响较大,而其他流域地区更加侧重研究人类活动和社会经济因素对土地利用变化的影响。

三、研究小结

从以上国内外研究进展来看,当前该领域的研究现状可总结如下:

(1)与国外研究相比,国内对经济一体化的研究依据不同的学科研究视角,对其内涵进行了剖析,但是缺乏对国家内部经济一体化理论层面的研究。在经济一体化的实证研究方面,大部分研究从中国国内省份间的行政壁垒入手,测算了经济一体化过程中的制度性影响,更多的是评价贸易壁垒对经济发展带来的负面影响,就针对一个国家内部的经济一体化的定义和测算研究缺

---

① 常春艳,赵庚星,王凌,等.黄河口生态脆弱区土地利用时空变化及驱动因素分析[J].农业工程学报,2012,28(24):226-234+362.

② 李秀芬,刘利民,齐鑫,等.晋西北生态脆弱区土地利用动态变化及驱动力[J].应用生态学报,2014,25(10):2959-2967.

③ 王鹏,黄贤金,张兆干,等.生态脆弱地区农业产业结构调整与农户土地利用变化研究——以江西省上饶县为例[J].南京大学学报(自然科学),2003,39(6):814-821.

④ 王国友,塔西甫拉提·特依拜,谭灵芝.新疆于田绿洲——荒漠交错带土地利用变化的社会驱动力研究[J].中国沙漠,2006,26(2):259-263.

⑤ 蒋小荣,李丁,庞国锦.本世纪初石羊河流域土地利用变化及驱动力分析[J].干旱区资源与环境,2010,24(12):61-66.

⑥ 金昭贵,周明忠,吴智凤.毕节赤水河流域土地利用现状及其驱动力分析[J].贵州师范大学学报(自然科学版),2011,29(4):11-15.

⑦ 吴连喜.巢湖流域30年土地利用变化及其驱动力研究[J].土壤通报,2011,42(6):1293-1298.

⑧ 李志,刘文兆,杨勤科,等.黄土沟壑区小流域土地利用变化及驱动力分析[J].山地学报,2006,24(1):27-32.

⑨ 赵阳,余新晓,贾剑波,等.红门川流域土地利用景观动态演变及驱动力分析[J].农业工程学报,2013,29(9):239-248.

乏较为统一的体系。

（2）从研究尺度来讲,国内外研究经济一体化差异较大,国外对经济一体化的研究主要还是集中在国家间或者区域之间的宏观尺度,而由于国家体制的差异和社会经济发展的背景差异,对于一个国家内部的一体化研究涉及甚少;与国外研究相比,我国研究学者对区域经济一体化研究分为两个层面,一部分学者研究中国与国际环境之间的一体化,另一层面研究各个省份之间的行政壁垒和城市群的经济一体化过程,很少有研究对一个流域区域经济一体化发展过程进行系统的分析。

（3）经济一体化与土地利用研究方面,国内大多数采用遥感影像数据或者土地变更调查数据来对土地利用的演化格局以及驱动力进行分析,驱动力研究方面主要从社会经济的单要素入手,缺乏区域层面的经济一体化过程对土地利用变化影响的相关研究。当前国内外研究中,一方面对于经济一体化的土地利用变化响应的机理和影响机制缺少理论性支撑,另一方面当前的研究主要集中在经济一体化和土地利用变化两个不同的领域,将二者结合在一起分析土地利用变化过程与经济一体化关系的整体性不够完整。要实现对土地利用变化的科学管理,需要从经济一体化发展的不同阶段和过程,耦合性地分析土地利用变化过程,揭示土地利用变化对经济一体化响应的规律性。

第三章 / 经济一体化对土地利用的影响机理框架

自第二次世界大战结束后,世界经济格局一体化趋势逐渐加强,一般关税贸易同盟国在全球自由贸易方面达成了一致协定。随着世界经济的快速发展,以都市群为载体的经济格局加强了局部区域范围内的经济合作过程,例如我国的珠三角、长三角、京津冀等城市群成为带动中国经济发展的引擎,城市群内各个城市间的贸易、劳动力、资本等的流动加强了区域的经济一体化过程,而土地是承载区域经济发展的载体,区域经济一体化过程不仅改变了土地利用空间组织结构,而且加快了不同土地利用类型之间的转化速度。区域经济一体化对土地利用的影响尤其表现在建设用地占用其他用地,数量上不断扩张。因此,本章在对区域经济一体化内涵进行界定的基础上,从理论视角揭示区域经济一体化是如何影响土地利用变化,并阐述土地利用变化的机理过程。

第一节 经济一体化相关理论

传统区域经济一体化的理论较多从国际环境的大区域尺度角度进行分析,具有代表性的理论往往有贸易理论、关税同盟理论、交易费用理论等,主要强调的是自由贸易区、关税同盟、共同市场、经济同盟和经济完全一体化的研究。目前,区域经济一体化的研究对象逐渐多元化,国家内部的区域经济一体化成为新的研究对象,针对此研究对象的转变,目前对国家内部区域层面的区域经济一体化理论的研究较少,大部分研究成果是借鉴经济学、制度经济学等相关理论开展研究。鉴于此,本书依据前书对经济一体化的界定和对其内涵的认知,借鉴经济地理学相关理论,试图对国家内部层面的区域经济一体化理论进行探索(图 3-1)。

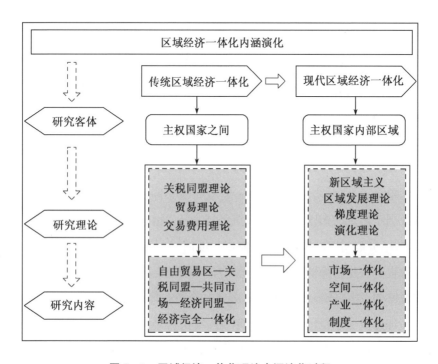

图 3-1　区域经济一体化理论内涵演化过程

一、新区域主义理论

(一)新区域主义理论

　　"区域主义"范式是经济地理学在二战结束后指导实践发展的重要理论依据,辅助凯恩斯主义和福利国家政策的实现①。"区域主义"研究范式是以计

---

①　贺灿飞,郭琪,马研,等.西方经济地理学研究进展[J].地理学报,2014,69(8):1207-1223.

量模型为研究手段,结合自上而下的政府干预途径,以城市和区域为研究主体,以解决城市与区域社会经济发展问题[①]。20 世纪 60—70 年代,在计量革命的推动下,一般系统论被引入地理学区域研究中,将一个开放的系统分解为运动、网络、节点、等级、面、空间扩散等六个要素,地理学被视为空间科学。但是,60 年代中期开始,空间科学受到了来自行为地理学、人本主义地理学和激进地理学的批判,这在很大程度上冲击了"区域主义"研究范式。20 世纪 80 年代,新区域主义(new regionalism)作为主流的区域主义研究思潮逐渐显现。

新区域主义理论源于经济社会学、制度经济学和演化经济学的理论[②],其从制度主义的角度认为经济活动是社会制度在一定情景下的综合产物,强调了经济活动既是一个制度化的过程又是一个根植社会的活动。新区域主义主要表现为大区域主义、小区域主义以及国家内部的各类区域组织三种形式[③]。从大区域主义视角看,新区域主义理论是对国际环境发生变化,全球区域经济一体化趋势下,贸易协定国之间的一体化发展不同阶段的描述,此时的新区域主义区别于传统的旧区域主义,传统区域主义(old regionalism)针对经济一体化发展从初级一体化到深入的一体化程度的过程演化而来,所谓初级经济一体化过程主要是指降低或者取消了商品贸易壁垒,深入一体化则是涉及了区域政策协同,经济体内部之间的要素自由流动。传统区域主义主要是利用国际贸易理论对全球范围或者区域范围的经济一体化初级阶段的特征进行分析,主要包含区域贸易协定国内部的关税、补贴政策以及贸易协议以外的税收政策的制定等方面。因此,这一理论分析大部分研究都是参考了关税同盟理论[④],并且与标准的一般均衡贸易理论的 HOS (Heckscher-Ohlin-Samuelson)分析框架相结合,选取"贸易创造""贸易转移""贸易条件"等效应指标来量化

① 苗长虹. 从区域地理学到新区域主义:20 世纪西方地理学区域主义的发展脉络[J]. 经济地理,2005,25(5):593 - 599.

② 苗长虹,樊杰,张文忠. 西方经济地理学区域研究的新视角——论"新区域主义"的兴起[J]. 经济地理,2002,22(6):644 - 650.

③ 汪涛,曾刚. 新区域主义的发展及对中国区域经济发展模式的影响[J]. 人文地理,2003,18(5):52 - 55.

④ Kemp M C, Wan H. An elementary proposition concerning the formation of customs unions [J]. Journal of International Economics, 1976, 6(1): 95 - 97.

分析区域一体化贸易协议的福利效应。新区域主义更多涉及了对区域一体化更高层次的衡量,其主要的特征表现在金融或者外商直接投资的资本流动(主要是实体的金融资本的流动)、区域内部的劳动力自由流动、协调制定一国内部税收与补贴政策和金融政策、建立一体化管理机构、提高交通通勤基础设施、协调生产要素市场的法律管理条例、货币一体化等方面[①]。在传统的贸易理论基础上,新区域主义考虑了影响经济一体化发展的内生性因素来修正贸易理论,将寻租行为、政治经济学理论、产业组织理论、地理学相关理论以及新增长理论等相关理论综合纳入新贸易理论框架下来分析经济一体化。新区域主义是建立在对旧一体化理论进行批判的基础上,吸取了凯恩斯主义和自由主义经济学两大理论流派的精华,在 20 世纪 80 年代中后期在解释欧洲经济一体化过程中占据了重要位置[②]。

(二) 城市—区域理论

随着激进主义对新区域主义批判影响的加深,资本累积的不平衡研究已经涉及不同的空间尺度上,为了区别于马克思主义经济地理学,新区域主义强调了资本主义空间不平衡发展,必须联系资本与劳动间的生产关系、生产的当前需要以及与此需求相关的历史背景关系。在一定程度上,新区域主义从演化经济学的视角突出强调了地方性,由此,新区域主义的区域内涵得到丰富,从全球化的尺度延伸到地方化,对其所包含的区域概念进行了重新审视。洛杉矶学派典型的"社会—空间"辩证法思想对地理学空间的概念进行了新的诠释,同时区域的概念有了更为广泛的社会地理学含义[③④]。新区域主义越来越多地关注城市—区域这一新地域主体的研究(city-region),这一概念的提出进一步丰富了新区域主义。城市区域是指在空间上具有高度关联性的地域

① Burfisher M E, Robonson S, Thierfelder K. Regionalism: Old and new, theory and practice [C]. The International Agricultural Trade Research Consortium Conference, Capri, Italy, 2003.
② 唐昊. 试析欧洲一体化理论中的新区域主义[J]. 广西社会科学, 2002(5): 210-212.
③ Scott A J. Regional motors of the global economy[J]. Futures, 1996, 28(5): 391-411.
④ Soja E. Postmetropolis: Critical Studies of Cities and Regions[M]. Blackwell: Oxford, 2000.

体,包含了通勤活动、公共服务、交通、交流网络和生产链,通常构成了社会经济一体化的地理单元①,城市区域不仅仅指实体的城市自身,也包含了城市临近的腹地范围。20 世纪 80 年代,我国地理学者宋家泰②对城市区域理论以及城市区域研究的调查方法做了介绍,城市区域理论是整合了单中心城市、外围边缘城市、最外缘的城市复合体,以及专业的次中心区的不断发展的多中心结构③。

区域主义理论视角下的经济一体化研究,是不断将经济一体化研究的空间尺度从宏观的全球国际尺度向中微观的城市区域尺度聚焦,长江经济带的经济一体化研究可以借鉴区域主义视角,为主权国家内部,尤其是中观尺度上的大区域经济带的经济一体化研究提供借鉴。

二、区域经济发展理论

(一)区域均衡发展理论

我国的区域发展从 20 世纪 50 年代开始至今,经历了区域平衡发展、区域不平衡发展、区域协调发展和区域深入协调发展的几个关键阶段④,在不同的经济发展阶段指导区域经济发展的理论不同。在 20 世纪 50—70 年代,我国经济建设优先发展重工业,重点开发内地资源工业以及建立国防战略性防御经济,整体的经济格局都是"沿海""内地"和"三线地区",区域均衡化发展的理论在此阶段起到重要作用。

(二)区域非均衡发展理论

20 世纪 80 年代,我国区域经济发展中不平衡理论占据了主导地位,具有

---

① Breathnach P. Creating city-region governance structures in a dysfunctional policy:The case of Ireland's National Spatial Strategy[J]. Urban Studies,2014,51(11):2267-2284.

② 宋家泰.城市—区域与城市区域调查研究——城市发展的区域经济基础调查研究[J].地理学报,1980,35(4):277-287.

③ 罗思东.城市区域理论及其政策导向[J].厦门大学学报(哲学社会科学版),2011(3):1-8.

④ 陈蕊.区域产业梯度转移调控研究[D].合肥:合肥工业大学,2007.

代表性的有增长极理论、中心外围理论、点轴理论。增长极理论最初是由法国经济学家弗朗索瓦·佩鲁提出,经过区域经济地理学者将地理因素和空间因素融入增长极理论中,发展了增长极理论的内涵,成为研究区域经济不均衡发展的重要理论之一。增长极是指城市区域内基础设施配套完善、功能综合、资源优势明显和经济增长快速的工业综合体,能够产生一定的辐射带动作用,拉动周边地区经济发展[①]。该理论明确了区域经济发展两个层面的内涵,作为经济空间上的某种推动型产业的部门增长极作用和产生空间增长的集聚中心。经济发展率先在增长极上发生,其次通过乘数效应、涓滴效应、扩散效应等方式向外辐射扩散,以带动周边的区域经济发展。"中心—外围"理论是由美国经济学家弗里德曼1966年引入区域经济学领域,开始关注区域经济发展的不同空间结构模式。中心区域因为空间累积了资源、市场和资本而比外围区域更具有竞争优势,一方面不断地吸引外围区域的生产要素向中心区域集中,另一方面也引导外围区域经济发展。"中心外围"的发展模式必然导致经济发展差异出现,空间二元结构不断强化,但是随着市场的扩大和中心区域对外围区域辐射带动作用的显现,区域经济的持续增长必将使得各个区域的优势充分发挥,推动空间经济的一体化发展。1984年陆大道先生首次提出"点—轴"理论,随后在1985年发表了《工业的点轴开发模式与长江流域经济发展》,对我国工业布局应选择点轴渐进式开发战略进行了阐述[②]。该理论在我国社会经济发展过程起到了重要的指导作用,是我国生产力布局和国土空间开发格局的重要理论模式。"点"是指区域发展过程中集聚了大量社会要素的集聚点,一般情况下是一个中心城市或者居民点,也或者是城市群;"轴"是连接社会经济发展的集聚点的现状要素,一般是交通道路、通信信息干线、流域水道等,"轴"对区域内的点及其点附近区域具有吸引力和辐射力[③]。基于此理论,当前我国实施的经济带的空间布局理念和模式完全符合空间结构理

① Boudeville J R. Problem of Regional Economic Planning[M]. Edinburgh: Edinburgh University Press, 1966.

② 陆大道. 工业的点轴开发模式与长江流域经济发展[J]. 学习与实践, 1985(2): 37-39.

③ 陆大道. 关于"点—轴"空间结构系统的形成机理分析[J]. 地理科学, 2002, 22(1): 1-6.

论范围的"点—轴系统"理论①。因此,经济带的区域经济一体化发展也可以借鉴该理论。

(三) 区域经济协同发展理论

区域经济协同理论是基于协同学理论而产生的,是指在区域内各个经济主体之间的协同和共生,对区域内的资源要素进行有序高效的配置,达到区域内各个经济主体的功能一体化运作的发展方式②。区域协调理论发展主要从区域分工、系统论和大协调运行理论来进行。其中,区域经济分工理论是区域经济一体化理论的核心理论,指导了区域经济协调发展过程中合理配置资源,如何解决区域经济合作问题。区域分工理论是一个发展成熟而较为复杂的理论,该理论主要包含了比较成本理论、要素禀赋理论、技术差距理论和新贸易理论等。比较成本理论解释了通过比较生产成本来完成的地域分工,主要有斯密的绝对优势理论和李嘉图的相对优势理论③,针对绝对优势理论与国际贸易分工的现实不符合的理论缺陷,相对优势理论强调了区域间劳动与资本不完全自由流动与转移的情况下,利用各区域的优势产业部门生产本国或区域有利的商品,通过区际分工与贸易完成优势互补。要素禀赋理论也被称为"H-O 学说",是由郝克歇尔(E. Heckscher)和俄林(B. Ohlin)提出,主要描述了资本相对丰富的国家或区域可以较便宜地生产资本密集型商品,劳动力相对丰富的国家或区域则可以较便宜地生产劳动密集型商品,在国际或者区际贸易之间通过贸易实现产品的相互需求,实现优势互补,从而有利于各区域的经济增长。技术差距理论最初是由美国经济学家波斯纳(M. Posner)在 1961年提出的,该理论内涵认为工业贸易国家生产工业产品,大部分生产存在技术差距才使得有工业贸易。技术创新国或者区域利用自己的资本优势实现技术创新,对非技术创新国或区域通过出口技术来实现经济价值的转化,随着专利

---

① 陆大道.建设经济带是经济发展布局的最佳选择——长江经济带经济发展的巨大潜力[J].地理科学,2014,34(7):769-772.

② 连季婷.京津冀协同发展中的河北省经济策略研究[D].大连:东北财经大学,2015.

③ 李小建,等.经济地理学[M].北京:高等教育出版社,1999.

技术知识的转让,非创新国或区域利用本国或本区域的资源优势实现了创新模仿的产品生产,对创新国或区域的技术进口依赖减弱,最后创新国或区域与非创新国或区域之间的经济差距缩小。因为技术差距理论中存在时间变化过程,因此部分学者认为技术差距理论是要素禀赋理论的动态扩展。新贸易理论是 20 世纪 80 年代初,保罗·克鲁格曼为代表的经济学家针对解释国际贸易、国际分工和贸易保护主义提出的。新贸易理论考虑了完全竞争市场结构和不完全竞争市场结构状态下的资源最佳配置状态,同时将政府干预纳入考虑框架,提出利润转移和外部性经济的观点。

区域发展的理论实现了从均衡化发展到协同发展的演化过程,就理论发展的自身来看,也是实现了缩小区域差距,达到区域一体化协同发展的过程。利用区域发展的理论来指导我国经济带经济一体化发展,根据"点—轴系统"理论合理布局经济一体化过程的点要素,使其成为一体化过程中的经济增长极,合理布局线状要素,发挥增长极向外围区域的扩散辐射带动作用。经济带尺度的区域开发战略是我国当前的区域重点开发目标,区域发展理论可以有效地指导经济带的经济一体化发展。

三、区域经济梯度理论

(一)区域经济梯度理论

区域经济梯度理论于 20 世纪六七十年代创立,描述了地区间经济发展水平的差异,由低发展水平向高水平不断过渡的空间变化过程。区域经济梯度理论与区域发展的不均衡理论有相同点,都强调了由于资源要素的区域差异,各个地区之间存在经济发展的梯度差距,经济发展水平呈梯度式布局,优先发展经济潜力高的高梯度区域,然后逐步实现空间推移,发展低梯度区域。梯度理论是以产业梯度推移理论为核心,该理论是以产品生命周期理论为基础,认为地区经济主导专业化部门在工业生命循环中处于创新阶段或者发展阶段,就会使得该地区经济高速增长,则该地区属于经济发展的高梯度地区,反之,则为低梯度地区。因为高梯度地区率先实现创新活动,在客观上与低梯度区域形成发展落差,随着经济发展阶段的提高,经济溢出效应不断凸显,高梯度地区的创新活动或者成熟的产业逐渐转移至低梯度地区,在空间上形成梯度递推轨迹。这种推移往往利用梯度理论的极化效应、扩展效应和回程效应实现[1]。

(二)区域经济反梯度理论

这种传统的狭义梯度理论忽视了资源、制度等生产要素在资源分配和配置中的作用。针对传统的狭义梯度理论的缺陷,反梯度理论由郭凡生[2]首次提出,认为落后地区若能发挥其主观能动性,利用后发优势,改变被动接受被辐射的发展状态,重点发展自身的优势产业,就能成为新的次极化经济核,对高梯度的产业产生辐射作用[3]。随着区域经济发展的复杂化,梯度理论与反梯度理论的研究表现出多样化模式,在空间上的梯度转移不再以高梯度向低梯度单一的模式发展,反梯度的模式、跳跃式模式、混合式推移模式等成为新的梯度理论空间推移的模式。鉴于狭义梯度理论与反梯度理论的局限性和理论缺陷,李国平等学者提出了广义梯度理论[4]。广义梯度理论是指自然要素梯度、经济梯度、社会梯度、人力资源梯度、生态环境梯度和制度梯度各子系统间相互联系、相互影响和相互制约形成了复杂的系统网络关系。

四、区域经济演化理论

演化经济地理学最早可以追溯到1982年尼尔森和温特撰写的《经济变化的演化理论》一书[5],是经济地理学自文化转向、制度转向后的一次新转向,它把经济看成一个种群系统,研究空间在随着时间的演化过程中起到的何种作

① 李蕾. 运用"梯度理论"促进我国区域经济发展的机理研究[J]. 河南社会科学,2003,11(4):85-86.
② 郭凡生. 何为"反梯度理论"——兼为"反梯度理论"正名[J]. 开发研究,1986(3):39-40.
③ 李国平,赵永超. 梯度理论综述[J]. 人文地理,2008(1):61-64.
④ 李国平,许扬. 梯度理论的发展及其意义[J]. 经济学家,2002(4):69-75.
⑤ Nelson R R, Winter S G. An Evolutionary Theory of Economic Change[M]. Cambridge, MA and London: The Belknap Press,1982.

用,其理论基础包含了达尔文主义、路径依赖和复杂性理论[①]。演化经济地理学很大程度上接受了演化经济学的主张,从新奇、创新和路径依赖了解经济发展的地理空间特质。虽然同制度经济学、新经济地理学有相同点,但是在研究的方法论上演化经济地理学是其两者的高度综合,在研究模式上也存在较大差异,演化经济地理学将中观的产业尺度引入分析框架[②]。由此,产业的空间演化成为演化经济地理学研究的热点话题[③][④]。

演化经济地理学在其研究假设上主张"有限理性"学说,认为社会的复杂性和未来不确定性决定了个体行为在一定程度上理性但非绝对的理性。因为演化过程考虑了时间因素,演化经济地理学对经济发展持有一种动态、非均衡的观点,不仅关注经济发展,而且对不同经济结构之间的关系和变化过程进行考察。演化的分析结果具有开放的不确定性,在该理论假设的前提下,结果是非最优化的[⑤]。路径依赖是理解演化理论的关键,是指社会经济一旦进入某一个路径,就会在惯性作用下不断强化,出现路径锁定效应。随着演化理论在微观的企业层面、中观的产业层面和宏观的空间系统层面的应用,空间因素成功地被纳入演化理论的范畴[⑥]。但是,受到制度经济学的影响,从制度层面来分析的演化理论越来越多地将区域发展的路径依赖归结为制度性锁定路径。针对如何打破路径依赖的锁定,创新和新奇的概念成为演化经济地理学不断解释地理视角下的集聚外部性的理论依据[⑦],地理邻近的代理商在合理的距离范围内的集聚会产生多样性的关联效应,有可能会产生产业不同发展阶段

① 安虎森,季赛卫.演化经济地理学理论研究进展[J].学习与实践,2014(7):5-18.

② 胡志丁,葛岳静,侯雪,等.经济地理研究的第三种方法[J].地域研究与开发,2012,31(5):89-94.

③ 刘志高,尹贻梅,孙静.产业集群形成的演化经济地理学研究评述[J].地理科学进展,2011,30(6):652-657.

④ 张永凯,徐伟.演化经济地理学视角下的产业空间演化及其影响因素分析——以中国汽车工业为例[J].世界地理研究,2003,23(2):1-13+25.

⑤ 刘志高,尹贻梅.演化经济地理学评介[J].经济学动态,2005(12):91-95.

⑥ Martin R, Sunley P. Path dependence and regional economic evolution [J]. Journal of Economic Geography, 2006,6(4): 396-431.

⑦ 李福柱.演化经济地理学的理论框架与研究范式:一个文献综述[J].经济地理,2011,31(12):1975-1980+1994.

的技术或者知识的溢出与重组,从而对生产的产业链实现创新效应①②③。

第二节　土地利用变化相关理论

一、土地资源配置理论

土地资源配置是人类社会经济发展所依托的土地资源在时间和空间上的数量分布状态,通常土地资源配置由时间、空间、用途和数量四个要素组成④。土地资源配置的目标一方面是在各种竞争性用途之间合理分配土地资源,另一方面是提高土地资源的使用效益。土地资源的配置包括了土地的供给和需求、土地的流转、区位布局的调整、土地资源配置的效率等方面。

在土地资源配置的空间布局方面,德国的古典经济学家杜能的农业区位理论、韦伯的工业布局、克里斯塔勒的"中心地"理论讨论了工业厂商选址行为与需求市场的距离决定运输成本的问题,这是最初的以运输作为条件而决定经济活动,从而影响土地利用决策行为而衍生的不同土地利用方式在不同区域配置的理论⑤⑥。在此理论基础上诸多空间经济学家对城市经济活动中的土地规模及其城市土地利用布局进行研究,理论假设前提是将土地作为参与经济活动的生产要素,由于不同空间区位产生不同的成本,生产厂商在考虑劳动力、资本、土地要素投入的情况下,以利润最大化为目标,为降低运输成本、

① Boschma R A. Proximity and innovation: A critical assessment[J]. Regional Studies, 2005, 39(1): 61 - 74.

② Frenken K, Vanoort F G, Verburg T. Related variety, unrelated variety and regional economic growth[J]. Regional Studies, 2007, 41(5): 685 - 697.

③ Boschma R A, Iammarino S. Related variety, trade linkages and regional growth in Italy[J]. Economic Geography, 2009, 85(3): 289 - 311.

④ 王万茂. 市场经济条件下土地资源配置的目标、原则和评价标准[J]. 自然资源, 1996(1): 24 - 28.

⑤ Samuelson P A. Thunen at two hundred[J]. Journal of Economic Literature, 1983, 21(4): 1468 - 1488.

⑥ Friedrich C J. Alfred Weber's Theory of the Location of Industries[M]. Chicago: University of Chicago Press, 1929.

需求规模、地租的影响,在不同的空间区位的土地利用强度与土地利用方式中得到一个均衡①②③。

在土地资源配置使用效益方面,一般遵循土地资源配置的经济效益、社会效益、生态效益、综合效益等原则,保证土地资源配置效用总和最大化。有学者对土地非农化过程的土地资源配置效率④、企业用地视角下的土地资源配置进行了研究⑤,也有学者强调了市场发展、社会经济需求对土地资源配置的影响⑥⑦。也有学者从土地产权调整的视角分析了土地资源配置,认为土地资源配置的实质就是土地产权的流转问题。明晰土地财产产权可以有效提高土地资源配置的效率⑧。另外,中国的土地利用规划对土地资源配置起到了重要的支配作用,政府把土地规划作为土地资源管理的龙头和政府干预土地利用的重要手段⑨。

二、土地可持续利用理论

土地资源可持续利用是可持续发展思想的重要方面之一,其实质就是在经济发展过程中要兼顾各方面利益,协调发展环境和经济,其最终目标是要达到社会、经济、生态的最佳综合效益。土地资源可持续利用思想早在 1992 年《21 世纪议程》中就有所提及:"通过对土地资源可持续利用研究,制定相对应

---

① Alonso W. Location and Land Use[M]. Cambridge:Harvard University Press,1964.

② William J S. Land use and zoning in an urban economy[J]. The American Economic Review,1974,64(3):337-347.

③ Fujita M,Krugman P. When is the economy monocentric:Von thunen and Chamberlin unified[J]. Regional Science and Urban Economics,1995,25(4):505-528.

④ 林卿,王荧.基于农地非农化过程中的土地资源配置理论分析[J].福建农林大学学报(哲学社会科学版),2012,15(6):35-40.

⑤ 张雄,张安录,邓超.基于用地企业视角的土地资源配置效率研究[J].中国土地科学,2016,30(8):90-97.

⑥ 唐子来,寇永霞.面向市场经济的城市土地资源配置——珠海实证研究[J].城市规划,2004,24(10):21-25.

⑦ 张颖.区域土地资源配置与社会经济发展[J].地域研究与开发,2004,23(6):93-97.

⑧ 石晓平,曲福田.土地资源配置方式改革与公共政策转变[J].中国土地科学,2003,17(6):18-22.

⑨ 陈茵茵.土地资源配置中政府干预与市场机制研究[J].中国土地科学,2008.22(3):20-27.

的可持续利用评价标准体系,是未来有待研究的科学领域。"可持续性是一种理想的发展状态,是一种处于交换平衡的动态过程,可持续发展是保证不影响当代人以及子孙后代的生活发展水平和生活福利,节约集约利用资源的一种发展模式。可持续发展具有时间和空间两个维度的理解。时间尺度上解释了发展的延续性,空间尺度上解释了发展的合理性。土地资源利用可持续是时间维度上的延续状况,即土地资源存量或土地利用的价值在时间维度上满足不断上升或者不下降的趋势,在空间维度上土地资源能够合理布局,增大土地资源利用效益,提高土地资源的生产率。土地资源可持续理论指导土地资源的合理开发利用,在长时间尺度上,土地资源利用在满足当代人需求的同时,不损害、不剥夺后代人对土地需求的满足和生存发展的能力,强调土地利用的行为能够永久地继续下去[①]。

与本书研究主题相关的土地可持续主要是强调在经济一体化发展过程中,土地资源得到合理配置,能够实现提高土地资源利用效益的目的,最终节约利用土地,保障土地资源永续开发利用。区域经济一体化以缩小地区经济差异为目的,提高区域整体经济发展水平,土地资源开发利用是保障经济一体化发展的前提,土地资源可持续利用是经济一体化发展的目标。经济一体化过程伴随着城市化和工业化过程,大量的人口集聚和产业活动布局需要开发大量土地资源,土地资源可持续利用一方面不仅要满足大量人口增长对粮食的需求,而且避免经济发展占用大量耕地,为后代人的生存发展保留余地。另一方面,经济一体化进程促使产业优化布局,淘汰同质性恶性竞争的产业,改变土地利用的粗放模式,约束建设用地的蔓延扩张,加强土地利用集约程度,延长土地资源利用的使用周期,提高土地资源的用地效益。针对农业用地的可持续利用,有学者对农业用地流转中的土地可持续利用进行了研究[②],也有诸多学者选取诸多方面的指标,构建综合性评价指标体系,对城市用地的可持

---

① 陈茵茵.区域土地可持续土地利用评价研究[D].江苏:南京农业大学,2008.

② 郭斌,吕涛,李娟娟.农地转出方选择流转对象的影响因素分析——基于土地可持续利用视角[J].经济问题,2013(1):102-107.

续利用进行了评价[1][2][3][4]。曲福田等[5]从土地产权视角分析了土地可持续利用，认为土地产权通过其特有的功能对土地可持续利用发生作用。

三、土地利用远程耦合理论

随着经济全球化、网络化、一体化趋势的加强，国家之间的贸易、跨国土地交易、入侵物种蔓延等远程相互作用发生的速度比以往任何时候都有所加快[6]。远程相互作用随着全球人口的剧增，不仅消耗本土的资源而且通过贸易活动对其他地区或者国家的资源产生间接性的使用，同时，对气候变化、生物多样性、土地利用、水资源缺乏等世界性重大问题产生了深刻的影响[7]。远程耦合作用在大型城市群城镇化地区与生态环境之间的交互作用研究成为地球系统科学研究的前沿领域[8]，刘建国等学者提出了综合性的远程耦合研究理论框架，将人类远距离的社会经济与自然环境系统之间的相互作用通过发送系统、接收系统和外溢系统有机组合，每个系统包含代理、原因和影响三个要素，系统之间通过"流"产生相互作用，包括物流、资金流、技术流、信息流等。基于远程耦合框架，对土地利用变化与人类自然耦合系统之间的研究较为少见，尤其是将远距离耦合系统中的不同代理的相互作用纳入土地利用变化动态研究。

---

① 傅博杰，陈利顶，马诚. 土地可持续利用评价的指标体系与方法[J]. 自然资源学报，1997，12(2)：113-118.

② 谭永忠，吴次芳，叶智宣，等. 城市土地可持续利用评价的指标体系与方法[J]. 中国软科学，2003(3)：139-143.

③ 于开芹，边微，常明，等. 城市土地可持续利用评价指标体系的构建原理与方法研究[J]. 西北农林科技大学学报(自然科学版)，2004，32(3)：59-64.

④ 袁磊，雷国平，张小虎. 基于循环经济理念的黑龙江土地可持续利用差异评价[J]. 地理与地理信息科学，2010，26(2)：76-80.

⑤ 曲福田，陈海秋. 土地产权安排与土地可持续利用[J]. 中国软科学，2000(9)：11-16.

⑥ Liu J G，Dietz T，Carpenter S R，et al. Coupled human and natural system[J]. AMBIO：A Journal of the Human Environment，2007，36(8)：639-649.

⑦ 刘建国，Hull V，Batistella M，等. 远程耦合世界的可持续性框架[J]. 生态学报，2016，36(23)：7870-7885.

⑧ 方创琳，周成虎，顾朝林，等. 特大城市群地区城镇化与生态环境交互耦合效应解析的理论框架及技术路径[J]. 地理学报，2016，71(4)：531-550.

远程耦合理论框架成为揭示土地可持续利用新问题的重要理论基础。远程耦合框架"系统、代理、流、原因、影响"对远距离人类社会经济系统与土地系统之间的耦合反馈关系做了系统的描述。例如贸易过程的土地利用耦合,土地作为发出系统,为贸易交易提供了产品和商品,土地作为接收系统以减少商品产品需求为目的,可能是承载城市发展、居民生活等目的,城市之间或区域之间的贸易流是城市土地不同系统之间联系的媒介。土地溢出系统是指在承接土地发出系统和土地接收系统中所有涉及土地资源利用的社会经济活动,这些经济活动与土地发出系统和接收系统均具有密切关系。除此之外,技术转移、知识转移、旅游业、发展投资、人口迁移等过程均会产生土地利用的远距离耦合过程,例如土地跨国交易是发展投资过程的土地远程耦合,有研究表明跨国交易的土地 2/3 的接收国家是亚洲,提供土地交易的主要是非洲[1]。代理可能是国有公司,也可能是政府、国际组织(世界银行)等。土地利用系统可能是局部区域性的耦合系统,也可能是全球性的土地利用系统耦合。远程耦合理论框架与本书的研究目标紧密相关,经济一体化过程促进了区域之间的协作发展,同时也促进了人口流动,资金和技术、知识的流动,土地利用也会伴随着这些流产生间接的使用量。例如人口的流动,作为发出系统,人口的流出可能会导致土地的撂荒,作为接收系统,需要占用大量土地资源来支撑新接纳的人口。

第三节　相关概念辨析与界定

一、区域概念的界定

国内外的区域经济学领域对区域的概念尚未形成共识,而且不同学科对区域的定义不尽相同。区域作为研究对象最早出现在地理科学领域,英国地

---

① Seto K C, Reenberg A. Rethinking Global Land Use in an Urban Era[M]. Cambridge: The MIT Press, 2014.

理学家迪金森①定义区域是各种现象在地表特定地区结合成的复合体,而且这些复合体包含有场所、核心区、边缘区,以及具有不同程度变化的梯度。Gualini 认为区域的界定从原来的属于国家等级网络内的一个单元,逐渐发展形成国际性的一体化网络。② 胡佛③认为区域是基于描述、分析、管理、计划或者指定政策等目的而作为应用性整体加以考虑的一片地区。我国学者也对区域的概念做了很多界定,陈传康④认为区域是地球表面的一定范围上,由某一特定需求划分出来的连续不断的具有均质共性或者管理行政权的空间。目前,被广泛接受的区域概念是 1922 年《全俄中央执行委员会直属俄罗斯经济区划问题委员会拟订的提纲》中的定义:区域应该是国家的一个特殊的经济上尽可能完整的地区。这种地区由于自然特点、以往的文化积累和居民生产活动能力的结合而成为国民经济总链条中的一个环节⑤。

二、区域经济一体化界定

"一体化"在英文中是 Integration 一词,最早出现在 20 世纪 40 年代末西欧,进入 70 年代后,一体化的概念才逐渐明确和规范起来。国际经济学和国际政治学对"一体化"的研究涉及较多,其中国际经济学侧重从宏观经济视角分析在经济一体化基础上伙伴国家之间的经贸合作关系,主要有自由贸易区、关税同盟、共同市场、经济联盟和货币联盟五个发展阶段⑥,由此可见一体化在早期被单纯地作为经济范畴来应用,一定程度上等同于经济一体化。直到80 年代,一体化与经济一体化才得以区分,经济一体化侧重于经济层面的一体化。地理学家重点关注的是经济一体化过程对经济组织结构所形成的空间

① 迪金森. 近代地理学创始人[M]. 葛以德,等译. 北京:商务印书馆,1980.

② Gualini E. Regionalization as 'experiment regionalism': The rescaling of territorial policy-making in Germany[J]. International Journal of Urban and Regional Research, 2004, 28(2): 329 - 353.

③ 胡佛·杰莱塔尼. 区域经济学导论[M]. 郭万清,译. 上海:上海远东出版社,1971.

④ 陈传康. 区域概念及其研究途径[J]. 中原地理研究,1986(1):10 - 14.

⑤ 蔡之兵,张可云. 区域的概念、区域经济学研究范式与学科体系[J]. 区域经济评论,2014(6):5 - 12.

⑥ 庞效民. 区域一体化的理论概念及其发展[J]. 地理科学进展,1997,16(2):39 - 47.

结构的影响,大部分研究集中探讨空间一体化过程①。

主权国家内的区域经济一体化现象在我国比较突出,这是因为发达国家早已建立了完善的市场经济体制,国家内部的行政壁垒和地方保护主义现象不严重,所以大部分的经济一体化都是外向型的国际经济一体化。我国由于受到集权制度的影响,很长时间内的计划经济使得国内的经济市场建设滞后,改革开放后的分权发展和传统体制的保留促使了地方保护主义倾向加剧,各区域之间的区际贸易受到严重阻碍。但是,随着城市区域理论的不断发展,以城市群、大都市区、经济区、流域等尺度为研究目标,关注城市群区域的经济一体化现象的研究成为我国经济一体化研究的主流。本书认为区域经济一体化是区域内成员之间通过生产要素的自由流动,加强区域之间经济联系,实现区域内空间一体化、产业一体化、市场一体化、制度一体化,最终达到促进区域间协作协调发展,缩小区域经济发展差异的目的。同时,区域经济一体化也是从打破各个城市之间的行政壁垒到实现局部区域内城市间的经济合作和产业统筹发展的过程,促进区域内部资源优化配置、社会经济自然系统良性循环、经济联系紧密程度加强的过程。

三、区域经济一体化的内涵界定

依据本书对经济一体化定义的界定,区域经济一体化的内涵包含两个层面:第一,是对区域经济一体化整体认知。经济一体化既是一个过程也是一个结果,经济一体化的结果认知视角认为,区域经济一体化的最终目的是实现区域经济收敛,有学者对经济一体化与经济收敛之间的关系进行了研究,认为经济一体化伴随的贸易过程通过价格、要素数量、生产技术和人力资本等要素作用于经济收敛。已有研究认为,经济一体化其实质就是区域内各地区之间以市场为纽带的分工与协作,各地区生产要素能够自由流动,从而促进各地区生

---

① 陈雯,王珏.长江三角洲空间一体化发展格局的初步测度[J].地理科学,2013,33(8):902-908.

率、要素收益、产品价格和居民生活水平趋同的过程①②③。第二,本书也认为区域经济一体化的具体内涵包括了市场一体化、产业一体化、制度一体化和空间一体化等方面,具体内容包含以下几点:

(1) 市场一体化

市场一体化的概念最早应用在国家间经济一体化的统一化市场研究中,一国内部的区域市场一体化在 2005 年由国务院发展研究院课题组指出,区域市场一体化是在区域内部各个市场主体的行为受到统一供求关系调节,各个区域之间经济边界逐渐消失的过程。随着我国社会主义市场经济逐步成熟,改革开放推进了我国经济由计划经济向市场经济成功转型,市场化程度也逐渐提高。但是,由于我国各个行政单元之间的垄断性发展模式,市场一体化程度受到行政壁垒的影响,至今市场一体化发展缓慢。随着全球经济一体化浪潮的推进,区域市场一体化不仅受到国家内部经济发展的影响,也受到国际经济环境的外部影响,经济全球化促使了世界范围内信息网络的完善和文化交流,加强了国际贸易、资源、技术的流动,提高各国经济在全球经济的融合水平。由于经济全球化是市场主导的完全自由化市场,国家参与国际竞争合作过程中存在的风险和交易成本远远高于国家内部不同区域之间发展,为了权衡保障国际合作中的利益和国内市场的收益,国家内部分区域市场一体化过程是国家参与全球经济一体化过程的重要保障。

因此,本书认为市场一体化是经济一体化发展的前提条件,不仅是地区间消除经济和非经济的壁垒,保障生产要素自由流动的过程,而且是顺应经济全球化趋势,不断与国际环境接轨的发展过程。国际经济全球化趋势势头猛烈,不仅促使中国参与国际劳动分工,而且全球化趋势要求区域内的城市间实现产业分工协作,提高要素的生产效率,充分体现一体化趋势的区域竞争优势。

---

① Tinbergen J. International Economic Integration[M]. Amsterdam: Elsevier, 1954.

② 陈雷,李坤望. 区域经济一体化与经济增长收敛性:实证分析[J]. 南开经济研究,2005(2): 34-38.

③ 翟仁祥. 长三角区域经济一体化和经济收敛:基于空间杜宾面板模型[J]. 数学的实践与认识, 2016,46(8):17-25.

（2）制度一体化

从 1949 年以来,我国的制度分权化改革对区域经济的形成和发展产生了重要影响。不同的经济体制背景下,制度分权化的内容和形式也经历了不断完善和发展的过程。20 世纪五六十年代,在计划经济体制背景下,分权化主要表现为行政权转让,形成了"小而全""大而全"的地方经济结构。制度层面处于分权而立的状态,中央将部分的工业、商业和财政管理权力下放给地方和企业,扩大了地方政府和企业的资金物资调配能力。70 年代进行了第二次的分权化改革,导致地方中小企业的迅猛发展,但是随着权力下放带来的经济紊乱现象,中央再次干预进行了权力集中。80 年代初期,随着改革开放逐渐引入市场机制,中央权力不仅下放到地方政府,也给企业更多的自由发展权,"分灶吃饭"的经济性分权加强了企业之间、地方政府之间的竞争力,地方保护主义现象更多地控制了经济交流与合作,导致市场疲软。1986 年国务院出台的《关于进一步推进横向经济联合若干问题的规定》促成了各地方不同层次规模的区域经济联合体。90 年代,中央正式确立建立社会主义市场经济体制目标,1994 年以分税制为核心的财政分权改革在全国推行。分税制导致税收向中央集中,中央财政、地方财政和中央地方共享财政的"四三三"税收比例政策促使地方政府刺激地方经济发展来增加地方税收,"行政区经济"现象凸显,地方垄断和保护主义再次阻碍了区域经济的一体化发展,但是中央继续宏观调控来维护市场规则,推动产业布局的空间转移,鼓励区域间的产业重组和结构调整,惩治地方垄断现象。

（3）产业一体化

产业一体化是指为避免产业同质化的恶性竞争,在市场经济条件下,以建立共同市场和资源协调利用为目标,相邻地区之间产业发展具有协调性和互补性的产业结构链。产业一体化是工业化发展到一定阶段的产物,而处于不同城市化阶段的经济体,对工业化的水平和进程提出了对应的发展要求。因此,工业化、城市化、产业一体化是一个相辅相成的循环链关系。生产要素的自由流动体现了产业一体化的程度,实现产业链的前向后向一体化联系,同时产业一体化水平的提高,提升了产业生产规模,加强了产业间的横向联系。因此,工业化的发展阶段和城市化发展水平是产业一体化生产要素自由流动的保障。

（4）空间一体化

美国学者弗里德曼认为空间结构演化将分为四个阶段,前工业阶段的区域空间结构、过渡阶段的区域空间结构、工业化阶段的区域空间结构、后工业化阶段的区域空间结构[①]。有学者认为工业化阶段和后工业化阶段的空间结构发展过程可以看成区域空间一体化的一个过程[②]。空间一体化是在经济发展一定时期,区域内出现规模不等的中心城市和外围城市,随着不同层次不同规模城市间的经济联系强度加强,区域内城市间的经济水平差异逐渐缩小,区域内中心与外围边界逐渐消失,各个城市表现出功能互补的空间投影。交通基础设施建设提高区域内交通的可达性水平,加强区域经济联系,为区域经济一体化发展提供要素流动的条件,形成一体化的交通廊道,压缩区域的时空距离,增强区域空间一体化[③][④][⑤]。所以,区域经济一体化的空间结构演化过程与区域的交通基础设施的一体化过程息息相关。

四、土地利用变化界定

土地利用覆被变化研究备受关注,不仅是国际地圈生物圈计划（IGBP）的核心科学问题,而且与全球变化与陆地生态系统、世界气候变化研究计划、全

① Friedman J R. Regional Development Policy: A Case Study of Venezuela[M]. Cambridge: MIT press, 1966.

② 吕典玮,张琦. 京津地区区域一体化程度分析[J]. 中国人口·资源与环境,2010,20(3):162 - 167.

③ 戴学珍,蒙吉军. 京津空间一体化研究[J]. 经济地理,2000,20(6):56 - 60.

④ 陈博文,陆玉麒,柯文前,等. 江苏交通可达性与区域经济发展水平关系测度——基于空间计量视角[J]. 地理研究,2015,34(12):2283 - 2294.

⑤ 陈博文,陆玉麒,吴常艳. 交通可达性与经济活动的空间分布关系[J]. 经济地理,2016,36(1):61 - 68.

球环境变化国际人文因素计划等相关研究项目有关系①②。19 世纪 20 年代，土地利用变化研究计划着重建立土地利用动态模型，提高人类对土地的利用水平，同时通过遥感影像资料对土地利用覆被的演变过程进行时空动态监测，并依据其驱动力因素对其未来变化趋势进行预测③④。21 世纪以来土地利用覆被变化的研究得到了广泛的发展，研究核心从局地向区域和全球尺度转变，研究目标更是向理解土地利用覆被变化的驱动力、格局、过程以及引起的结果进行深入的内在机理的分析。本书土地利用变化研究是从土地利用的数量结构变化、土地利用覆被变化的动态时空格局、变化过程视角入手，重点对土地利用变化的驱动机制进行分析。

第四节　经济一体化对土地利用变化的影响机理

　　阐述了经济一体化与土地利用变化依据的相关基础理论后，有必要构建一个理论框架，从理论上揭示土地利用变化对经济一体化响应，并以此理论框架为开展本书后续的内容提供逻辑指导。区域经济一体化是我国区域经济发展进入新时期的一个关键性战略，而土地开发是经济发展的基础和场所，在区域经济一体化过程中伴随着土地利用功能、结构、数量、效率等一系列的变化过程。区域经济一体化也是世界经济一体化过程中的地方化过程，在此过程中经济要素和外来资本的流动、区域市场的一体化和区域一体化制度管理等方面都会影响土地利用变化的速度、变化的方向、变化的地理分布。因此，区域经济一体化对土地利用的影响机理主要从全球化、市场化、分权化、城市化

　　① 李秀彬. 全球环境变化研究的核心领域——土地利用/覆被变化的国际研究动向[J]. 地理学报，1996，51(6)：553 - 558.

　　② Turner B L，Lambin E F，Reenberg A. The emergence of land change science for global environmental change and sustainability[J]. Proceedings of the National Academy of Sciences of the United States of America，2007，104(52)：20666 - 20671.

　　③ 史培军，宫鹏，李晓兵，等. 土地利用/覆被变化研究的方法与实践[M]. 北京：科学出版社，2000.

　　④ 周成虎. 黄河下游堤内滩地土地利用的 GIS 分析[J]. 地理研究，1990，9(4)：80 - 85.

和空间效应等五个方面进行阐述。

一、土地利用变化对经济一体化响应的内涵与实质

区域经济一体化的目的是通过区域间协调发展,实现区域内资源有效配置,消除区域内的经济发展差距,缩小地区间的经济差异。区域经济一体化直接影响土地利用的数量结构变化,在经济一体化的不同发展阶段,土地利用呈现出不同的时空演变特征;另外,区域经济一体化内在要求区域市场的一体化,区域市场一体化主要涉及商品要素的自由流动,土地不同于其他的普通的商品,地理位置不可移动,而且具有区位的资源禀赋特征,但是经济一体化过程中,对土地资源的影响主要通过邻近区域产生的社会经济溢出效应实现,邻近区域经济增长成为具有较强辐射力的增长极,土地市场发育较为成熟,社会经济活动通过土地市场的配置得到高效运转,增长极产生区域空间自相关性,通过空间溢出效应来影响其他区域的土地资源配置过程。

经济发展过程中出现的各城市之间的经济恶性竞争以及地方保护主义下的市场分割严重阻碍了区域经济一体化的可持续发展,区域内各城市正在积极努力进行区域合作,这一过程势必会对不同区域的土地开发产生不同的影响。土地利用数量结构的变化不仅是区域内城市自身发展影响的结果,也是受到邻近区域的城市经济发展产生的空间关联性效应而产生的间接性影响,土地利用变化对经济一体化的响应是指在区域经济一体化过程中,城市化与工业化程度不断提高,区域城市的土地利用数量和结构发生变化,区域城市间经济合作程度的提高,邻近区域对土地资源的需求通过土地市场的交易对土地资源配置产生影响。区域经济一体化也会加强区域城市间的要素流动,虽然土地作为不动产资源,但是土地承载的经济活动产生的商品流动也会间接加强土地利用变化。

土地利用变化对经济一体化响应的研究通过土地利用时空格局的演变过程,认识在区域经济一体化过程中土地利用变化的格局、过程和机制。区域经济一体化通过市场一体化、制度一体化、产业一体化、空间一体化等方面的内容,实现区域各城市在社会经济发展的多个领域内实现区域经济合作发展,最

终打破区域壁垒和地方保护主义,减小区域间的经济一体化障碍,缩小地区经济差异,土地利用变化的时空格局演变是对区域经济一体化各个方面的综合响应的表现。

二、土地利用变化对经济一体化响应的理论框架

遵循"格局—过程—机制"的逻辑结构来分析土地利用变化对经济一体化响应过程及其机理。如图 3-2 所示,其中"格局"是区域经济一体化演变格局分析,以及在此过程中的土地利用变化的时空演变格局分析,回答了区域经济一体化对土地利用的时空格局产生了何影响。"过程"是指区域每个城市经济一体化程度与土地面积变化之间的相互影响关系,主要回答经济一体化对土地利用的数量变化产生了何影响。"路径"是指经济一体化过程是通过何种方式来影响土地利用。"机制"反映了经济一体化对土地利用变化影响的驱动力。

其中"格局"反映了对区域经济一体化的空间认知,土地利用的时空格局变化是对经济一体化过程的响应,区域经济一体化要求实现区域内生产要素的自由流动,区域内资源的合理配置,提高资源的利用效率,土地资源在空间上的变化过程是经济一体化过程对土地资源开发利用的空间映射,了解了土地利用的时空格局变化能够充分认识土地资源的空间开发过程,区域经济一体化需要更多的土地资源来支撑其经济活动,国土空间的合理开发利用是保障土地资源可持续利用的基础。"过程"是从定量的角度衡量土地利用数量变化与经济一体化之间的相互响应关系,由于长江经济带区域内经济发展水平差异较大,不同城市参与经济一体化的水平不同,采用不同城市对经济一体化的贡献度来定量表征地级市层面的经济一体化的水平,不同的经济一体化贡献水平影响了土地资源的开发强度。我国正处于经济发展的转型时期,区域内城市的发展目标和产业结构调整都会受到区域发展战略背景的影响,区域经济一体化的趋势会加强区域内城市的经济发展,经济一体化过程促进产业结构的优化调整,加强区域间的合作,能够有效提高土地资源的利用效率,节约土地资源。"路径"是区域经济一体化的要求加强区域间合作后对土地资源直接、间接的利用途径,经济一体化建立区域间协作发展的共享平台,同时

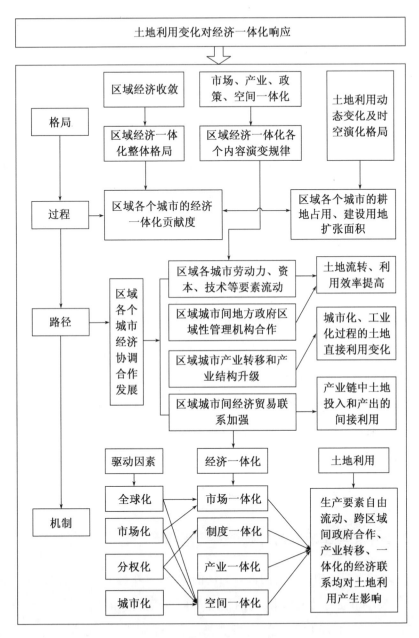

图 3-2　土地利用变化对经济一体化响应理论框架

区域内城市间的产业转移和产业结构调整需要统一的土地市场的市场机制和政府部门之间的合作协调机制来引导,实现区域内各城市间产业结构的优化,提高土地资源的配置效率。区域内城市由行政区划引起的行政壁垒导致区域内市场分割显著,区域内的生产要素流动受到阻碍,区域内产业同构导致土地资源配置效率低下,城市间缺乏协调导致重复建设现象浪费土地资源,因此土地利用对经济一体化响应的路径一方面是城市层面的协作发展,提高区域内生产要素的流动,节约土地资源。另一方面从产业链的视角,解析土地资源在产业生产周期不同阶段的投入,从间接消耗土地资源的视角对产业结构进行调整。例如农林牧渔业生产的农副产品可能会是工业生产的初级投入产品,工业的发展不仅直接占用耕地,而且使用大量的农副初级产品导致间接利用耕地资源。"机制"是指在经济一体化过程中对土地利用影响的驱动力。经济一体化过程是我国经济转型时期的发展要求,也是当前国际经济发展趋势下,全球化背景驱动下参与国际经济竞争的要求,全球化的背景加强了我国区域参与国际生产国际贸易的程度,也提高了外来资本的投资力度,对国土资源的开发强度也进一步加大。区域经济一体化要求市场一体化、产业一体化、空间一体化和制度一体化等方面,不同内容的一体化过程对土地利用影像的驱动力也存在差异性。区域经济一体化过程提高了区域之间的空间关联性,空间溢出效应对邻近区域的土地利用也会产生影响,这也是导致土地利用的驱动因素之一。

三、土地利用变化响应经济一体化的动力机制

(一)全球化与土地利用变化

全球化促进了中国经济同世界经济的联系,尤其是中国的沿海区域,自改革开放以后,在全球化进程中吸引了大量外商直接投资和刺激了贸易出口量[①],经济发展向外向性和多元化方向发展。外来资本刺激了地方政府经济发展的

---

① He C F, Zhu S J. Economic transition and industrial restructuring in China: Structural convergence or divergence? [J] Post-Communist Economies, 2007, 19(3): 317 – 342.

同时,也导致了建设用地大量扩张,建设用地占用其他地类的速率明显加快[1][2][3]。

同时,区域经济一体化是经济全球化的地方化表现,经济一体化与地方化之间的垂直分工联系加剧了地区之间、地区与全球之间的贸易流动,也增加了对土地资源的直接消费和间接消费。一方面,经济全球化过程带来了更多资本和先进技术,提高了区域专业化水平,大量的外资投向开发区经济的建设,规模化的生产经营提高了区域内建设用地的用地效率[4][5]。但是,全球化背景下的区域一体化发展增加了对土地资源的需求,也加剧了土地利用的结构转化。另一方面,随着参与全球生产分工体系的加深,外向贸易经济对土地利用变化的影响较为突出,外贸产品的需求不断加大,土地资源的需求在贸易产品供给的刺激下也不断增加,满足区域内和区域间产品贸易需求的前提下土地资源的间接性利用成为土地利用变化响应经济一体化的重要方面[6]。

(二)市场化与土地利用变化

市场化是经济一体化的重要特征,不仅促进了区域间劳动力的流动,而且推动了土地市场的建立和发展[7],土地市场结构和机制的完善,有效培育了土地市场的主体,发挥土地配置作用,通过价格机制、竞争机制和流转机制的作

① Gao J L, Wei Y H D, Chen W, et al. Economic transition and urban land expansion in Provincial China[J]. Habitat International, 2014, 44: 461 – 473.

② Huang Z J, Wei Y D, He C F, et al. Urban land expansion under economic transition in China: A multi-level modeling analysis[J]. Habitat International, 2015, 47: 69 – 82.

③ Gao J, Wei Y H D, Chen W, et al. Urban land expansion and structural change in the Yangtze River Delta, China[J]. Sustainability, 2015, 7(8): 10281 – 10307.

④ Wei Y H D, Leung C K. Development zones, foreign investment, and global city formation in Shanghai[J]. Growth and Change, 2005, 36(1): 16 – 40.

⑤ Wang J. The economic impact of special economic zones: Evidence from Chinese municipalities [J]. Journal of Development Economics, 2013, 101: 133 – 147.

⑥ Grarrett R D, Lambin E F, Naylor R L. The new economic geography of land use change: Supply chain configurations and land use in the Brazilian Amazon[J]. Land Use Policy, 2013, 34: 265 – 275.

⑦ 黄贤金. 城市化进程中土地流转对城乡发展的影响[J]. 现代城市研究,2010,25(4):15 – 18.

用,以替代效应、竞租效应和流转效应来影响土地利用效率①②③④。中国特殊的城乡二元经济结构导致城乡土地市场的分割⑤,城市土地市场发育较为成熟,提供了土地市场发育的成熟环境,而农村劳动力的流动使得农村土地市场有所发展,有效推动了城乡土地市场的统一发展。为了约束建设用地增长,城乡建设用地的增减挂钩政策实施促进了对农村土地市场发育的探索,农村居民点整理等调控政策在提高城市和农村的建设用地效率的同时,也促进了城乡土地市场一体化发展;十八届三中全会明确提出发挥市场机制作用来有效配置土地资源,土地市场化为发挥市场机制在配置土地资源过程中的作用提供了可能性,城市土地市场参与土地资本化的程度远远高于农村土地市场,协议出让、招标、拍卖、挂牌等方式是影响建设用地变化的主要手段。另外,在土地市场发育过程中,信息化程度也会直接影响土地利用效率,市场信息的透明化和公开化能够有效提高政府、公众、开发商、企业等多元主体对土地资源开发利用的知情权,能够避免建设用地低价出让导致的低效率利用情况。因此,市场化过程的信息流通是提高建设用地效率的关键因素之一。

(三) 分权化与土地利用变化

我国的制度分权化改革对区域经济的形成和发展产生了重要影响。不同的经济体制背景下,分权化的内容和形式也经历了不断完善和发展的过程。20 世纪 90 年代出现的财税制分权改革带来了地方政府对公共产品自由支配的权利,而地方政府在纵向竞争(分权体制)和横向竞争(地方政府间竞争)双重

---

① 黄贤金. 城乡土地市场一体化对土地利用/覆被变化的影响研究综述[J]. 地理科学,2017,37(2):200-208.

② 谢正峰,董玉. 我国城市土地优化配置研究演进与展望[J]. 经济地理,2011,31(8):1364-1369.

③ Zhu J M. From land use right to land development right: Institutional change in China's urban development[J]. Urban Studies, 2004, 41(7): 1249-1267.

④ 陈志刚,黄贤金,赵成胜. 集体建设用地使用权流转的制度创新——宜兴市的个案[J]. 现代城市研究,2012,19(10):21-25.

⑤ 黄贤金. 城乡土地市场:从割裂到融合[J]. 城市,1995(1):26-28.

压力之下催生了"土地财政"作为补贴地方财政赤字的重要手段[1]。虽然 1994 年全国层面开展了分税制财政体系改革,但是分税制对地方政府的事权并没有做出明确划分,随着经济社会的发展,地方政府承担了更多的事权,而按照《中华人民共和国宪法》与《中华人民共和国土地管理法》规定,地方政府成为行政区内土地产权代表与农地城市流转补偿的唯一合法中介,这为地方政府扩大"征地、批租"规模获取财政收入提供了制度性保障[2]。很多研究认为地方政府过度依赖土地财政造成了城市建设用地扩张、房价上涨、交通拥堵和土地浪费等诸多弊端。但是,财政分权并不是造成土地财政的唯一因素,地方政府的政绩考核、农村土地流转补偿等因素都会刺激政府依赖土地的寻租行为。第二产业、第三产业发展是影响土地财政的重要因素[3],为响应国家对地方政

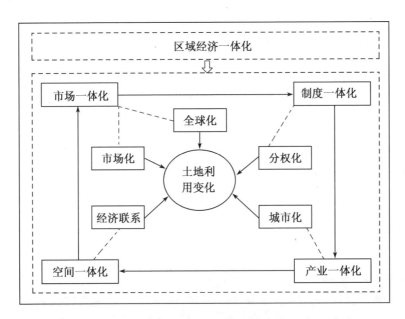

图 3 - 3　土地利用变化对经济一体化响应动力机制分析框架

---

① 杨志安,汤旖瑶.地方政府横向竞争与中央治理政策对土地财政不同发展阶段影响研究——基于区域集群、主成分分析结果的动态面板分析[J].财经论丛,2015(3):32 - 38.

② 王玉波,唐莹.中国土地财政地域差异与转型研究[J].中国人口·资源与环境,2013,23(10):151 - 159.

③ 邹秀清.中国土地财政区域差异的测度及成因分析——基于 287 个地级市的面板数据[J].经济地理,2016,36(1):18 - 26.

府建设用地指标的控制,地方政府通过规划、市场、政策等多种手段来提高对工业性建设用地的开发利用效率。

(四)城市化与土地利用变化

中国的制度性分权改革促进了城市化进程,经济发展的转型过程带来了土地利用的转化[①],传统的城市化过程是以城镇人口增长、城市面积扩张为主要特点的蔓延式发展,占用了大量耕地资源,土地资源浪费严重[②]。以人为主导的新型城镇化目标权衡了保护耕地资源与城镇化发展之间的关系[③④],强调了推进农业转移人口市民化,提高建设用地利用效率的目标。未来的城镇化从控制建设用地供地总量开始,整体调整建设用地规模,通过划定城市增长边界,实行减量化供地,适当降低土地供应中的新增建设用地比重。城镇化发展是未来中国经济发展不可避免的过程,保持人口城镇化与土地城镇化过程一致,优化建设用地布局,从人口、产业转移互动协调来优化国土空间开发格局。城镇化伴随着工业化的过程,调整产业结构,促进产业优化升级可以有效地释放工业低效率用地[⑤],保障盘活城镇存量用地可能,推动城镇低效用地再开发。技术创新是产业结构优化升级的技术保障,也是建设用地开发监管创新模式的保障,城镇化过程不断吸引人才向城市集聚,城市的创新能力远远高于农村地区,积极发挥城市的创新能力,提高对建设用地总量控制、存量盘活、用途管制的监管。

---

① Wei Y H D. Zone fever, project fever: development policy, economic transition, and urban expansion in China[J]. Geographical Review, 2015, 105(2): 156-177.

② Tan M H, Li X B, Xie H, et al. Urban land expansion and arable land loss in China—A case study of Beijing-Tianjin-Hebei region[J]. Land Use Policy, 2005, 22(3): 187-196.

③ Zhou D, Xu J C, Wang L, et al. Assessing urbanization quality using structure and function analyses: A case study of the urban agglomeration around Hangzhou Bay (UAHB), China[J]. Habitat International, 2015, 49: 165-176.

④ Handy S. Smart growth and the transportation-land use connection: What does the research tell us? [J] International Regional Science Review, 2005, 28(2): 146-167.

⑤ Zhu J M. The impact of industrial land use policy on industrial change[J]. Land Use Policy, 2000, 17(1): 21-28.

四、土地利用变化响应的地理空间效应

经济地理学家认为区域内经济增长极的集聚性力量会影响产业活动布局，而产业经济活动的倾向性发展会影响土地利用变化，使得土地利用呈现一定的空间格局特征。一个地区的自然条件会影响企业经济活动决策，而该区域受到空间邻近区域影响产生的影子效应而导致集聚，使得空间上存在最小距离，并且这种距离随着集聚规模的增加而扩大[1]。区域经济一体化过程加强了这种集聚现象，也增强了区域之间的地理空间溢出效应。土地利用变化响应的空间效应主要是讨论空间相互作用下经济活动产生的土地利用变化在空间上的表现。

有学者认为工业化阶段和后工业化阶段的空间结构发展过程可以看成区域空间一体化的一个过程[2]。空间一体化是在经济发展一定时期，区域内出现规模不等的中心城市和外围城市，随着不同层次不同规模城市间的经济联系强度加强，区域内城市间的经济水平差异逐渐缩小，区域内中心与外围边界逐渐消失，各个城市表现出功能互补的空间投影。交通基础设施建设形成一体化的交通廊道为区域经济一体化发展提供了要素流动的条件，交通可达性的提高与经济发展之间呈现出正相关关系[3][4]。

区域网络化是空间相互作用增强的重要趋势，也是区域经济空间一体化的重要表现形式，交通基础设施建设构成了网络的主要元素[5]，交通廊道的一体化建设加快区域经济一体化发展，进而会影响区域的土地变化方向和速率。

---

① 姚丽.区域经济一体化的经济增长效应空间计量研究[D].吉林:东北师范大学,2015.

② 吕典玮,张琦.京津地区区域一体化程度分析[J].中国人口·资源与环境,2010,20(3):162 - 167.

③ 戴学珍,蒙吉军.京津空间一体化研究[J].经济地理,2000,20(6):56 - 60.

④ 陈博文,陆玉麒,吴常艳.交通可达性与经济活动的空间分布关系——以江苏省为例[J].经济地理,2016,36(1):61 - 68.

⑤ Picciotto S. Networks in international economic integration: Fragmented States and the dilemmas of neo-liberalism[J]. Northern Journal of International Law & Business, 1997, 17(1): 1014 - 1056.

传统的地租理论认为土地价值随着与交通基础设施的距离而递减[①],地租高的区域土地利用相对集约,而地租较低的边缘性地区土地利用较为粗放[②]。地租理论与多中心理论都讨论了交通运输成本与土地价值之间的关系[③],交通可达性反映了区域之间的地理邻近效应,区域内的知识创新通过地理邻近效应在空间上相邻或者不相邻的地区间传递形成知识网络,土地用地效率也存在空间上的溢出效应[④⑤⑥]。交通可达性良好的中心区域通过节约交易成本和良好的邻居效应增加了该地的经济专业化程度,也提高了其用地利用效率[⑦⑧]。另外,区位选址理论认为可达性程度决定了工业选址的地理位置和分布格局,完善合理的交通运输体系能够提供便捷的交通,一定程度上降低运输成本,并且能够引导工业合理布局,优化建设用地开发格局。诸多现有文献将交通和土地利用模型相结合来分析交通发展导向的土地利用变化过程[⑨⑩⑪],

① Mulley C. Accessibility and residential land value uplift: Identifying spatial variations in the accessibility impacts of a bus transitway[J]. Urban Studies, 2014, 51(8): 1707 - 1724.

② Du J F, Thill J, Peiser R B. Land pricing and its impact on land use efficiency in post-land-reform China: A case study of Beijing[J]. Cities, 2016, 50: 68 - 74.

③ Ahlfeldt G M, Wendland N. Fifty years of urban accessibility: The impact of the urban railway network on the land gradient in Berlin 1890—1936[J]. Regional Science and Urban Economics, 2011, 41(2): 77 - 88.

④ Broekel T, Boschma R. Knowledge networks in the Dutch aviation industry: The proximity paradox[J]. Journal of Economic Geography, 2012, 12(2): 409 - 433.

⑤ Doloreux D, Shearmur R. Collaboration, information and the geography of innovation in knowledge intensive business services[J]. Journal of Economic Geography, 2012, 12(1): 79 - 105.

⑥ 王良健,李辉,石川. 中国城市土地利用效率及其溢出效应与影响因素[J]. 地理学报,2015,70(11):1788 - 1799.

⑦ Maleki M Z, Zain M F M. Factors that influence distance to facilities in a sustainable efficient residential site design[J]. Sustainable Cities and Society, 2011, 1(4): 236 - 243.

⑧ Ahlfeldt G M, Wendland N. Fifty years of urban accessibility: The impact of the urban railway network on the land gradient in Berlin 1890—1936[J]. Regional Science and Urban Economics, 2011, 41(2): 77 - 88.

⑨ Hunt J D, Kriger D S, Miller E J. Current operational urban land-use-transport modelling frameworks: A review[J]. Transport Reviews, 2005, 25(3): 329 - 376.

⑩ Sim L L, Malone-Lee L C, Lawrence C K H. Integrating land use and transport planning to reduce work-related travel: A case study of tampines regional centre in singapore[J]. Habitat International, 2001, 25(3): 399 - 414.

⑪ Miller E J, Hunt J D, Abraham J E, et al. Microsimulating urban systems[J]. Computers, Environment and Urban Systems, 2004, 28(1 - 2): 9 - 44.

但是区域之间交通可达性的提高增强了区域经济联系,加强了区域间空间关联性,空间溢出效应作用下的土地利用变化是本书讨论的重点。

第四章 / 长江经济带经济一体化发展进程

本章首先分别从经济收敛视角和经济一体化内涵表征视角两个方面对经济一体化进行测算,在经济收敛方面主要采用 σ 收敛、β 收敛、俱乐部收敛来反映长江经济带的一体化水平;经济一体化内涵表征方面主要从市场一体化、产业一体化、空间一体化、制度一体化四个方面来评价长江经济带经济一体化。其次,鉴于经济一体化的趋势带来长江经济带内各个城市经济联系的水平整体有所提升,故采用经济一体化贡献度指数来从地级市层面分析长江经济带地级市经济一体化贡献度的空间分布格局。最后,对长江经济带自 1990 年以来的土地利用时空演变特征进行分析。

第一节 经济一体化测算方法

一、长江经济带概况

长江经济带的空间范围涵盖上海、浙江、江苏、湖北、安徽、重庆、江西、湖南、四川、贵州和云南九省二市(图 4 - 1)。人口稠密、经济较为发达,总面积 205.7 万 km^2,占全国 21.4% 的国土面积,集聚了全国 42.7% 的人口、41.2% 的 GDP,已经成为我国国土空间开发的重要东西轴线,无论从国际环境还是国内发展环境,长江经济带开发建设都已经上升为国家战略,在区域发展总体格局中意义重大。本书以长江经济带九省二市的地级市为研究单元。

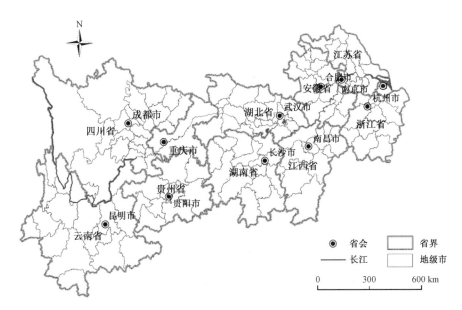

图 4-1　长江经济带概况图

　　从全球来看,区域协同发展成为当今时代潮流。区域协调是通过区域内城市之间加大开放力度、加强合作关系,在更大空间范围内对资源要素进行优化配置,促进经济增长效率,提高区域整体竞争力①。2008 年金融危机以来,世界各国和区域经济的发展深受影响,国家和区域之间的竞争愈演愈烈,我国当前处于经济转型的新时期,经济发展方式和产业结构有待调整。同时,又面临新的国际政治形势的重大变化,与周边国家的领土争端愈演愈烈,周边国家和西方各国对中国的崛起和发展不断地进行遏制,从领土领海争端到挤压我国经济发展战略空间,使得我国的区域战略不得不做出向内陆和沿江发展的转变,重点发展沿江经济,通过海运与陆上交通的结合,加强与欧亚大陆的经济联系。长江经济带自 1990 年以来,对外开放不断扩大,利用外资和外贸额迅速增长,是我国外向型经济发展的重点区域。长江经济带区域内产业发展基础扎实,下游以上海为龙头、以长江经济带内的各大城市群为增长极,辐射带动区域内其他城市发展,有效发挥东中西三个地区协调发展联动力,是我国

　　①　曾刚,王丰龙.长江经济带城市协同发展能力指数发布[J].环境经济,2016,13(14):60-64.

应对国际形势变化的重要战略转移区域。

从全国来看,长江经济带是我国新时期三大国家发展战略重点区域之一。2014 年长江经济带 GDP 总量为 28.46 万亿元,占全国的 44.71%,平均经济增长速度为 8.77%,已经高于全国水平(7.3%),是中国各大经济板块中经济增速最快的区域,其城镇化水平(54.28%)也与全国城镇化水平持平。长江经济带是推动中国区域发展由"T"字形战略向新常态下"H"形空间战略转变的重要支撑带①。同时,长江经济带伴随着经济全球化和区域发展一体化进程,区域之间紧密合作,在增强区域整体竞争力的同时,成为我国国土空间开发格局中的重要一级轴线②。由于长江经济带早期开发导致环境恶化、土地开发强度高、区域内城市间经济差异较大、生态环境脆弱等问题突出,因此,长江经济带也成为经济新常态下我国生态文明建设的先行示范带,加快形成开发集约集中、生态自然开敞的国土空间开发格局的绿色生态廊道成为长江经济带开发建设的重要目标③。

从未来发展战略来看,长江经济带作为发展历史最长、发展基础最好、经济规模最大的流域经济带,是国家战略调整后未来发展战略实施的主战场。20 世纪 90 年代末,国家实施协调发展战略,相继推出中部崛起、西部大开发等区域战略,2014 年提出谋划区域发展新棋局,重点以海陆口岸城市为集聚点,依托交通干线,由点到线再到面进行梯度发展,通过重点发展优势产业和主导产业,以保护生态环境优先,不搞大开发,合理布局产业体系,加强产业分工和经济联系,推动产业由沿海向内陆、由东向西转移。长江经济带区域客观形成的东、中、西三大区域,在未来国家协调发展战略的推动下,长江经济带的一体化发展势必将东中西三大地带有机整合,从块状经济向带状经济转变,未来区域发展新棋局重视跨区域、次区域规划,培育区域经济带作为推动发展区

① 方创琳,周成虎,王振波.长江经济带城市群可持续发展战略问题与分级梯度发展重点[J].地理科学进展,2015,34(11):1398-1408.

② 樊杰,王亚飞,陈东,等.长江经济带国土空间开发结构解析[J].地理科学进展,2015,34(11):1336-1344.

③ 杨桂山,徐昔保,李平星.长江经济带绿色生态廊道建设研究[J].地理科学进展,2015,34(11):1356-1367.

域战略的新抓手,同时也更加注重优势条件区域的带动作用,推动长江经济带的一体化发展,深化区域内由沿海向内陆的梯度式发展。长江经济带也是未来新型城镇化推动下扩大内需、拉动经济增长的引擎区域。但是,未来新型城镇化背景下,长江经济带城镇人口增长、工业化水平不断提高、产业承接转移量不断攀升、经济活力提升的同时对土地资源的需求也不断加大,长江经济带也是面临经济增长与资源环境保护矛盾的重要区域。

二、数据来源与处理

(一)行政区划调整

行政区划调整对社会经济统计数据有一定影响,本书在处理社会经济数据时地级市的行政区划以 2015 年行政区划为主,历年的经济变量数据随着行政区划的调整进行相应的调整。部分地级市行政区名称发生更改,行政区所辖范围在行政区内部做调整,此类行政区域的经济社会数据以地级市整体处理,不做调整,例如江西省赣州地区 1998 年撤销赣州地区为赣州市,2000 年吉安地区改为吉安市,同年撤销宜春地区,改设宜春市,撤销抚州地区,改设抚州市。另一部分地级市随着行政区划的改变,所辖范围发生变化,具体涉及安徽省巢湖市于 2010 年合并至合肥市;亳州市 1998 年之前隶属于阜阳市;四川省眉山市原隶属乐山市管辖,1997 年设立眉山地区,管辖从原乐山市划出的眉山、洪雅、丹棱、彭山、仁寿、青神 6 个县;四川省巴中市从达县地区划出,1993 年 7 月 5 日设立巴中地区,所辖范围为原达川地区的巴中市、通江县、南江县、平昌县;1993 年资阳县改为县级资阳市,由内江市代管;1993 年设立广安地区,1998 年经国务院批准撤销广安地区设立广安市。

(二)数据来源

GDP、年末常住总人口、工业总产值、社会消费品零售总额等社会经济数据分别来自 1991 年至 2016 年的《上海市统计年鉴》《江苏省统计年鉴》《浙江省统计年鉴》《安徽省统计年鉴》《江西省统计年鉴》《湖南省统计年鉴》《湖北省统计年鉴》《四川省统计年鉴》《云南省统计年鉴》《贵州省统计年鉴》《重庆市统计年鉴》《贵州改革开放 30 年》《贵州 60 年》《中国城市统计年鉴》《中国区域经济发展年鉴》等。

　　本书的遥感影像数据来自中国科学院建立的中国自 20 世纪 80 年代末以来的土地利用/土地变化数据库,该数据库包含了 20 世纪 80 年代末,1995年、2000 年和 2005 年 4 期的全国土地利用数据。2010 年和 2015 年土地数据是继续基于 Landsat TM 数字影像,通过人机交互解译方法获得。由于Landsat TM 数据存在部分区域覆盖程度差或数据质量较差等问题,该数据采用了环境 1 号卫星的 CCD 多光谱数据作为补充。另外,为了保证数据的解译质量和一致性,每期数据集研发前都会展开野外考察,按照 10% 的县数比例随机抽取开展野外调查资料、外业实地记录和解译数据之间的精度验证。土地利用一级分类综合评价精度达到 94.3%,二级分类综合精度达到 91.2%以上,满足 1∶10 万比例尺用户制图精度要求。本书利用的 30 米栅格数据是在此 1∶10 万比例尺数据的基础上采用栅格转化得到。土地利用数据类型包括耕地、林地、草地、水域、建设用地和未利用地 6 个一级分类。在获得1990—2015 年土地遥感数据的基础上,通过图形切割和面积平差计算,实现省级分类面积汇总,分别计算出各省和各地级市耕地、林地、草地、水域、建设用地、未利用地等六大类的土地面积[①]。

三、经济一体化测算方法

(一) 经济联系强度测算

1. 社会网络分析模型

　　社会网络是由多个点(社会行动者)和各点之间的连线(行动者之间的关系)组成的几何。社会网络分析方法广泛地应用在社会学研究领域,分析社会网络中多个点之间的关系,该方法逐渐地被引用到经济学、地理学研究中分析

---

　　① 王思远,刘纪远,张增祥,等. 近 10 年中国土地利用格局及其演变[J]. 地理学报,2002,57(5):523-530.

社会经济现象。本书主要基于社会网络分析方法对长江经济带经济联系网络进行测度和分析,通过选择一系列指标计算长江经济带内节点的联系程度,具体包括以下指标:

网络密度,描述了整个网络中各个城市之间的关系紧密程度,各节点城市之间关系越紧密,网络密度值越大。网络密度定义为网络中实际存在的关系总数与理论上最多可能存在的关系总数之比。公式为

$$D = \frac{L}{N(N-1)/2} \tag{4-1}$$

式中,D 为网络密度,L 为网络包含的实际关系数,N 为理论上网络包含的最大关系数。

网络中心性,反映各个城市节点在整个网络中所处的地位,一般有度数中心度、中间中心度、接近中心度和特征根中心度。接近中心度反映一个城市与其他城市发展越接近,该城市就越不依赖于其他城市,计算该指标对网络整体性要求较高,并且与中间中心度含义相对,不再重复介绍。

度数中心性,测量了网络中城市自身的经济联系能力,度数中心性越高,城市核心的竞争力越强。计算公式如下:

$$C_D(i) = \sum_{j=1}^{n} E_{ij} \tag{4-2}$$

式中,$C_D(i)$ 为城市 i 的度数中心度,E_{ij} 为城市 i 与城市 j 之间的经济联系量,n 为与城市 i 联系的城市个数。

中间中心度,刻画节点城市在网络中对其他城市经济联系的控制程度,一般起到沟通和连接的"桥点"作用。计算公式如下:

$$C_{ABi} = \sum_{j}^{n} \sum_{k}^{n} \frac{g_{jk}(i)}{g_{ik}}, j \neq k \neq i, 并且 j < k \tag{4-3}$$

式中,C_{ABi} 是城市 i 的中间中心度,g_{jk} 表示城市 j 和城市 k 之间存在的捷径数目,$\frac{g_{jk}(i)}{g_{ik}}$ 表示城市 i 能够控制城市 j 和城市 k 经济联系的能力,即 i 处于 j 和 k 之间的捷径上的概率。

特征根中心度,特征向量是测算整体网络中的核心城市,网络中心势的一

种标准化测度，这种方法利用因子分析找出每个城市之间的距离维度，每个城市在相对应的每个维度上的位置就是特征值。计算公式如下：

$$x_i = a_{1i}x_1 + a_{2i}x_2 + \cdots + a_{ni}x_n \qquad (4-4)$$

式中，a_{ij} 是城市 i 对城市 j 的中心度贡献量，x 表示中心度值向量。

核心—边缘结构分析。核心—边缘结构是城市之间相互联系构成的中心紧密联系，外围较为分散的空间结构，用来反映某一城市在经济网络中的核心程度。

2. 区域间经济联系强度模型

区域之间的经济联系强度通常采用引力模型来测算，传统的区域引力模型采用空间物理距离或者欧式距离来衡量区域间的距离水平。本书采用交通可达性的时间距离成本来修正传统的引力模型。

首先依据长江经济带 11 省市交通地图册对 1990、2005、2015 年的长江经济带陆路交通网络进行矢量化处理，主要涉及陆地、县道、省道、国道、铁路、高速公路和河流湖泊，因研究区域为长江经济带 130 个地级市，部分地级市处于长江流域干流沿线，但是部分地级市分布在非岸线地区，同时，目前长江经济带的上中下游河道建设水平不同，航运的通航能力存在较大差别，对于航运交通暂时本书不做考虑。其次交通可达性实际上是时间成本的计算，对不同的交通方式设置不同的通勤成本是计算可达性的关键，表 4-1 具体对不同的陆路交通方式的速度和时间成本进行了界定。最后将时间成本矩阵用于修正区域经济联系模型。

表 4-1 不同交通方式时间成本值

空间对象	陆地	县道	省道	国道	铁路	高速公路	河流	湖泊水库
速度/(km/h)	20	30	60	80	90	120	—	—
时间成本/min	30	20	10	7.5	6.7	5	300	600

交通可达性是衡量交通网络连接下区域内资源进行空间分配的机会大小，也反映一个区域的区位优势情况[1]。可达性模型概念来源于重力模型，计

① Ribeiro A, Antunes A P, Paez A. Road accessibility and cohesion in lagging regions: Empirical evidence from Portugal based on spatial econometric models [J]. Journal of Transport Geography, 2010, 18(1): 125-132.

算公式为

$$A_i = \sum_j w_j \times t_{ij}^{-a} \qquad (4-5)$$

式中，t_{ij} 为 i 地到 j 地的成本大小，可以是时间成本也可以是物理空间距离成本；w_j 为 j 地的引力水平，主要考虑社会经济因素；a 一般为距离摩擦系数，通常取常数 1。

区域交通可达性的提高会压缩区域间的空间距离，本书考虑长江经济带陆路交通因素影响下采用交通可达性测算了城市间时间成本，构建城市间时间成本矩阵来修正引力模型的距离衰减系数。城市综合质量指数分别选取地区生产总值、总人口、人均 GDP、第二产业产值比重、第三产业产值比重、固定资产投资总额、财政收入、社会消费品零售总额、城市非农业人口、城市年末从业人员总数、城镇居民人均可支配收入等 11 个指标，通过 SPSS 13.0 软件计算主成分分析因子总得分得到。修正引力模型如下：

$$G_{ij} = \frac{M_i M_j}{D_{ij}^2} \qquad (4-6)$$

其中，G_{ij} 是城市 i 与 j 之间的经济联系强度；$M_i M_j$ 是城市 i、j 的综合质量；D_{ij} 是城市 i 与 j 之间的时间距离。

(二) 经济一体化测算

区域经济一体化通过要素流动、技术扩散等传导机制促进各个地区的经济增长，有学者认为一体化过程导致经济增长出现比较优势和集聚效应，从而产生经济收敛的效果。本书借鉴区域经济收敛性概念来测算区域经济一体化的结果。区域经济收敛是指不同国家或者地区的人均产出的差异在长期中具有逐渐缩小的趋势。这一概念在宏观经济学领域得到广泛应用，基于新增长理论和新古典经济增长理论构建测算模型，一般经济收敛包括 σ 收敛、绝对 β 收敛、条件 β 收敛和俱乐部收敛等四种概念。σ 收敛反映了一个国家或者地区的人均产出或者收入水平差距的绝对缩小趋势。绝对 β 收敛是一种最理想的收敛状态，意味着随着时间的推移，各个国家和地区人均收入水平将不存在差异。而条件 β 收敛是依赖一些反映结构差异的变量发生的，是不同国家和地区向不同稳态下的人均收入水平发展的过程,意味着尽管差距在缩小,但是却永远不会消失。俱乐部收敛是条件 β 收敛和绝对 β 收敛的结合,它实际上是在绝对 β 收敛的基础上加入了地区划分条件,即将具有相似结构特征和初始人均收入水平的国家或地区进行同样本划分,继而不同样本向各自不同稳态水平趋近的现象。由此可以看出,俱乐部收敛实际上是两种 β 收敛的结合[①]。在衡量经济一体化时,本书从 σ 收敛、绝对 β 收敛和俱乐部收敛来测算。

对 σ 收敛测算方法常见的有方差分解法、Gini 系数法、Theil 指数法、标准差或者变异系数法等。每一种方法具有不同的侧重点,不同的研究学者根据资料的可得性,有目的地选择适当的方法进行计算。本书选择标准差变异系数法来衡量 σ 收敛,计算公式如下:

$$\sigma_t = \sqrt{\frac{1}{N}\sum_{I=1}^{N}(\ln Y_t^i - \ln \bar{Y}_t)^2} \tag{4-7}$$

其中, Y_t^i 为区域 i 在时点 t 的人均产出, $\bar{Y}_t$ 表示第 t 期全部 N 个经济体人均产出的平均值。如标准差 σ_t 随着时间推移趋于下降,则可以认为 N 个经济体之间存在 σ 收敛。

考虑到本书的研究区域范围较大,区域内经济发展水平存在较大差异,仅仅考虑变异系数的动态特征只能反映长江经济带经济收敛的趋势,不能量化经济收敛的速度,所以,在验证了 σ 收敛的基础上继续检验是否存在 β 收敛和俱乐部收敛来反映经济一体化。传统的绝对 β 收敛模型为

$$\ln\left(\frac{y_{it}}{y_{i0}}\right) = \alpha_{it} + \beta \ln y_{i0} + \mu_{it} \tag{4-8}$$

式中 y_{it} 和 y_{i0} 分别表示第 i 个地区末期与初期的人均产出, α_{it} 为截距项, μ_{it} 为误差项,服从正态分布。若估计得出的 β 值为负值且在统计意义上显著,则说明不同地区间的人均产出增长率在 $0 \sim t$ 时段与初始时期的人均产出速度呈现负相关,存在 β 收敛。根据估计结果可计算区域在时间跨度为 t 的收敛速度 θ。

---

① 吴常艳.基于空间外溢效应的区域经济收敛研究[D].甘肃:西北师范大学,2013.

$$\theta = -\frac{\ln(1+\beta)}{t} \qquad (4-9)$$

通常情况下，大部分研究采用 ESDA 模型来检验研究区域人均产出的空间关联性，指标包括了全局 Moran's I 指数和局域的 Moran's I 指数。计算公式如下：

$$I = \frac{n \sum\limits_{i=1}^{n} \sum\limits_{j=1}^{n} W_{ij}(Y_i - \bar{Y})(Y_j - \bar{Y})}{\sum\limits_{i=1}^{n} \sum\limits_{j=1}^{n} W_{ij}(Y_i - \bar{Y})^2} \qquad (4-10)$$

式中：I 为 Moran's I 指数；Y_i 为地区 i 的观测值；$\bar{Y}$ 表示区域内各空间单元平均观测值；W_{ij} 为空间权重矩阵。在一定的置信水平下，$I>0$，表示人均产出存在正的空间自相关，其值越接近 1，表示集聚的程度越高。

将空间要素纳入绝对 β 收敛，考虑空间相互依赖性构建包含有空间滞后项的绝对 β 收敛：

$$\ln\left(\frac{y_{it}}{y_{i0}}\right) = \alpha_{it} + \beta\ln y_{i0} + \rho W \ln\left(\frac{y_{it}}{y_{i0}}\right) + \mu_{it} \qquad (4-11)$$

式中：β 为收敛的系数，W 为空间权重矩阵，ρ 为空间相关系数，用于衡量一个区域的产出速度对周边地区产出速度的空间溢出影响。

当空间误差项对空间关联性产生影响时构建绝对 β 收敛的空间误差模型：

$$\ln\left(\frac{y_{it}}{y_{i0}}\right) = \alpha_{it} + \beta\ln y_{i0} + \mu_{it} \qquad (4-12)$$

$$\mu_{it} = \lambda W \mu_{it} + \varepsilon_{it} \qquad (4-13)$$

式中 β 为收敛系数，W 为空间权重矩阵，λ 为参数。

俱乐部收敛在时间尺度上逐渐趋于一定的均衡，而不同的区域单元内部存在空间的异质性和内生性，初始条件和经济结构相似的区域之间发生收敛，区域之间的地理空间要素需要纳入俱乐部收敛中，结合时间和空间两个维度假说的空间俱乐部收敛。在进行空间俱乐部收敛假说检验之前，需要对研究区域进行空间分组，得到空间上相互集聚的初始条件相似的俱乐部区域。俱乐部收敛模型可以写成以下形式：

$$y = \sum_{i=1}^{n} a_i D_i + \sum_{i}^{n} \beta_i D_i x + \varepsilon \qquad (4-14)$$

其中，D_i 代表不同的俱乐部地区，为虚拟变量；ε 为随机误差项，服从正态分布。

从地区间的绝对收敛角度考虑，俱乐部收敛模型可以写成以下形式：

$$\ln \frac{y_{t+k,j}}{y_{t,j}} = \sum_{i=1}^{n} a_i D_i + \sum_{i=1}^{n} \beta_i D_i \ln y_{t,j} + \varepsilon_i \qquad (4-15)$$

第二节　长江经济带一体化收敛性分析

基于本书对经济一体化内涵的界定，首先分别从 σ 收敛、β 收敛、俱乐部收敛来反映长江经济带的一体化水平。

一、σ 收敛

利用长江经济带地级市 1990—2015 年 GDP 平减指数，将所有年份的 GDP 值平减为 1990 年不变价，并采用变异系数指标测算 σ 收敛。1990—2015 年的人均 GDP 变异系数趋势可以看出 25 年来变异系数呈现先升高后降的趋势，说明整体上来看长江经济带区域经济差异有缩小的趋势，区域内部的经济发展向一体化发展的过程过渡。1990 年至 2005 年长江经济带地级市之间的变异系数呈现逐渐增长的趋势，说明地级市内部的区域经济呈现发散的趋势，即区域的经济差异在增大；2006 年至 2015 年变异系数曲线出现下降趋势，说明长江经济带地级市之间有经济收敛的趋势，区域经济差距也有缩小的趋势，这说明中部崛起的区域政策对长江经济带内的湖南省、湖北省、安徽省、江西省的区域经济发展起到了积极的推动作用。但因 2006 年国家才针对中部工业企业发展出台了明朗的增值税转型等特惠政策，区域发展的政策效应具有滞后性，从图中可以看到 2008 年区域间的经济收敛性特征较为明显。这也与 2008 年国家为应对金融危机，出台拉动国家内需政策，投入大量的资金来拉动国内市场发展有关系，促进了城市间的经济联系，一定程度上促进了一体化的发展。

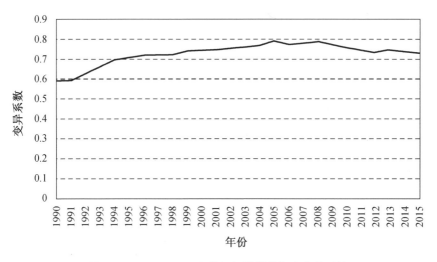

图 4 - 2　1990—2015 年长江经济带地级市变异系数

二、β 收敛

（一）全局空间自相关检验

全局性空间自相关检验表明了区域在空间上的集聚或分散特征(图 4 - 3)，Moran's I 值越接近 1，表明空间自相关性越强，区域之间的空间集聚特征越明显；相反，空间关联性较弱，区域之间的空间特征表现出分散的特点。从图中分析可知，Moran's I 指数自 1990 年以来呈现增加的趋势，从 1990 年的 0.32 增加至 2015 年的 0.46，说明整体而言长江经济带的区域经济发展空间呈集聚态势。但是，从时间演化的角度进行对比分析发现，1990 年至 2005 年呈现出波动性的增长趋势，从 1990 年的 0.32 增加至 2004 年的 0.5，说明在这 14 年过程中长江经济带的区域经济发展的空间集聚性是逐渐加强的，区域内的核心城市对其周边城市的吸引和极化作用在增强，核心外围的区域空间结构不平衡性在增强。2004—2005 年指数迅速下降，区域内核心城市的扩散效应可能起到了作用。随后 2005 年至 2010 年，Moran's I 指数出现了先增加后缓慢降低的趋势，自 2010 年后出现逐年下降趋势。说明 2005 年前后国家出台的区域发展政策对区域经济发展的影响具有滞后效应，但是对区域内的极化不平衡发展起到了一定的抑制作用,区域内的空间自相关性在降低,空间结构开始向均衡化发展。

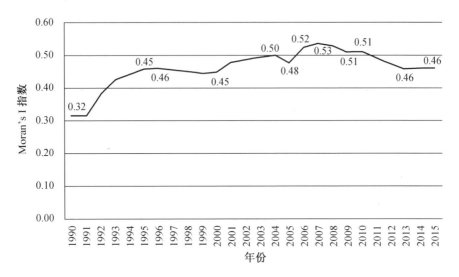

图 4-3　1990—2015 年长江经济带人均 GDP 全局空间自相关性检验

(二)局部空间自相关性检验

长江经济带全局空间自相关检验仅反映了其地级市内部的空间集聚或扩散特征,但是长江经济带区域内部存在较大的经济发展的空间异质性特征,而且在整个研究时段内 Moran's I 指数波动特征较为明显,因此对不同时间断面的局部空间自相关性进行检验。

图 4-4 分别对 1990 年、2005 年、2010 年和 2015 年的局部自相关性进行了检验,发现四个时间截面的高高集聚(HH)区域均集聚分布在长三角城市群及其相邻区域,高低集聚(HL)区域承接了 HH 区域逐渐向中西部延伸,低低集聚(LL)区域主要分布在整个长江经济带中西部地区,说明空间集聚效应对不同经济发展水平的地级市具有不同的凝聚效应,经济一体化发展在空间上表现出路径依赖性。

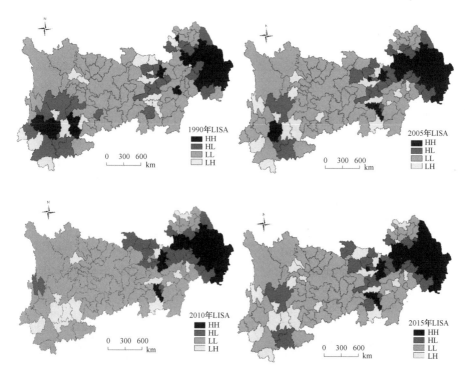

图 4-4　长江经济带人均 GDP 局部空间关联性 LISA 图

（三）长江经济带经济一体化的 β 收敛检验

传统的 β 收敛不考虑空间因素，对长江经济带的一体化趋势做整体性的判断，为了检验空间自相关效应对经济收敛的促进作用，考虑空间集聚效应后对长江经济带地级市 β 收敛进行分析，并计算其收敛的速度来反映经济一体化发展的快慢程度。

绝对 β 收敛检验有一定的假设前提，即假定所有区域结构特征相似，在均衡状态下，区域经济初始条件下经济增长缓慢的区域比增长快的区域具有更高的增长率，假设成立则表明区域存在绝对 β 收敛。表 4-2 对长江经济带地级市 1990—2015 年整体的经济收敛性做了传统绝对 β 收敛检验、空间误差模型检验和空间滞后模型检验。

表 4-2 1990—2015 年长江经济带绝对 β 收敛检验

1990—2015	传统 β 收敛	空间滞后模型	空间误差模型
常数项	2.828	2.115	3.598
β(t/z 检验)(显著水平)	−0.044	−0.07(0.252)	−0.128(0.007)
λ(z 检验)(显著水平)	—	—	0.440(0.000)
ρ(z 检验)(显著水平)	—	0.358(0.001)	—
R^2	0.02	0.09	0.112
F(显著性水平)	0.255(0.6147)	—	—
LIK	−76.126	−72.698	−69.825
AIC	156.261	149.396	145.654
SC	160.026	156.998	150.386
θ	0.001	0.003	0.005
半周期(a)	483.810	229.23	121.458

注:LIK,AIC,SC 3 个指标是对多个模型拟合效果进行检验的信息准则,对数似然值(LIK)越大,拟合效果越好,而赤池信息量准则(AIC)和施瓦茨准则(SC)正好相反,其值越低,拟合效果越好。收敛率的计算公式:$\theta = -(1/t) \times \ln(1+\beta)$,t 为研究期末和期初的时间间隔年数;括号内为标准误差。半周期为 $\ln(2)/\theta$,Moran's I 是检验空间依靠的指标。Breusch-Pagan 用来检验异方差问题,没有通过显著检验,接受零假设,不存在异方差问题。

对比三个模型检验结果可以发现,收敛系数 β 均为负值,说明长江经济带地级市之间存在绝对 β 收敛。同时发现传统的绝对 β 收敛速度仅为 0.1%,半周期达 483.81,考虑到空间因素后空间误差模型检验下收敛速度提高至 0.5%,收敛周期下降至 121.458,说明长江经济带的经济收敛过程存在空间依赖性,而且相邻区域的经济发展波动趋势存在较大的影响。长江经济带地级市间的经济一体化趋势较为缓慢,以缩小地级市间经济发展差异为目的的一体化过程则要考虑到空间依赖因素。另外,从检验结果可以看出,空间误差模型的对数似然值和调整后的 R^2 远大于传统模型和空间滞后模型,说明经济一体化可以通过相邻区域的随机波动效应或者溢出效应来实现,经济发达地区具有较高的知识和技术集聚能力,对经济欠发达地区能够提供技术和知识的帮助,空间外溢效应对经济收敛的作用较大,同时,经济发达地区也是知识创新地区,对技术和知识的转化能力较强,能够提高生产率来辐射其他地区。

表4-3 长江经济带 β 收敛的空间误差模型检验

变量	1990—2005	2005—2010	2010—2015
常数项	2.128***	1.055***	0.587***
β(t/z 检验)(显著水平)	−0.067	−0.048***	−0.020 4
λ(z 检验)(显著水平)	0.429***	0.355***	0.375
R^2	0.129	0.151	0.129
LIK	−69.708	100.573	112.351
AIC	143.417	−197.147	−220.703
SC	149.152	−191.412	−214.968
θ	0.004	0.009	0.005
半周期(a)	149.924	70.456	134.520
Breusch-Pagan Test	1.803*	0.914	35.249***
Likelihood Ratio Test	12.114***	8.380***	8.012***

注:*** 表示95%水平下显著;** 表示90%水平下显著。

从局部空间自相关性分析发现长江经济带地级市内部存在空间异质性,时间尺度上也存在空间集聚与分散的波动趋势,因此以2005年为时间断面,将整个25年划分为3个时段,采用空间误差模型分别对不同时间段的 β 收敛性进行分析。分析表4-3发现三个时段的收敛系数都为负值,表明不同的时间段均存在 β 收敛,1990—2005年期间 β 收敛的收敛速度为0.4%,说明在这期间长江经济带的地级市经济发展在逐渐趋于协调发展的水平,虽然速度较为缓慢,但是有一体化发展的趋势。2005—2010年收敛速度达到0.9%,半周期也降低至70.456,说明2005年实施的中部崛起的区域发展扶持政策对提高区域间的一体化发展有积极的促进作用。2010—2015年的收敛速度有所下降,半周期增加至134.52,区域经济 β 收敛的速度有所放缓,说明长江经济带地级市整体的经济一体化进程缓慢,区域发展政策的推动作用对经济一体化发展至关重要。

三、俱乐部收敛

俱乐部是指具有相似经济发展基础和结构的空间单元,划分俱乐部是俱乐部收敛分析的关键。一般划分俱乐部主要采用的方法包括地理区域划分和内生划分方法,或者依据空间俱乐部的定义利用探索性空间数据分析来寻找经济发展水平相似区域。为了使得划分的空间俱乐部更符合长江经济带的发展趋势,本书综合社会网络分析得到的核心边缘结果与高于各个地级市经济联系强度平均值的城市,将长江经济带划分为四种类型俱乐部,分别是东部城市群区、中部城市群区、西部城市群区和其他区域。由于1990年经济联系较为稀疏,划分俱乐部时的经济联系网络主要参照2005年和2015年,分别将2005年和2015年划分的俱乐部空间范围作为计算1990—2005年和2005—2015年的俱乐部收敛的空间范围。

表4-4是两个时间段俱乐部收敛的结果,从表中可以看出两个时间段内的俱乐部均有显著的收敛现象。1990—2005年中部城市群的收敛系数高于其余俱乐部,收敛系数为-0.494,收敛率达到6.8%,东部城市群的收敛系数最低,收敛系数为-0.044,收敛率仅有0.4%,西部城市群和其他剩余地区的收敛系数分别为-0.112和-0.109,收敛率均为1.1%。2005—2015年东部和西部城市群的收敛系数分别为-0.277,-0.213,收敛率也明显提高,分别为3.2%和2.4%,中部城市群的收敛系数为-0.101,收敛率由6.8%下降为1.1%。说明东部城市群和西部城市群在2005年以后城市群内部的经济差异

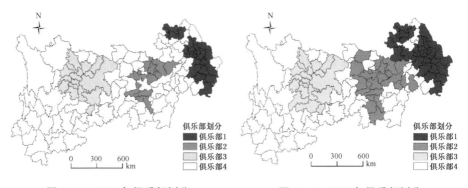

图4-5　2005年俱乐部划分　　　　图4-6　2015年俱乐部划分

缩小比较快,中部城市群内部经济差异在 2005 年以前缩小明显,2005 年以后经济差异相对来说有扩大,说明 2005 年以后东部城市群的进一步开发开放政策和西部大开发政策的倾斜都明显地提高了区域的经济发展水平,但是中部地区的发展凹陷较为明显。

表 4-4 1990—2015 年长江经济带俱乐部收敛检验值

1990—2005	系数估计值	P 值	收敛速度	2005—2015	系数估计值	P 值	收敛速度
β_1	−0.044	0.008	0.004	β_1	−0.277	0.243	0.032
β_2	−0.494	0.013	0.068	β_2	−0.101	0.455	0.011
β_3	−0.112	0.155	0.011	β_3	−0.213	0.120	0.024
β_4	−0.109	0.119	0.011	β_4	−0.087	0.568	0.009

注:β_1、β_2、β_3、β_4 分别为:东部城市群区域(俱乐部 1)、中部城市群区域(俱乐部 2)、西部城市群区域(俱乐部 3)、其他区域(俱乐部 4)。

第三节 长江经济带经济一体化评价

一、构建经济一体化评价指标体系

进一步从市场一体化、产业一体化、制度一体化和空间一体化等方面来评价经济一体化,依据经济一体化的内容选择综合评价经济一体化的指标体系因子(表 4-5)。

表 4-5 区域经济一体化综合评价指标体系

目标层	准则层	指标层	选用指标
经济一体化	市场一体化	劳动力流动	一产从业人员 / 从业人员总数,一产产值 / 工业总产值
		资本流动	固定资产投资/GDP
		技术流动	科技活动人员/总人口
	产业一体化	城镇化	非农人口/总人口
		产业结构	二产/三产
		经济结构	工业产值/GDP

目标层	准则层	指标层	选用指标
	制度一体化	开放度	贸易额/GDP
		非国有比重	1-国有企业产值/总工业产值
	空间一体化	空间距离	可达性
		经济联系	经济联系强度

（1）市场一体化：市场一体化促进生产要素的自由流动，劳动力流动和资本流动能够反映要素的流动变化情况，同时市场一体化的发展离不开科学技术的创新，技术流动（科技活动人员/总人口）指标越高，反映创新能力越能促进产业一体化，反之，不利于一体化发展。

（2）制度一体化：长期以来的行政区经济发展，导致区域经济行政壁垒固化，为打破行政区划的障碍，深入发展区域经济一体化，长江经济带协调发展制度方面的安排正在完善，长江经济带已经实现了区域内的通关改革，加强区域贸易流动，增加区域的开放度，增强吸引外商的投资力度。所以，用开放度和非国有比重来反映制度一体化程度。

（3）产业一体化：工业化发展水平决定了产业结构，而城市化水平在一定程度上反映了工业化水平。选取城镇化率（非农人口/总人口）反映城镇化水平，城镇化率越高，产业专业化程度、产业分工程度越高，有利于一体化发展；反之，一体化程度较低。产业结构指标采用第二产业/第三产业的比重衡量，该值大于1表示第二产业占主导，产业一体化过程主要侧重在第二产业优势互补，实现产业一体化发展；该值小于1表示第三产业占主导，产业一体化的趋势主要侧重于第三产业。经济结构采用工业产值与GDP的占比来衡量。

（4）空间一体化：空间一体化发展是区域经济联系网络化的空间表现形式，交通基础设施在网络化过程起到了廊道作用，选择陆路交通可达性和经济联系强度指标反映区域的客流量带来的空间一体化。

二、长江经济带经济一体化各内容评价

通过上文从经济收敛的视角对经济一体化整体趋势进行了分析，发现长

江经济带存在经济一体化,而且空间效应在经济一体化过程中起到显著作用。为了从多方面评价经济一体化,进一步从市场一体化、产业一体化、制度一体化和空间一体化等方面来评价经济一体化。

(一)市场一体化

　　利用构建的市场一体化评价指标,选取劳动力流动、资本流动和技术流动指标来反映市场一体化程度。图4-7是1990—2015年长江经济带市场一体化各指标的曲线趋势,指标值越大说明市场一体化程度越高,从图中可以看出劳动力流动曲线波动程度较大,2001—2005年劳动力流动数值迅速增加,随后逐渐呈波动式增长。资本流动曲线整体呈现增长的趋势,但是增长速度较为缓慢,自2009年后资本流动速度增长明显,技术流动基本没有变化,说明市场一体化过程主要以劳动力流动和资本流动占主导,技术流动贡献不大,同时也表明长江经济带的经济一体化过程促进了劳动力和资本的快速流动。

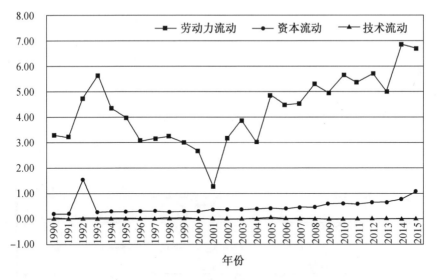

图4-7　长江经济带市场一体化评价

(二)产业一体化

　　产业一体化实质上指区域内城市产业发展与城市功能结合,通过调整优化城市功能,合理布局城市的优势或者主导产业,实现不同城市之间的产业合作过程,达到产业一体化目的。当前经济新常态背景下,新型城镇化将"以人为本"提高到了前所未有的高度,城镇化同时也伴随着工业化过程,经济一体化发展更是要工业化与城镇化实现良性互动,"产城融合"的思想将产业、人、城市功能三者有机融合,实现产业、城市发展的共同繁荣,因此,城镇化水平越高,实现产业、城市共同繁荣发展的潜力越大,实现产业一体化的可能性越大。产业间的关联性以及产业之间的合作机制是区域经济一体化的基础,经济一体化要求从各个行业生产领域的产品结构的调整到统一市场建立,再到商品、劳务和资本的自由流动,经济结构的重新调整不断推动产业结构的升级换代,同时要素的自由流动为产业结构调整和升级提供保障。

图 4-8 是长江经济带产业一体化评价指标结果,从图中可看出长江经济带自 1990 年以来城镇化水平缓慢提高,产业结构与经济结构的变动趋势较为相似,在 1999 年之前产业结构和经济结构的值都明显下降,说明在这近 10 年中产业结构不断调整,二产占比有所减少,产业结构梯度明显。2006 年后产业结构的曲线变化较为平缓,二产、三产占比较为协调,产业结构比例基本保持在 1.5 左右,2014 年产业结构变化较为突出,三产发展迅速,产业一体化趋势明显。

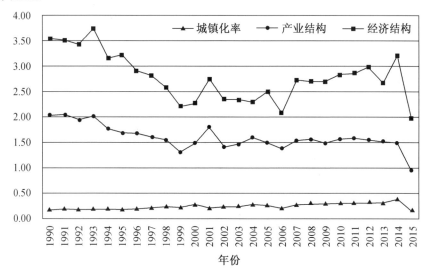

图 4-8　长江经济带产业一体化评价

（三）制度一体化

　　经济一体化会显著提高地区专业化水平,随着经济全球化的趋势加剧,在全球市场的分工体系中中国占据的份额不断提升,也提高了各地区与世界各国的贸易联系,极大地提高了各地区的劳动生产率和经济发展水平。但是,我国地区存在着地方保护主义现象,行政分权导致各个地方之间的行政壁垒阻碍了地区专业化的形成,改革开放的政策以及区域内协调发展的一系列政策都在积极促进区域内的协作发展,传统体制遗留的工业布局和地方官员业绩考核等因素使得地区之间缺乏交流和合作,相对而言外向型的经济一体化伴随着中国经济对外开放的政策而得到了发展,贸易开放度和外来资本的投资都能够反映出外向型的经济一体化水平。图 4-9 反映了长江经济带制度一体化水平,对外开放度和非国有工业占比都能够反映出长江经济带政策因素影响下的经济一体化发展趋势,从图中可以看出 1990—2005 年开放度曲线波动性上升,说明在这 15 年中长江经济带的对外经济一体化在加强,同时看到非国有工业占比的曲线也具有相似的变化趋势,表明外来资本的投资在这段时间内也不断加大,长江经济带参与全球经济一体化分工在加强。随后,

图 4-9　长江经济带制度一体化评价

2005—2007 年出现"V"形的先下降后上升过程，2007 年后开放度和非国有工业占比都呈现下降趋势，金融危机对外向贸易和外来资本都产生了影响，长江经济带对外经济一体化有所减缓，说明在金融危机后国家的扩大内需调整政策，积极促进了区域内部的经济发展，也反映出在 2009 年以后长江经济带的区域制度一体化水平在提高。

（四）空间一体化

通过计算长江经济带各地级市的交通可达性，并利用经济联系强度模型计算了长江经济带经济联系强度来反映空间一体化程度。总体来看，1990—2015 年长江经济带区域经济联系在显著加强，说明长江经济带正在形成空间一体化的经济联系格局。1990 年、2005 年和 2015 年长江经济带经济联系网络所有节点间的联系强度的平均值为 4.6 万左右，以其为最小值保留大于该值以上的有效链接来分析长江经济带整体网络联系能力（图 4 - 10，图 4 - 11，图 4 - 12）。1990—2015 年长江经济带的经济联系整体呈现出网络日益稠密化，经济联系强度在逐渐增强。1990 年超过平均值的经济联系线有 26 条，其

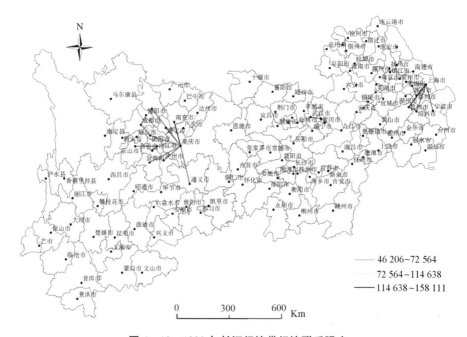

图 4 - 10　1990 年长江经济带经济联系强度

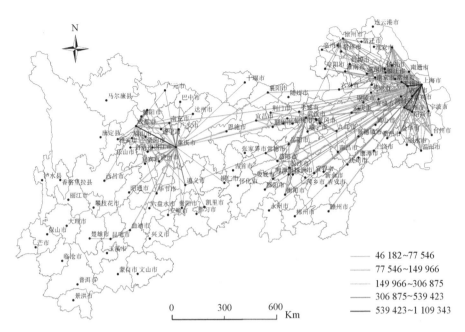

图4‐11　2005年长江经济带经济联系强度

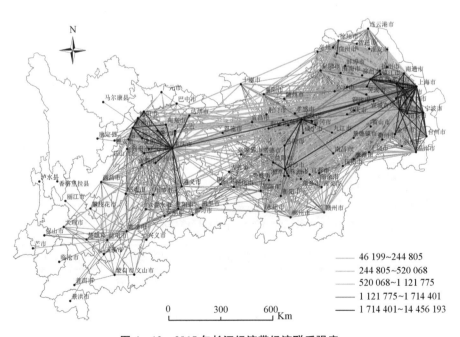

图4‐12　2015年长江经济带经济联系强度

中4.6万～7.2万的有17条,7.2万～11.4万之间的联系有6条,大于11.4万的经济联系线仅有3条;2005年经济联系超过4.6万的有298条,其中经济联系在4.6万～7.7万的有133条,7.7万～14.9万的有83条,14.9万～50万之间有74条,超过50万的有8条;2015年经济联系超过4.6万的有3817条,经济联系总量明显增加,经济联系在4.6万～24万有2924条,24万～112万有748条,超过112万有145条。与1990对比发现2015年长江经济带节点间经济联系总量和联系强度都有明显的大幅度提升。

以1990年、2005年和2015年的经济联系强度的平均值作为阈值进一步采用社会网络分析方法对长江经济带整体网络的网络密度和网络中心性进行分析(表4-6)。1990年的经济联系网络密度为0.002,各节点的平均度数中心度为0.418;2005年网络密度有所提升,增加至0.035,节点的平均度数中心度也增加至5.217;2015年的网络密度为6.318,节点度数中心度提高至51.366。与1990年相比,各个节点城市的接近中心性和特征向量中心性平均值都在增加,说明随着长江经济带经济联系强度的增强,各个节点城市在长江经济带整体网络中的中心性地位有所提升,中间中心性的值在2005年至2015年有所下降,这与其他中心性的值增加的结果一致,表明各个节点城市作为中介点的地位有所改变,在区域内起到中心性连接的作用在加强。长江经济带区域内节点城市的经济联系在近20多年期间逐渐在增强,这反映出长江经济带区域经济发展具有一体化的趋势,尤其在2005年以后经济联系加速提升,表明自1996年长江经济带被提上国家发展战略后有效促进了区域之间的经济一体化进程。

表4-6　长江经济带经济联系网络中心性特征分析

	网络密度	度数中心度	接近中心性	中间中心性	特征向量中心性
1990	0.002	0.418	0.857	0.019	-3.598
2005	0.035	5.217	4.177	0.621	7.871
2015	6.318	51.366	29.038	0.361	11.403

1990—2015年长江经济带经济联系网络发展不平衡,存在明显的层次

性。核心边缘模型分析发现 1990 年的核心城市仅有 6 个,分别为武汉、重庆、成都、上海、杭州、无锡,其余地级市为边缘城市,核心城市的网络密度为 0.016,外围城市基本没有形成网络结构,网络密度为 0;2005 年核心城市明显增加,外围城市初步形成稀疏的网络,核心城市网络密度为 0.14,边缘网络密度 0.006;2015 年的核心网络密度增加至 0.723,边缘网络密度增加到 0.176。

三、长江经济带经济一体化贡献度特征分析

通过前文经济联系强度的测算发现长江经济带的经济联系空间一体化程度在增强,经济联系辐射的腹地范围在不断地扩大,形成以长三角城市群、武汉城市群、长株潭城市群和成渝城市群为核心,逐渐辐射带动邻近城市发展的格局。经济联系强度的增加不断促进区域城市的合作发展,会增加相对落后发展地区的经济增长机会,从而缩小中心城市与边缘城市的经济差异,实现区域经济的一体化发展。各个地级市对长江经济带经济联系网络的贡献水平存在空间异质性,反映出各城市对长江经济带经济一体化发展的参与水平具有区域差异性,因此以每个地级市的平均经济联系强度作为地级市的经济一体化贡献度的衡量标准,利用自然断点法对地级市经济联系贡献度进行等级划分(图 4 - 13)。由于 1990 年经济联系水平较低,核心城市个数较少,主要对 2005 年和 2015 年各个地级市进行分析。

从图 4 - 13 中可以看出 2005 年和 2015 年的经济一体化贡献度空间分布格局具有相似性,但是 2015 年所有地级市经济一体化贡献度的水平明显提升。2005 年各个地级市经济一体化贡献度处于最高水平(经济一体化贡献度在 202 152～366 615)城市主要是上海和重庆,2015 年最高水平(经济一体化贡献度在 142 331～2 379 053)的城市是上海、重庆、苏州、杭州,从经济一体化贡献度的空间分布来看,最高水平的城市数目较少,分布较为零散。2005 年经济一体化贡献度处于第二水平(经济一体化贡献度在 80 403～202 152)的城市主要是苏州、武汉、杭州、无锡、成都、南京、南通,2015 年处于第二水平的城市(739 111～142 331 之间)主要是武汉、南京、无锡、长沙、宁波、成都、合肥,从空间分布来看第二水平城市主要分布在长三角地区和其他省份的省会

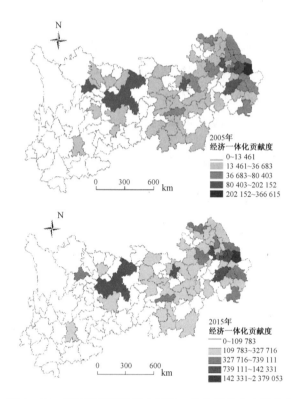

图 4 - 13　长江经济带地级市经济一体化贡献度空间分布

城市。2005 年有 36％的城市一体化贡献度处于 13 461～80 403,2015 年经济
一体化贡献度处于 109 783～739 111 的城市占长江经济带的 33％,空间分布
格局上两个年份具有一致性,主要集中分布在长三角城市群、武汉城市群、长
株潭城市群和鄱阳湖城市群,西部地区以成都市和重庆市为主。大约有 56％
的城市均处于经济一体化贡献度的最低水平,空间分布上集聚特征明显,连片
分布在十堰—恩施—张家界—怀化分界线以西,极少的城市分散分布在该分
界线以东地区,这表明长江经济带经济一体化水平中东部明显高于西部,虽然
长江经济带整体的经济一体化水平在提高,但是城市对经济一体化贡献度具
有空间差异性,主要形成以长三角城市群、武汉城市群、长株潭城市群和鄱阳
湖城市群为核心,带动辐射周边城市的空间格局。

第五章 / 长江经济带土地利用变化特征与演变过程

第一节 土地利用变化测算

一、土地利用动态度模型

(一) 单一土地利用动态度模型

$$S = \left\{ \sum_{ij}^{n} (\Delta S_{i \to j} / S_i) \right\} \times \left(\frac{1}{t} \right) \times 100\% \qquad (5-1)$$

其中，S 反映了土地利用动态度，表示 t 时段内对应的研究样区土地利用变化速率；S_i 为监测开始时间第 i 类土地利用类型总面积，$\Delta S_{i \to j}$ 为监测开始至监测结束时段内第 i 类土地类型转换为其他土地类型面积的总和，t 为时间段。

(二) 综合土地利用动态度模型

$$LC = \frac{\sum_{t=1}^{n} \Delta L_{t(i \to j)}}{\sum_{t=1}^{n} L_{ij}} \times \frac{1}{T} \times 100\% \qquad (5-2)$$

其中，LC 表示区域总体土地利用变化率(%)，$\Delta L_{t(i \to j)}$ 表示起始点第 i 类土地利用转化为非 i 类土地利用类型地面积绝对值，$\sum L_{ij}$ 为所有土地利用类型地总面积，T 同上。

二、马尔科夫转移矩阵模型

土地利用类型之间的相互转化情况,可以采用马尔科夫转移矩阵模型来进一步描述。马尔科夫模型反映的是一系列特定的时间间隔下,一个亚稳态系统由 T 时刻向 $T+1$ 时刻状态转化的一系列过程,这种转化要求 $T+1$ 时刻的状态只与 T 时刻的状态有关。该方法适合研究土地利用变化过程,土地利用类型转变过程具有马尔科夫随机过程的性质。首先,一定区域内,不同土地利用景观类型之间具有相互转化性;其次,土地利用类型之间的相互转化包含有多个概率事件,马尔科夫模型能够确定出转化时的随机概率。以基质斑块相互之间面积的转移概率为矩阵中的元素,转移矩阵模型为

$$P_{ij} = \begin{bmatrix} P_{11} & P_{12} & P_{13} & \cdots & P_{1n} \\ P_{21} & P_{22} & P_{23} & \cdots & P_{2n} \\ P_{31} & P_{32} & P_{33} & \cdots & P_{3n} \\ \cdots & \cdots & \cdots & \cdots & \cdots \\ P_{n1} & P_{n2} & P_{n3} & \cdots & P_{nn} \end{bmatrix} \qquad (5-3)$$

式中:P_{ij} 是土地利用类型 i 转化为土地利用类型 j 的转移概率,P_{ij} 满足条件 $0 \leqslant P_{ij} \leqslant 1$。

三、土地利用类型变化指数

土地类型指数变化率共有 6 类土地利用变化指数,分别为耕地指数、林地指数、草地指数、建设用地指数、水域变化指数和未利用地变化指数。具体的计算公式如下:

地类指数变化率是某一地类在一定区域面积上所占的比例的变化率。

$$\Delta I_{tji} = I_{tj} - I_{ti} = \left(\frac{A_{tj} - A_{ti}}{A} \right) \times 100\% \qquad (5-4)$$

$$dI_{tji} = \frac{\Delta I_{tji}}{I_{ti}} \times \frac{1}{j-i} \times 100\% \qquad (5-5)$$

式中,I_{tj} 表示第 t 类土地在 j 时期的指数;I_{ti} 表示第 t 类土地在 i 时期的指数;

A_{tj} 是第 t 类土地在 j 时期的面积;A_{ti} 表示第 t 类土地在第 i 时期的面积;A 表示在相对应时期的土地利用总面积;t 分别代表了耕地、林地、草地、水域、建设用地、未利用地。

第二节　长江经济带土地利用空间格局演变分析

土地利用变化主要反映在土地利用类型的总量变化及其土地类型发生转化等方面,首先对土地利用的总体数量特征进行统计分析,对长江经济带的土地利用变化总体认知。其次,对不同地类在空间上的分布格局进行分析。

一、长江经济带土地利用变化总体变化分析

利用 1990—2015 年 6 期的土地利用遥感影像数据获取不同土地类型的面积,结合图 5-1 和表 5-1 看出,1990 年耕地面积 64.50 万 km^2,林地面积 94.06 万 km^2,草地面积 33.69 万 km^2,水域面积 5.83 万 km^2,建设用地面积 4.24 万 km^2,未利用地面积 2.16 万 km^2;与 1990 年相比,2015 年耕地、草地、未利用地分别减少了 5.19%,3.15%,0.93%,面积分别为 61.15 万 km^2,32.63 万 km^2,2.14 万 km^2。林地、水域、建设用地分别增加了 0.34%,12.18%,86.08%,面积分别为 94.38 万 km^2,6.54 万 km^2,7.89 万 km^2。总体来看,长江经济带土地利用变化呈现出耕地加速减少,建设用地持续增长的态势,而草地成为除了耕地以外减少最为明显的地类,这说明耕地、草地的减少与建设用地的增加有关系。另外,水域在近 25 年中增加显著,这与自 1998 年推行实施退田还湖的政策有一定关系。

表 5 - 1　长江经济带 1990—2015 年土地利用面积　（单位：10^4 km^2）

地类	1990 年	1995 年	2000 年	2005 年	2010 年	2015 年
耕地	64.50	63.29	63.81	63.13	61.99	61.15
林地	94.06	95.00	93.82	93.97	94.72	94.38
草地	33.69	33.64	33.93	33.76	32.65	32.63
水域	5.83	5.75	5.90	6.05	6.45	6.54
建设用地	4.24	4.60	4.85	5.42	6.66	7.89
未利用地	2.16	2.21	2.17	2.15	2.18	2.14
总计	204.48	204.48	204.48	204.48	204.65	204.74

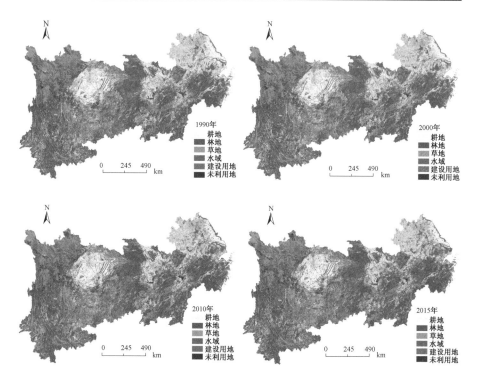

图 5 - 1　长江经济带 1990—2015 年土地利用变化

注：本图彩色版请扫描本章末的二维码获得。

二、长江经济带土地利用空间格局分析

分别提取 2015 年的耕地、林地、草地、水域、建设用地、未利用地等不同土

地类型生产专题地图,并分别统计每个地级市的不同土地类型占其总面积的比例(图5－2)。耕地在长江经济带的空间分布整体上呈现长江经济带北部耕地多于南部地区,而且主要分布在四川盆地和长江中下游平原地区。尤其在上游四川盆地的资阳市、内江市、自贡市、南充市等城市的耕地占比达到80％以上。长江中游的武汉城市群各城市耕地占比普遍高于其余中游城市,天门市的耕地占比达到76％,潜江市、仙桃市、武汉市等城市的耕地面积占比

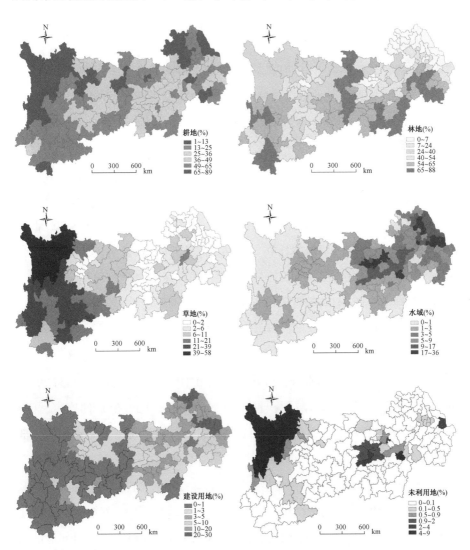

图5－2　2015年长江经济带地级市不同地类占比

也达到 60% 以上，除此之外安徽的大部分城市耕地面积占比总体在 60% 以上；另外长江下游耕地占比较高的地区分布在江苏省，具体主要分布在苏北及其沿海地区。长江经济带南部的大部分区域耕地面积占比在 36% 左右，个别地级市的耕地占比在 10% 左右，例如黄山市、恩施市、丽水市、阿坝藏族羌族自治州等。

林地占比较高的地区主要分布在长江经济带南部，云南，贵州、湖南、江西和浙江省的大部分地级市占比都在 54% 以上。丽水市、黄山市、恩施市、怀化市、十堰市等地级市的林地占比达 70% 以上。重庆、四川周边地级市的林地占比在 30% 左右，但是自贡、内江、南充等地级市的林地在 10% 以下，长江中下游平原地区的城市林地占比较少，鄂州市、镇江市、马鞍山市、滁州市在 8% 左右，嘉兴、淮北、仙桃、上海等地的林地仅占到 1%。湖北、江西等省份的林地资源占了其土地总面积的一半以上，经济发展过程中对林地的保护和合理开发利用是其面临的重要问题。

草地在四川、云南、贵州等省份的分布较为广泛，而且占比较高。特别是阿坝藏族羌族自治州、甘孜藏族自治州的草地占比达到 58%，曲靖市、雅安市、六盘水等地级市的草地占比在 30% 左右，另外四川、云南、贵州的大部分地级市的草地占比也在 20% 以上。长江经济带中下游的地区草地分布较少，在偏南部地区江西、湖南等省份的部分地级市在 8% 左右，江苏、浙江、湖北、安徽等地的草地分布极少。

水域所占比例较高的地区主要分布在长江经济带的中下游地区，苏州市的水域面积占比为 35%，在长江经济带地级市中属于水域面积占比最高的城市。无锡市和扬州市的水域面积也在 20% 以上，另外武汉市、仙桃市、鄂州市、荆州市等城市的水域面积也达到 17% 以上。长江经济带上游地区的大部分地级市水域面积占比在 1% 左右。

建设用地面积比例较高的地区主要在上海、嘉兴、无锡、苏州、连云港等城市，但大部分的江苏省的地级市，建设用地占比在 20% 以上；安徽、浙江、湖北的大部分地级市的建设用地面积占比在 10% 左右，长江经济带的西部地区的建设用地面积占比普遍在 3% 左右，这一方面跟西部地区经济发展较为落后，土地开发程度比起东部地区较低有关,另一方面西部地区的地形地势较高,开发利用困难较大,尤其在长江流域的上游云南省的部分地级市,建设用地面积占比非常低。

未利用地在长江经济带的中西部分布较为集中,主要在甘孜藏族自治州、南昌市、阿坝藏族羌族自治州、迪庆州等地,未利用地面积占比在 4%～9%。益阳市、鄂州市、上海市等城市未利用地面积占比在 2%左右,其余大部分地级市的未利用面积占比较少。

总体来看,长江经济带的不同用地类型的空间分布特征具有明显的地域差异性,区域内部的空间异质性表现较为突出。耕地主要分布在长江经济带中西部的偏北的地区,林地主要分布在长江经济带南部地区,草地主要分布在长江经济带西部省份,建设用地主要分布在长江经济带的中东部地区,未利用地分布较为分散,大部分地级市的未利用地面积较少,在长江经济带的西部少数民族地区占比较高。

第三节　长江经济带土地利用变化时空特征

一、长江经济带不同地类空间差异特征

根据 1990、2000、2010、2015 年四期的土地利用遥感分类图,运用 GIS 技术空间统计分析方法将其与行政区边界进行叠加,分别统计不同省份各个地类的土地面积(图 5-3)。用 2015 年耕地面积与 1990 年耕地面积的差值,除以 1990 年耕地面积表示耕地从 1990 年至 2015 年变化的速度,若变化速度为负值,称减少速度,若变化速度为正,称增加速度,其他地类同理。1990 年至 2015 年耕地在长江经济带 11 省市均呈现逐渐下降的趋势,上海市耕地面积减少速度最快,1990—2015 年减少 25%左右,耕地面积减少 12 万公顷,其次浙江省的耕地面积减少 16%,面积减少了 48 万公顷左右,江苏省耕地面积减少也较为明显,减少速度为 12%。湖北省耕地面积减少 6%,湖南、四川、重庆、安徽的耕地面积减少速度为 3%左右,而云南、贵州两省的减少速度最小,

均为1%左右。

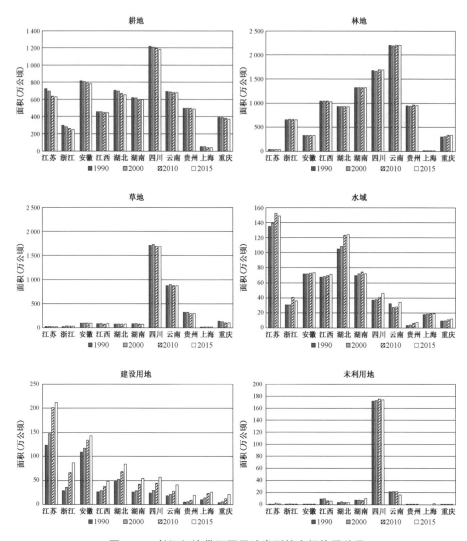

图5-3 长江经济带不同用地类型的空间格局差异

由此可以看出长三角城市群经济较为发达的地区,耕地减少的速度远远要高于长江经济带西部经济欠发达地区,中部地区的耕地减少速度处于中间水平,耕地下降的速度在空间上表现出与经济发展水平较为一致的格局特征。这说明在经济一体化发展过程中,耕地对经济发展的响应较为敏感,说明长三角地区的经济发展以牺牲耕地为代价,经济发展的粗放程度较高。

　　林地在 1990—2015 年在长江经济带 11 省市间既有增加也有减少。其中，上海、江苏、浙江、安徽、江西、湖北、湖南等省市的林地均表现为减少趋势，而上海、江苏的减少速度分别达到 8% 和 9% 左右，浙江减少速度为 1%，其余省份的林地减少速度均为 0.7% 左右。四川、云南、贵州、重庆等 4 省市的林地均在增加，增加的速度大致都为 1%。

　　草地在 1990—2015 年的变化趋势同林地相似，呈现部分省市增加而部分省份减少的特征。江苏、江西、湖北、湖南、四川、云南、贵州、重庆等 8 个省市的草地均有减少，江苏和重庆的减少速度均为 30% 以上，其次湖南为 9%，江西和贵州分别为 5% 和 6%。其余减少速度较为缓慢，仅为 1% 左右。浙江、安徽和上海的草地表现增加的趋势，增加的速度分别为 15%、0.7% 和 22%。

　　水域在近 25 年内在长江经济带 11 省市均呈现增加的趋势，贵州省增加尤为突出，2015 年相对于 1990 年而言增加速度达 90%，重庆增加速度为 30% 左右，四川增加速度为 24%，江苏、浙江、湖北分别增加 10%、16% 和 18%。其余省市的增加速度均在 5% 以下。

　　建设用地 1990 年至 2015 年期间均呈现增加趋势。重庆、贵州、四川、浙江、上海、云南、湖南等 7 省市的建设用地增加速度均超过 100%，尤其是重庆 2015 年的建设用地面积是 1990 年的 4.9 倍；贵州 2015 年建设用地面积是 1990 年的 3.5 倍。江苏、安徽、湖北、江西的建设用地增加速度在 70% 左右。江苏和安徽的建设用地面积在 1990 年远高于其他省市，虽然 25 年内增加的速度比其他省市缓慢，但是建设用地的绝对面积较高。建设用地的增加与区域经济发展、城市化、工业化推进关系密切，说明在此过程中区域经济趋于收敛时建设用地面积增长。

　　未利用地在 1990—2015 年在不同省市表现出既有增加也有减少的特征。浙江、江西、湖北、云南、贵州、上海、重庆都表现为减少趋势。江西减少的速度最快，达到了 42% 左右，其次浙江 38%，重庆 30%。但是，江苏、安徽、湖南、四川均有增加，增加速度分别为 54%、45%、33% 和 1%。

二、长江经济带土地利用类型转化特征

土地利用空间格局并不能反映时间尺度上土地利用的演化过程,根据前文分析长江经济带经济一体化的趋势可以发现 2005 年前后的经济发展变化的转折趋势较为明显,因此依据 1990、2000、2005、2010、2015 年五年的遥感数据,运用 GIS 技术计算 1990—2000,2000—2005,2005—2010 和 2010—2015 年四个时段的土地利用转移矩阵(表 5 - 2,表 5 - 3,表 5 - 4,表 5 - 5)。

表 5 - 2　1990—2000 年长江经济带土地利用类型转移矩阵(单位:10^4 km^2)

1990—2000 年	耕地	林地	草地	水域	建设用地	未利用地	合计
耕地	63.377	0.269	0.108	0.148	0.597	0.001	64.499
林地	0.247	93.049	0.717	0.016	0.032	0.001	94.062
草地	0.098	0.494	33.025	0.020	0.013	0.036	33.687
水域	0.047	0.004	0.056	5.708	0.008	0.011	5.834
建设用地	0.043	0.001	0.000	0.002	4.197	0.000	4.244
未利用地	0.001	0.005	0.021	0.004	0.000	2.126	2.156
合计	63.813	93.822	33.927	5.898	4.847	2.175	204.481

表 5 - 3　2000—2005 年长江经济带土地类型转移矩阵 (单位:10^4 km^2)

2000—2005 年	耕地	林地	草地	水域	建设用地	未利用地	合计
耕地	62.955	0.150	0.046	0.158	0.502	0.002	63.813
林地	0.050	93.620	0.078	0.017	0.056	0.002	93.822
草地	0.071	0.196	33.631	0.007	0.009	0.013	33.927
水域	0.047	0.003	0.005	5.822	0.017	0.004	5.898
建设用地	0.004	0.001	0.000	0.003	4.838	0.000	4.847
未利用地	0.001	0.001	0.005	0.038	0.001	2.128	2.175
合计	63.128	93.971	33.764	6.047	5.422	2.149	204.481

表 5‑4 2005—2010 年长江经济带土地类型转移矩阵（单位：10^4 km²）

2005—2010 年	耕地	林地	草地	水域	建设用地	未利用地	合计
耕地	60.936	0.536	0.266	0.264	1.112	0.014	63.128
林地	0.493	92.631	0.591	0.062	0.169	0.024	93.971
草地	0.362	1.502	31.590	0.072	0.053	0.186	33.764
水域	0.119	0.020	0.013	5.820	0.048	0.026	6.047
建设用地	0.075	0.019	0.009	0.039	5.276	0.005	5.422
未利用地	0.005	0.014	0.179	0.028	0.002	1.921	2.149
合计	61.989	94.723	32.648	6.285	6.660	2.175	204.480

表 5‑5 2010—2015 年长江经济带土地类型转移矩阵（单位：10^4 km²）

2010—2015 年	耕地	林地	草地	水域	建设用地	未利用地	合计
耕地	55.509	3.530	0.798	0.420	1.716	0.008	61.982
林地	3.507	89.147	1.509	0.169	0.339	0.020	94.692
草地	0.873	1.429	30.015	0.103	0.098	0.119	32.636
水域	0.376	0.125	0.090	5.637	0.113	0.057	6.398
建设用地	0.868	0.100	0.023	0.059	5.609	0.001	6.660
未利用地	0.012	0.019	0.185	0.030	0.003	1.924	2.174
合计	61.145	94.351	32.621	6.417	7.878	2.130	204.542

1990—2000 年共有 $3×10^4$ km² 土地发生转化，占总面积的 1.47%（表 5‑2）。耕地、林地、草地是发生转化最多的地类，其转化面积占总转化面积的 90% 以上（图 5‑4，图 5‑5）。其中耕地是发生转化最多的地类，占总转化面积的

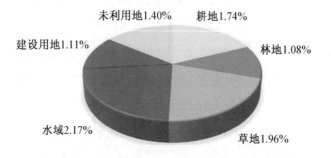

图 5‑4 1990—2000 年不同地类转移面积占其地类总面积比例

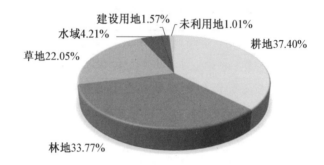

图 5-5 1990—2000 年各地类转移面积占总转移土地面积比例

37.4%，发生转化的土地面积为 1.123×10^4 km²，该转化面积占 1990 年耕地总面积的 1.74%。其次是林地，转化面积占总转化面积的 33.8%，发生转化的林地面积为 1.013×10^4 km²，该林地转化面积占 1990 年林地总面积的 1.08%。

草地转化面积占总转化面积的 22%，发生转化的草地面积为 0.661×10^4 km²，占 1990 年草地总面积的 1.96%。水域、建设用地、未利用地发生转化的面积占转移总面积的 6% 左右，但是水域转化面积占 1990 年水域总面积的 2.16%，在所有地类发生转化面积占其地类总面积比例中最高。

耕地、林地、草地发生转化的面积在所有地类转化面积中占比最高，但是这三大地类发生转化的主要地类存在差异性。1990—2000 年耕地向建设用地转化占主导，转化面积为 0.597×10^4 km²，被建设用地占用的耕地面积占耕地总转化面积的 53.16%；林地向草地转化占主导，转化的面积为 0.717×10^4 km²，被草地占用的面积占林地总转化面积的 70.78%，草地向林地转化占主导，转移的面积为 0.494×10^4 km²，被林地占用的草地面积占草地总转化面积的 74.74%；水域向草地转化占主导，转化的面积为 0.056×10^4 km²，被草地占用的水域面积占水域转化总面积的 44.44%；建设用地向耕地转化占主导，转移的面积为 0.043×10^4 km²，被耕地占用的建设用地面积占建设用地总转化面积的 93.48%；未利用地主要向草地转化，转移面积为 0.021×10^4 km²，被草地占用的未利用地面积占未利用地总转化面积的 67.74%。

2000—2005 年共有 1.486×10^4 km² 土地发生转化，占总土地面积的

0.73％,耕地、林地、草地依然是发生土地转化的主要贡献者(表5-3)。耕地的贡献最大,转化面积 0.858×10⁴ km²,占总转化面积的 57.7％,该转移面积占 2000 年耕地总面积的 1.34％。林地是土地转化的第二贡献者,转化面积占总的转化面积的 13.65％,转化面积为 0.203×10⁴ km²,该转化面积占 2000 年林地总面积的 0.22％。草地转化面积为 0.296×10⁴ km²,占总转化面积的 19.91％,该转化面积占 2000 年草地总面积的 0.88％。水域和未利用地转化量较少,分别为 0.076×10⁴ km² 和 0.046×10⁴ km²,占转化面积的 5.11％和 3.09％,建设用地转化面积最少,占转化总面积的 0.54％,转化面积为 0.008×10⁴ km²(图5-6,图5-7)。

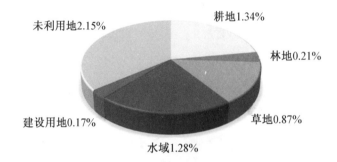

图5-6 2000—2005 年不同地类转移面积占其地类总面积比例

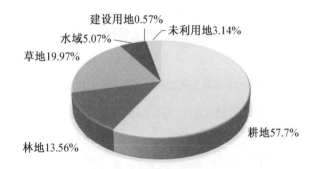

图5-7 2000—2005 年各地类转移面积占总转移土地面积比例

耕地主要向建设用地转化,被建设用地占用的耕地面积为 0.502×10⁴ km²,占耕地总转化面积的 58.51％;林地主要向草地转化,转化的面积为 0.078×10⁴ km²,被草地占用的林地面积占林地转化总面积的 38.61％;草地主要向林地转化,转化的面积为 0.196×10^4 km^2,林地占用草地的面积占草地总转化面积的 65.99%;水域主要转化为耕地,转化面积为 0.047×10^4 km^2,耕地占用水域面积占水域总转化面积的 62.67%;建设用地主要转化为耕地和水域,转化的面积分别占建设用地总转化面积的 50% 和 37.5%,但是建设用地转化的耕地和水域的面积仅仅只有 0.004×10^4 km^2 和 0.003×10^4 km^2;未利用地主要转化为水域,转化的面积为 0.038×10^4 km^2,水域占用未利用地面积占未利用地转化总面积的 80.85%。

2005—2010 年土地转化的面积明显增加,共有 6.307×10^4 km^2 发生转化,占总面积的 3.08%。耕地、林地、草地是发生转化的主要地类,转化的面积分别占总转化面积的 34.76%、21.23% 和 34.49%,耕地、林地、草地转化的面积分别为 2.192×10^4 km^2,1.339×10^4 km^2 和 2.175×10^4 km^2,该转移面积分别占 2005 年耕地、林地、草地总面积的 3.61%,1.42% 和 6.44%(表 5 - 4,图 5 - 8,图 5 - 9)。

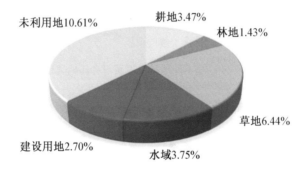

图 5 - 8 2005—2010 年不同地类转移面积占其地类总面积比例

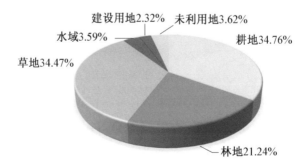

图 5 - 9 2005—2010 年各地类转移面积占总转移土地面积比例

在这一时期的土地转化中，耕地仍然主要转化为建设用地，转化面积为 1.112×10^4 km²，建设用地占用耕地面积占耕地总转化面积的比例是 50.73%；林地主要转化为草地和耕地，转化面积分别为 0.591×10^4 km² 和 0.493×10^4 km²，分别占林地总转化面积的 44.14% 和 36.82%；草地转化主要以林地为主导，转化的面积为 1.502×10^4 km²，被林地占用的草地面积占草地转化总面积的 69.06%；水域和建设用地主要向耕地转化，分别占其转化总面积的 52.65% 和 51.02%，转化的面积分别为 0.119×10^4 km² 和 0.075×10^4 km²；未利用地主要转化为草地，转化面积为 0.179×10^4 km²，被草地占用的未利用地面积占未利用地转出总面积的 78.51%。

2010—2015 年土地发生转化的面积迅速增加至 16.699×10^4 km²，转化面积占土地总面积的 8.17%，耕地和林地是主要发生转化的地类，发生转化的面积分别占总转化面积的 38.76% 和 33.20%，转化的面积分别为 6.472×10^4 km² 和 5.544×10^4 km²，转化面积分别占 2010 年耕地和林地总面积的 10.44% 和 5.85%。草地发生转化的面积为 2.622×10^4 km²，占转化面积的 15.70%，占 2010 年草地总面积的 8.03%。水域、建设用地和未利用地的转移面积共有 2.061×10^4 km²，其中水域发生转化的面积为 0.761×10^4 km²，占总转化面积的 4.56%，但是发生转化的水域占 2010 年水域面积的 11.89%。建设用地转化面积为 1.051×10^4 km²，占转化总面积的 6.29%，占 2010 年建设用地总面积的 15.78%（表 5-5，图 5-10，图 5-11）。

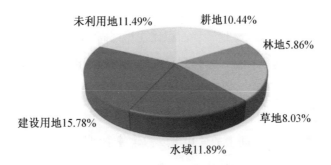

图 5-10　2010—2015 年不同地类转移面积占其地类总面积比例

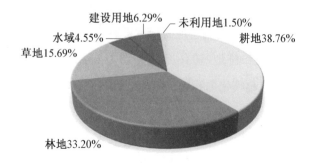

图 5 - 11　2010—2015 年各地类转移面积占总转移土地面积比例

2010—2015 年土地发生转化的地类中,耕地主要向林地和建设用地转化,转化的面积分别为 3.53×10^4 km² 和 1.76×10^4 km²,被林地和建设用地占用的耕地面积分别占耕地总转化面积的 54.54% 和 26.51%。林地主要向耕地转化,转化的面积为 3.507×10^4 km²,占林地转化面积的 63.26%。草地向林地和耕地转化,转化的面积分别为 1.429×10^4 km² 和 0.873×10^4 km²,被林地和耕地占用的草地面积分别占草地转化总面积的 54.50% 和 33.30%。水域和建设用地主要向耕地转化,转化的面积为 0.376×10^4 km² 和 0.868×10^4 km²,被耕地占用的水域和建设用地面积分别占水域和建设用地转化总面积的 49.41% 和 82.59%。未利用地主要向草地转化,转化的面积为 0.185×10^4 km²,占未利用地总转化面积的 74.30%。

长江经济带在 1990—2015 年的土地利用转化总体表现为逐渐加强的趋势,尤其是 2005 年以后,土地利用类型转化较为频繁,转移的面积增加迅速,特别是 2010—2015 年的土地转移面积比往年都高,土地类型主要是耕地转化为林地和建设用地,而林地、水域、建设用地均向耕地的方向转变。

三、长江经济带土地利用变化速率分析

不同用地类型在时间上的变化可以构建各个地类的变化指数来反映其变化程度,本书构建地类指数变化率、土地单一动态度、土地综合利用动态度来反映土地利用变化速度。

表 5 - 6 反映了长江经济带在 1990—2015 年各地类的变化过程,总体趋

势是耕地在 1990—2005 年期间的变化比较小,但是近几年耕地下降的速度在加快;林地波动变化,尤其是在 2010—2015 年林地明显减少;草地在近几年都有所减少;建设用地明显增加,在 2005 年以后增加的面积比较多;未利用地在2010—2015 年有所下降,但是总体未利用地的面积变化不大。

长江经济带的耕地面积在 2005—2010 年减少最明显,地类指数变化率为-0.361%,说明这一时期的耕地变化显著,耕地净减少了 1.139×10^4 km²,耕地的单一动态度从 1990—2000 年的 0.174% 增加至 2010—2015 年的2.088%,综合动态度也由 0.055% 增加至 0.633%,说明耕地在 25 年内的占用速度在加快,后 5 年的变化尤为突出。根据耕地转化的土地类型发现 25 年期间建设用地主要在占用耕地,而且占用比例在加强。这说明 25 年期间长江经济带整体的社会经济发展迅速,城市发展、企业建设占用了较大面积的耕地,加之长江经济带在 2005 年后区域间的经济联系增强,一体化的趋势明显,区域之间的产业转移趋势增加,经济一体化趋势的出现促进了核心城市对外围腹地城市的带动作用,导致人口向长江经济带的城市流动,这都促使大量的建设用地占用了耕地。

表 5-6 1990—2015 年土地利用类型动态变化率

土地利用类型	面积变化值 (10^4 km²)	地类指数 变化率(%)	单一动态度 (%)	综合动态度 (%)
1990—2000 年				
耕地	-0.686	-0.106	0.174	0.055
林地	-0.24	-0.026	0.108	0.050
草地	0.240	0.071	0.196	0.032
水域	0.064	0.110	0.135	0.004
建设用地	0.603	1.421	0.108	0.002
未利用地	0.019	0.088	0.144	0.002
2000—2005 年				
耕地	-0.685	-0.215	0.269	0.084
林地	0.149	0.032	0.043	0.020

（续表）

土地利用类型	面积变化值 （10^4 km²）	地类指数 变化率（%）	单一动态度 （%）	综合动态度 （%）
2000—2005 年				
草地	−0.163	−0.096	0.174	0.029
水域	0.149	0.505	0.098	0.003
建设用地	0.575	2.373	0.033	0.001
未利用地	−0.026	−0.239	0.423	0.004
2005—2010 年				
耕地	−1.139	−0.361	0.694	0.214
林地	0.752	0.160	0.285	0.131
草地	−1.116	−0.661	1.288	0.213
水域	0.238	0.787	0.354	0.010
建设用地	1.238	4.567	0.542	0.014
未利用地	0.026	0.242	2.122	0.022
2010—2015 年				
耕地	−0.837	−0.270	2.088	0.633
林地	−0.341	−0.072	1.171	0.542
草地	−0.015	−0.009	1.607	0.256
水域	0.019	0.059	1.204	0.038
建设用地	1.218	3.658	3.156	0.103
未利用地	−0.044	−0.405	2.291	0.024

长江经济带的林地面积在 1990—2000 年和 2010—2015 年是减少的，而在 2000—2005 年和 2005—2010 年的面积在增加。林地地类指数变化率在1990—2000 年和 2010—2015 年分别是−0.026% 和−0.072%，另外两个时间段的林地指数变化率有所增加，林地的单一动态度和综合动态度整体上保持增加的趋势，特别是在 2005—2010 年和 2010—2015 年，林地的动态变化尤为显著。表明在 2005 年以后长江经济带的林地发生转变的速率在加快。林地转出的地类重点也逐渐由草地和耕地向以耕地为主转变。长江经济带在近

年的经济发展过程中大量的耕地被占用，为了保障耕地的保有量和粮食安全，可能会将一部分宜林能耕地开垦为耕地，但是国家的退耕还林政策也保护了林地不被占用。

草地在1990—2000年保持增加，净增加面积0.240×10^4 km²，自2000以后，草地在不断减少。在2000—2010年草地净减少的面积和草地地类指数变化率都较大，2010—2015年草地变化速度有所减缓，单一动态度和综合动态度在25年期间增加趋势明显，分别从0.196％和0.032％增加至1.607％和0.256％，说明草地变化的速率并未降低，后几年甚至在加剧，根据上文分析得知，草地重点向林地转化。说明长江经济带在发展过程中一方面为了林地保护的需要，将部分可开垦的荒草地种植为林地，另一方面环境和气候变化的因素，对长江经济带高原地区的温度和降水影响较为明显，改善了当地的自然生长环境，有利于部分林地的生产，可能会导致草地转为林地。

长江经济带的水域面积在25年期间有所增加，在1990—2000年净增加0.064×10^4 km²，水域指数变化的增长率为0.110％，2005—2010年水域面积增加速度增加，水域增加的面积是1990—2000年3倍多，同时水域的单一动态度和综合动态度也较高，分别为0.354％和0.010％，说明2005—2010年的水域面积变化显著，其他地类对水域的占用强度在加大。2010—2015年水域面积净增加0.019×10^4 km²，地类指数变化率仅为0.059％，说明水域增加的趋势在2010—2015年有减缓，但是单一动态度和综合动态度增加，说明2010年以来水域面积增长有局限性，但是水域变化的速率在加快，说明对沿河沿江的水域滩涂的占用在后几年势头迅猛，这应引起长江经济带未来经济社会发展的重视。

建设用地面积的变化趋势与水域面积变化类似，自1990年至2015年，建设用地持续增加，尤其是在2005—2010年，建设用地面积净增加1.238×10^4 km²，地类指数变化率4.567％，说明建设用地响应社会经济发展，呈现出快速增加的趋势，但是在2010—2015年建设用地增加的面积略有减少，地类指数变化率也有所下降，说明建设用地的变化对长江经济带的一体化趋势响应具有滞后性，长江经济带自2005年出现经济一体化的趋势，2008年以后一体化趋势逐渐加强,但是建设用地的增加在 2010 年之前仍较为迅速,2010 年以后增加趋势减缓,说明经济一体化促使区域之间的协作发展,有利于建设用地增长的控制。但是,建设用地的单一动态度和综合动态度增长较快,说明建设用地向其他地类变化的速度在加快,根据土地转移矩阵结果可看出建设用地的转化主要是耕地,反映出建设用地复垦不仅缓解了建设用地增量增加的矛盾,而且缓解了土地资源制约经济发展的现实,提高了土地利用效率。

未利用地面积出现波动减少的特征,1990—2000 年、2005—2010 年未利用增加,单一动态度和综合动态度也明显增加,说明这两个时期的未利用地变化明显,不仅有现有的未利用地被开发利用为其他用地,例如沿海滩涂等未利用地被作为后备耕地资源而开垦为耕地,而且未利用地的增加也反映出对土地资源的不合理利用,出现一些土地盐碱化、沙化,或者土地污染等问题的新的未利用地。2010—2015 年未利用地在减少,但是单一动态度和综合动态度仍在增加,说明长江经济带在经济一体化趋势下,未利用地的转化在增强。值得关注的是根据未利用地波动变化的特征,应该重视对土地资源的合理利用,避免增加一些人类活动影响产生的未利用地。

四、长江经济带土地利用变化时空演化特征

土地转移矩阵仅从时间尺度上分析了土地利用变化的演化特征,需要进一步对土地利用类型发生转移的空间格局特征进行分析。根据上文分析发现2005 年前后地类变化较大,因此以 2005 年为时间节点,分别对 1990—2005年和 2005—2015 年两个不同时间段的土地转化空间格局进行分析。

(一)1990—2005 年长江经济带地级市各地类转化特征

以长江经济带的地级市为基本分析单元,分别对不同地类的转出面积的空间分布特征进行分析(图 5 - 12),并且将耕地、林地、草地、水域、建设用地、未利用地发生转化后,占比最高的地类进行空间上的分区(图 5 - 13)。结果发现长江经济带各类土地的转出在空间分布格局上呈现明显的差异性。

1990—2005 年长江经济带耕地发生转化的面积分布呈现东西较多中部

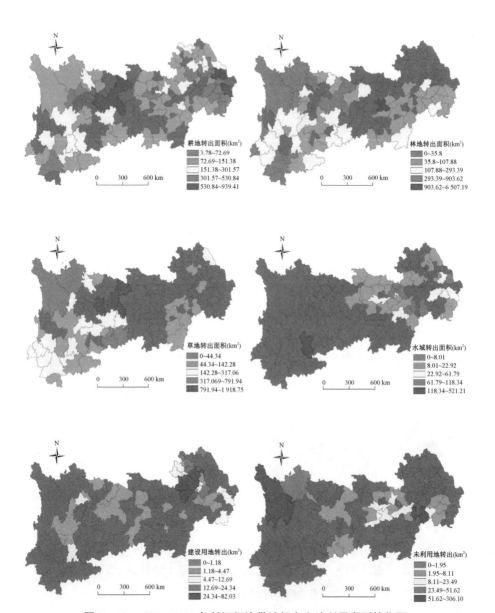

图 5 - 12　1990—2005 年长江经济带地级市土地利用类型转化图

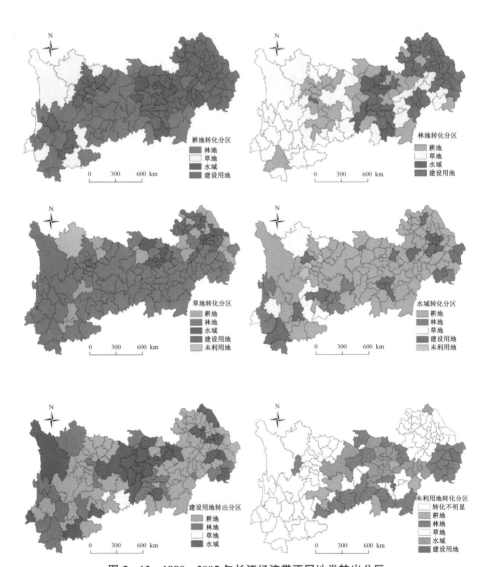

图 5 - 13 1990—2005 年长江经济带不同地类转出分区

注:本图彩图版请扫描本章末的二维码获得。

较少的格局,耕地发生转化的地类自西向东主要由草地、林地向建设用地过渡。其中发生转化面积最大的区域主要分布在长江经济带内长江干流上游的沿岸城市以及长江干流中下游城市,重点以成渝城市群、武汉城市群和长三角城市群转化最为突出。但是耕地转化后在长江经济带不同区域呈现差异性特点,长江经济带中东部区域的耕地重点转化为建设用地和少量的水域,中部区域的耕地转化面积较少,绝大部分耕地转化为林地,而西部耕地的转化在经济发达的四川盆地区域主要转化为建设用地,其余地区转化为草地和林地。

林地发生转化的面积在长江经济带空间分布呈现西多东少的格局,林地转化的地类由西到东逐渐呈现草地、耕地、建设用地的分布类型。林地转化面积在 107.88 km² 以上的区域主要分布在长江经济带的西部区域,岳阳市和绵阳市的林地转化面积在 903.62 km² 以上,重庆、甘孜藏族羌族自治州、雅安等城市的林地转化面积超过 500 km²。中东部的林地发生转化面积在 35.8 km² 左右。重庆—铜仁—黔东南以西的区域林地主要向草地转化,但是在四川盆地和长江上游经济区主要转化为耕地。长江经济带中部区域的长株潭城市群和武汉城市群主要转化为建设用地,其余大部分城市的林地转化为耕地,少量城市的林地转化为水域和草地。长江经济带的东部长三角城市群及其腹地区域的林地主要转化为建设用地。

草地转化为其他地类的面积在长江经济带的空间分布主要呈现重庆—铜仁—黔东南以西转化多,以东转化少的特征,但是草地转化类型在长江干流南北差异明显,而且东部地区转化的地类多样性高于西部地区。西部区域大部分的草地转化面积在 142.28 km² 以上,尤其是重庆、黔东南、黔南等城市草地转化突出。东部区域的草地转化面积在 44.34 km² 左右,盐城市较为特殊,转化的面积超过 142.28 km²。草地转化的类型在西部大部分城市为林地,个别城市转化为耕地和建设用地。长江经济带的中东部区域草地转化南北差异较大,长江以北武汉城市群以草地向水域、耕地、建设用地转化为主,长三角城市群大部分城市草地向耕地转化,部分城市向建设用地转化,也有部分城市向水域转化。长江以南的中东部区域草地全部向林地转化。

水域转化面积的空间分布主要在长江经济带中东部城市,水域转化的地类在东中西部主要以耕地为主,东部少部分为建设用地,在西部地区少部分为草地和林地。水域面积转化在上海、黄冈、上饶等个别地级市超过 118.34 km²,少部分地级市在 22.92 km² 左右,长江经济带的大部分城市水域转化面积在 8.01 km² 左右。

长江经济带的建设用地转出面积东部地区高于西部地区,建设用地主要向耕地和水域转化。建设用地转出面积超过 12.69 km² 的城市主要以江淮城市群为主,成都、昆明、温州、宁波、嘉兴等城市的建设用地转出在 12.69 km² 以内,其余长江经济带的城市建设用地转出的面积都在 1.18 km² 左右。建设用地转出的地类在长江经济带中东部地区以耕地和水域为主,其中建设用地转化为水域的地区主要在江苏的苏南及其苏北沿海地区,和武汉城市群周边的城市。长株潭城市群的建设用地主要向林地转化。西部地区的大部分地级市建设用地转向耕地,重庆、黔西、甘孜藏族羌族自治州等个别城市大部分建设用地转化为水域。

未利用地在土地利用类型中占比较少,发生转化的未利用地相对也较少,发生转化较多的城市零星地散落在长江经济带,大部分城市转化面积较少,转化的面积在 1.95 km² 左右。未利用地转化的地类在长江经济带东、中、西各自呈现不同特征,在东部主要转化为林地,主要分布在长江经济带的东南角。中部地区北部未利用地以转化为水域为主,南部以转化为林地为主。西部地区的未利用地主要转向草地。

(二)2005—2015 年长江经济带地级市各地类转化特征

图 5-14 和图 5-15 分别对 2005—2015 年长江经济带地级市不同地类转出面积的空间特征及不同地类转出的主要转化地类的空间分布格局进行分析。与 1990—2005 年的地类转化相比,后 10 年的不同地类转化面积在整个长江经济带区域范围内有所增加,耕地、林地、草地和未利用地的转化在中西部地区有所加强,水域和建设用地的转化变化主要在东部地区。

2005—2015 年长江经济带耕地转出面积表现出中西部高,东部较低的空间特征,耕地转出的地类在中西部主要以林地为主,东部以建设用地为主。耕

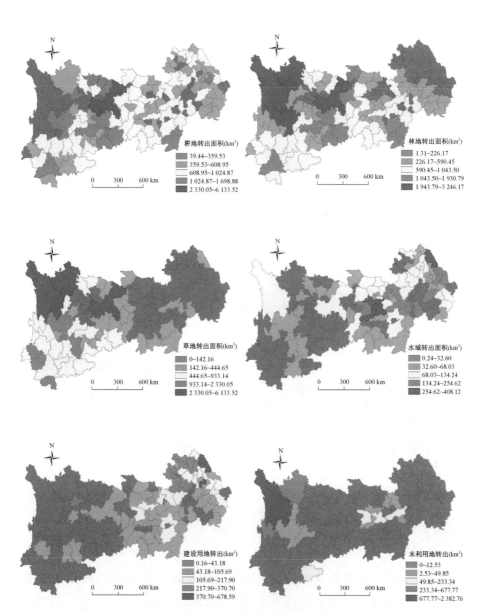

图 5‑14　2005—2015 年长江经济带地级市土地利用类型转化图

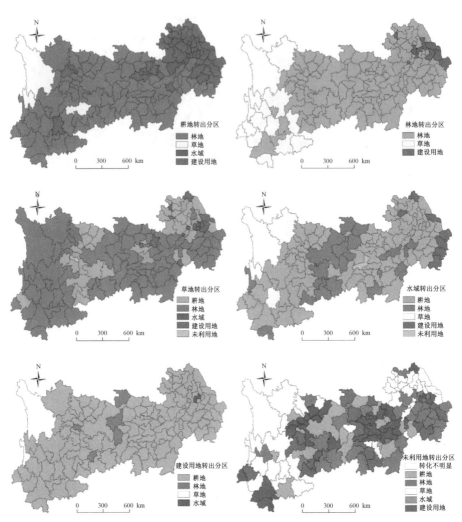

图 5-15 2005—2015 年长江经济带不同地类转出分区

注:本图彩图版请扫描本章末的二维码获得。

地转出面积在 1 024.87 km² 以上的区域主要分布在成渝城市群和遵义、毕节、凉山自治州、黔东南和黔南等地区,中东部大部分地级市的转化面积在 608.95 km² 左右,东部苏南地区和浙南地区的转出面积在 359.53 km² 以内。耕地转化为建设用地主要分布在江淮城市群、长三角城市群、武汉城市群和成渝城市群,耕地转化为草地主要分布在个别的西部城市,大部分的地级市耕地转化以转为林地为主。与图 5-12 中耕地转出面积进行对比,发现后 10 年的耕地转出面积的高值区域在空间上逐渐由东部向中西部转移,但是耕地转出的地类主要向耕地和林地集中。

林地 2005—2015 年转出面积空间特征类似于耕地,中西部的转化面积高于东部地区的转化面积,林地转化的主要地类为耕地和草地,并且在空间呈现集中片区分布特征。林地转出面积在 1043.5 km² 以上的区域主要分布在西部重庆、恩施、毕节、遵义、黔东南、黔南、赣州、吉安等地区,其余中西部的地级市林地转出面积在 590.45 km² 以上,东部地级市六安、安庆、池州、黄山、衢州、丽水、温州以东的区域林地转化面积均在 226.17 km² 以下。林地在 2005—2015 年主要转化地类为耕地和草地。与 1990—2005 年相比,长江经济带的中部地区林地转化面积有所上升,林地转化地类主要向耕地和草地集中。

草地在 2005—2015 年转出的面积在空间上呈现西高东低的格局,转出地类以耕地和林地占主导。西部地区的大部分城市林地转化面积大于 444.65 km²,主要分布在少数自治州和重庆,中东部的城市草地转出面积在 142.16 km² 左右。在西部地区草地大部分转向林地,在岷江流域的部分地级市,如宜宾、内江、自贡等,和长江上游沿江地级市主要转化为耕地,中部大部分地级市以转化为林地为主,东北部地区草地主要向耕地转化,少数地级市转为水域和建设用地。与 1990—2005 年相比,草地的转出面积和转出地类分区的空间格局基本维持不变,只有草地转向耕地的空间范围有所增加。

长江经济带水域转出面积主要分布在中东部地区,水域转化地类以耕地、林地为主。水域转出面积大于 254.62 km² 的区域主要分布在长江经济带东部沿海和武汉城市群,中部地区水域转出面积在 68.03 km² 左右,西部地区的城市大部分转出面积在 68.03 km² 以下。水域转出地类总体上以耕地和林地为主,但是在东部个别城市转化为建设用地,中西部转化为林地和草地。相比 1990—2005 年,水域在中东部的变化明显加剧,而且在长江经济带东北部水域面积变化较大,同时水域转化的地类中林地有所增加,主要分布在长江经济带的中部地区。

2005—2015 年长江经济带东部地区建设用地转出面积大于西部地区,建设用地主要转化为耕地。建设用地转化面积较大的区域主要分布在江淮城市群和苏北地区以及上海、苏州、成都等城市,其余地级市建设用地转出面积都低于 105.69 km^2。建设用地发生转化的地类以耕地占主导,仅有十堰、恩施、吉首、内江、贵阳等城市以转化为林地为主。甘孜藏族自治州以转化为草地为主。后 10 年建设用地面积变化同往年相比,苏北地区的建设用地有较多的转化为耕地。

未利用地转化面积相对减小,高值地区主要在长江经济带西北部的少数自治州,未利用地向耕地、林地、草地、水域和建设用地均有转化。2005—2015年未利用地转化的面积空间分布特征与 1990—2005 年差异不明显,但是未利用地的地类转化后十年的转化强度在增大,空间上未利用地转化的地类差异化明显。

通过以上对不同时间段不同地类转化的空间格局分析,可以发现耕地、林地、水域、建设用地的转出面积的空间分布均出现地域上的转变,草地和未利用地空间格局变化不明显。后 10 年耕地在中西部地区的占用逐渐超过东部地区,林地的开发利用程度在中部地区尤为突出,水域和建设用地的转化在中东部都在加强,草地在西部地区的利用强度在增强。但是不同地类转化主要向耕地、林地、建设用地三大地类转变。

彩图二维码

第六章 / 长江经济带经济一体化与土地利用变化响应分析

第一节 土地利用变化对经济一体化的响应特征

一、模型构建

(一)土地利用变化对经济一体化响应模型

通过长江经济带不同收敛系数的测算,发现长江经济带的经济收敛过程存在明显的阶段性,依据其变异系数的离散化表现差异,将经济一体化的阶段划分为一体化准备阶段(1990—2005年),一体化初级阶段(2005—2015年)。经济收敛性测算从长江经济带整体对经济一体化进行了测算,本书假设各个地级市与其余节点之间的平均经济联系强度反映各个地级市经济一体化的贡献度,采用1990年、2005年、2015年的地级市节点经济联系强度平均值来构建响应模型。土地利用变化在前文分析发现耕地、林地、建设用地的变化面积和空间格局演化都尤为突出,所以在本章中构建的响应模型主要考虑这三大地类。

有学者利用弧弹性公式构建响应指数来研究旅游景区建设与经济发展之间的响应关系[①],本书借鉴该方法来构建土地利用变化对经济一体化的响应指数模型,具体公式如下所示:

---

① 徐菁,黄震方,靳诚.景区建设对区域经济发展的响应格局演变——以江苏省为例[J].自然资源学报,2014,29(6):956-966.

$$R = \frac{(L_i^{t+T} - L_i^t)/(L_i^{t+T} + L_i^t)}{(G_{t+T} - G_t)/(G_{t+T} + G_t)} \qquad (6-1)$$

其中，L_i^{t+T}、L_i^t 分别为该城市 $t+T$、t 两个时间节点第 i 类地类的土地面积，在响应模型中土地利用地类只考虑耕地、林地、建设用地；G_{t+T} 和 G_t 分别为该城市 $t+T$、t 两个时间节点的经济联系强度；R 为响应指数。

(二) 空间变异函数模型

空间变异函数也称为半变异函数，是描述区域化变量随机性和结构性的基本手段，设区域化变量 $Z(x_i)$ 和 $Z(x_i+h)$ 分别是 $Z(x)$ 在空间位置 x_i 和 x_i+h 上的观测值（$i=1,2,\cdots,N(h)$），则空间变差函数可以表示为

$$\gamma(h) = \frac{1}{2N(h)} \sum_{i=1}^{N(h)} [Z(x_i) - Z(x_i+h)]^2 \qquad (6-2)$$

其中，$N(h)$ 是分隔距离为 h 的样本量。空间变异函数是在区域化变量满足平稳条件和本征假设的条件下定义的。数学上证明半变异函数时，空间自相关减弱。距离是方差图的最重要特征，此外，半变异函数具有方向向量特征，能够在空间上识别各向同性和各向异性。以 h 为横坐标，以 $r(h)$ 为纵坐标，可以绘制出空间变异函数的曲线图，如图 6-1 所示。图中 C_0 称为块金方差，表示区域化变量小于观测尺度时的非连续性变异，其值的大小反映了变化的幅度，值越大表示变化幅度越大；C_0+C 为基台值，表示半变异函数变量随着间距增加到一定尺度后出现的平稳值；C 为结构方差；σ 为变程（半变异函数达到基台值时的间距）。在变异理论中把变程视为空间相关的最大间距，也称为极限值。块金系数 $C_0/(C_0+C)$ 反映块金方差变化的这种程度，表征变差函数的第 4 个参数是分维数，其数值由变异函数 $\gamma(h)$ 和间隔距离 h 之间的关系来确定：

$$2\gamma(h) = h^{4-2D} \qquad (6-3)$$

公式中：D 为分维数，是双对数直线回归方程中的斜率，它是一个无量纲数。分维数 D 的大小，表示变异函数曲率，可以作为随机变异的度量。利用分维数分析，可以对不同变量之间的空间自相关的强度进行比较，其值越接近 2，

说明空间分布越均衡。理论上半变异函数是未知的，可以通过计算来拟合。常用的 $\gamma(h)$ 模型有线性模型、指数模型、球状模型、高斯模型、幂函数模型、抛物线模型等。

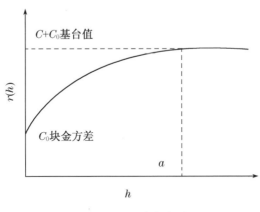

图 6-1　理论方差图

二、长江经济带土地利用变化对经济一体化响应特征

（一）长江经济带土地利用变化对经济一体化的总体响应

通过分析土地利用变化的空间变化特征发现耕地、林地、建设用地的变化特征比较突出，但是土地利用变化与经济一体化之间的关系需要进一步检验，主要针对这三类用地的响应关系进行讨论。经济一体化利用变异系数来衡量，土地利用变化用各类用地的面积来表示，分别对长江经济带 1990 年以来（1990—2015 年）土地利用面积和变异系数的分布进行检验，发现土地面积的对数值和变异系数均服从正态分布。同时，对耕地面积 A 与经济一体化 V 进行统计分析，耕地面积与一体化之间呈负指数关系，两者相关性系数达 0.573，R^2 为 0.33，说明耕地变化与经济一体化之间存在较强的相关关系，当一体化增强，变异系数不断减小时，耕地面积的相对增加。相关关系为

$$\text{Ln}A=-0.165V+4.262 \qquad (6-4)$$

同理，分别对林地（W）、建设用地（B）与经济一体化之间的相关关系进行

检验,检验关系为

$$LnW = 0.004V + 4.544 \qquad (6-5)$$

$$LnB = 1.973V + 0.273 \qquad (6-6)$$

林地和建设用地的变化与经济一体化呈现正相关,但是林地的显著性水平未通过检验,检验值为 0.92,林地 R^2 值仅有 0.02,表明林地的变化与经济一体化之间的关系不是简单的对数关系;建设用地面积变化与经济一体化的关系通过显著性检验,相关性系数为 0.55,R^2 值为 0.31,说明建设用地面积变化与经济一体化之间也存在较强的相关性,而且随着经济一体化趋势增强,变异系数值逐渐减小,建设用地也会相应减少。

(二) 长江经济带土地利用变化的响应指数特征

长江经济带区域整体的经济一体化与耕地、建设用地的变化存在相关性,但是每一个地级市在长江经济带中所处的地位和对经济一体化的贡献程度不同,对土地利用产生的影响也不同。因此通过公式(6-1),测算 1990—2005 年和 2005—2015 两个时间段地级市的经济一体化贡献度与不同土地类型的响应关系。

1990—2005 年耕地与经济一体化贡献度之间的平均响应指数为 -0.016,表明整体上长江经济带耕地与经济一体化呈负响应关系。16 个地级市的耕地响应指数为正响应,主要分布在长江经济带的西南和东南部,即西双版纳州、保山市、玉溪市、黔东南州、黔南州、赣州、上饶等,响应指数分别为 0.034、0.014、0.006、0.005、0.01、0.011、0.04[图 6-2(a)]。其余地级市的耕地响应均为负值,响应指数呈现中西部高于东部的格局。其中长江经济带东北部的苏北和淮北城市群响应指数高于苏锡常地区,长株潭城市群和鄱阳湖城市群响应指数高于武汉城市群的响应指数,成渝城市群以及贵州大部分地级市的响应指数高于少数民族自治州地区。

1990—2005 年建设用地的响应指数平均值为 0.132,表明长江经济带建设用地与经济一体化呈现正响应关系。响应指数最高的单元分布较为零散,主要有玉溪、黔南、恩施、马鞍山、昆明、无锡、芜湖、丽水等,响应指数分别为

1.108、0.96、0.921、0.846、0.867、0.703、0.843、0.824[图6-2(b)]。大部分
地级市响应指数介于0.068和0.544之间,在西部地区呈现集聚分布特征,中东
部以武汉城市群、环鄱阳湖城市群和长三角城市群的大部分地级市为主。但是,
分布在中东部的30个地级市的建设用地与经济一体化呈负响应关系(表6-1)。

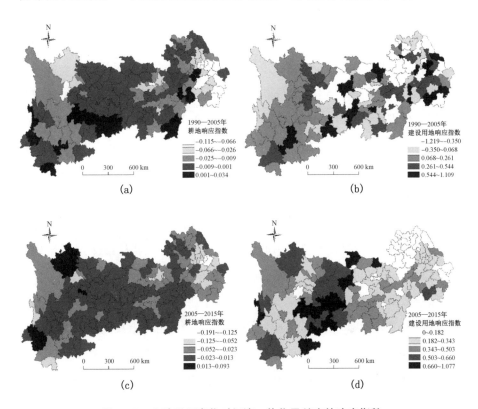

图6-2　土地利用变化对经济一体化贡献度的响应指数

表6-1　1990—2005年建设用地负响应指数城市

地级市	R	地级市	R	地级市	R	地级市	R	地级市	R
永州	−0.035	益阳	−0.046	上饶	−0.067	徐州	−0.084	扬州	−0.102
金华	−0.107	南京	−0.118	株洲	−0.218	池州	−0.319	荆州	−0.351
常德	−0.431	盐城	−0.444	宣城	−0.477	镇江	−0.478	蚌埠	−0.483
嘉兴	−0.496	合肥	−0.524	宿州	−0.567	宜春	−0.582	上海	−0.593
黄冈	−0.630	淮安	−0.640	吉首	−0.649	温州	−0.651	吉安	−0.841
六安	−0.859	阜阳	−0.929	安庆	−0.964	重庆	−0.973	襄阳	−1.219

2005—2015 年耕地平均响应指数为－0.025，较 1990—2005 年时段有所下降。最高值单元主要在长江经济带的西部，且最高值为正值，即保山市、阿坝藏族自治州、自贡市、临沧市、红河州，响应指数分别为 0.093、0.088、0.087、0.041、0.013[图 6 - 2(c)]。其余地区的耕地响应指数均为负值，较高响应值在空间上主要分布在长江经济带西部和长株潭城市群及其周边城市。较 1990—2005 年时段，耕地响应的高值地区由东向西在推进，而且东部地区长三角城市群城市的响应指数在下降，城市群城市的响应指数低于外围城市响应指数。2005—2015 年，常州市、南京市、上海市、无锡市、苏州市的响应指数最低，分别为－0.081、－0.086、－0.09、－0.125、－0.191。中部武汉城市群和长株潭城市群响应指数低于外围城市。耕地响应指数空间格局在2005—2015 年时段基本形成以城市群为核心的圈层结构。

2005—2015 年建设用地响应指数为 0.363，较 1990—2005 年时段明显增加，且这一时段的建设用地响应指数全部为正值。说明长江经济带整体经济单元在经济一体化过程中建设用地呈现增长的趋势。响应指数在 0.503 以上的高值单元在空间上呈集聚分布态势，主要在长江经济带的西部地区，其中昭通市、毕节市、十堰市、恩施市、兴义市是最高的五个城市，响应指数分别为1.076、0.902、0.864、0.842、0.838[图 6 - 2(d)]。响应指数低于 0.343 的较低值区域主要分布在长江经济带中东部地区，尤其蚌埠、滁州、盐城、亳州、宿州、阜阳等城市的响应指数低于 0.1，响应指数分别为 0.09、0.088、0.088、0.061、0.06、0.056。

（三）长江经济带土地利用变化响应的空间机理

利用空间变异函数进一步分析土地利用变化对经济一体化响应指数空间格局演变的过程。空间变异函数的地理变量分别采用耕地与经济一体化贡献度、建设用地与经济一体化贡献度之间的响应指数来赋值，并赋值于各市域单元的空间中心点，分别计算实验变异函数。同时，对样本点数据运用高斯模型、线性模型、指数模型和球体模型等进行拟合，选取拟合度最高的模型进行估计，并计算各个方向上的分维数，然后对其进行 Kriging 插值。模型拟合结果和方差异向图如表 6-2 和图 6-3 至图 6-6。

表 6-2　长江经济带土地利用变化响应指数变差函数拟合参数

维度	时段 （年）	变程 m	块金值 C_0	基台值 C_0+C	块金系数 $C_0/(C_0+C)$	拟合模型	决定系数 R^2
耕地	1990—2005	404 000	2.880	5.761	0.333	Spherical	0.584
	2005—2015	22 000	0.01	8.51	0.001	Exponential	0.012
建设用地	1990—2005	64 000	292	1 370	0.176	Exponential	0.470
	2005—2015	609 000	65	613.2	0.096	Exponential	0.918

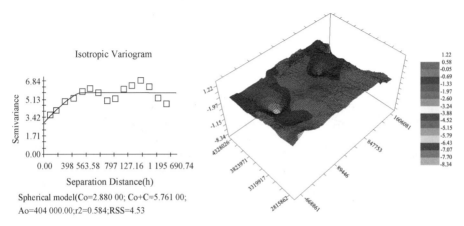

Isotropic Variogram

Spherical model(Co=2.880 00; Co+C=5.761 00;
Ao=404 000.00;r2=0.584;RSS=4.53

图 6-3　1990—2005 年耕地半变异函数拟合及异向方差图

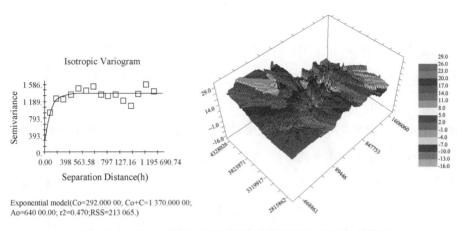

Isotropic Variogram

Exponential model(Co=292.000 00; Co+C=1 370.000 00;
Ao=640 00.00; r2=0.470;RSS=213 065.)

图 6-4　1990—2005 年建设用地变异函数拟合及异向方差图

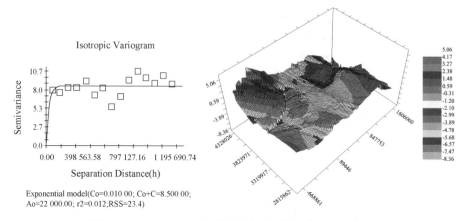

图6‐5　2005—2015年耕地半变异函数拟合及异向方差图

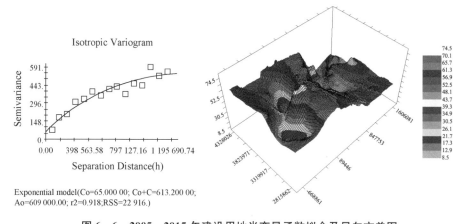

图6‐6　2005—2015年建设用地半变异函数拟合及异向方差图

　　表6‐2中耕地、建设用地与经济一体化贡献度响应指数的变异函数拟合参数结果显示,两个时段对比下耕地的块金值和块金系数大幅度减少,说明1990—2015年耕地面积变化对经济一体化的响应的空间差异在迅速缩小,耕地面积发生变化对经济一体化响应变异的随机成分在下降,而由空间相关引起的指数结构化分异越来越显著。建设用地响应指数变差函数的块金系数在下降,表明区域建设用地响应指数的空间差异在减少,响应指数空间变异的随机成分在2005—2015年有所减少,由空间自相关所引起的建设用地响应指数空间分异在不断增大。从变程参数来看,耕地响应指数的变程参数在第二时

段有所下降,说明区域耕地响应指数的结构化空间分异所引起的空间关联作用的范围有所缩减,说明耕地面积的变化并没有随着一体化范围的扩展而扩展。建设用地响应指数的变程参数上升明显,说明建设用地面积变化对经济一体化响应的空间关联效应的作用区间扩大明显,城市之间经济一体化过程中建设用地面积变化的相互作用不断增强。从拟合模型来看,除了1990—2005年耕地响应指数的拟合模型为球体模型外,其余均为指数模型,表明耕地与建设用地对经济一体化响应的空间格局具有较好的连续性。

　　土地利用变化响应的异向方差拟合图从三维角度直观地反映了土地利用变化响应指数的空间格局的演变过程、分布形态和内在结构,图6-3和图6-5是耕地对经济一体化贡献度响应的异方差拟合分布图,可以发现1990—2005年耕地响应指数分别在苏州、雅安、西双版纳州形成低、高值极点,并形成以极值为中心的扩散结构;2005—2015年耕地响应指数的空间分布没有明显的极值点,形成由西北部向东部递减的阶梯状格局。图6-4和图6-6是建设用地对经济一体化响应指数的异向方差拟合图,1990—2005年空间上形成西高东低的差异性格局,极核主要分布在西北部,次级核心值形成条状分布在东、中部,形成以极高值为中心,次极值为带状的点轴扩散格局;2005—2015年极核数目增多,主要呈现出以昭通、毕节、十堰、恩施为核心向外扩散,极核主要分布在西部地区,长江经济带的西部地区响应程度高于东部。

　　综合来看土地利用变化响应的空间演化格局不仅受到自身结构性因素的影响,并且也受到空间自相关性因素的随机影响,说明土地利用变化对经济一体化的响应存在较强的空间关联性特征。

第二节　经济一体化与土地利用变化空间关联特征

一、双变量 LISA 模型构建

　　全局空间自相关往往用在对一个区域经济发展空间格局整体水平的测度,局部空间自相关很好地反映了区域内部局部的空间异质性特征。在研究经济收敛性时仅仅考虑了单变量的空间自相关特征,但是双变量的 LISA 模型能够更好地揭示两个地理属性变量在空间上的关联特征和依赖特征。双变量空间自相关模型是由 Anselin[①] 提出,并定义了双变量全局空间自相关和局部空间自相关的公式。具体的双变量全局空间自相关公式为

$$I = \frac{\sum\limits_{i=1}^{n} \sum\limits_{j=1}^{n} W_{ij}(x_i - \bar{x})(y_i - \bar{y})}{S^2 \sum\limits_{i=1}^{n} \sum\limits_{j=1}^{n} W_{ij}} \quad (6-7)$$

公式中:$\bar{x} = \frac{1}{n} \sum x_i$;$\bar{y} = \frac{1}{n} \sum y_i$;$S^2 = \frac{1}{n} \sum (x_i - \bar{x})(y_j - \bar{y})$;$x_i$ 和 y_i 为空间单元 i, j 的不同地理属性值;n 为地理单元数量;W_{ij} 为空间权重矩阵,本书采用邻近标准。

双变量局部空间自相关公式为

$$I_i = Z_i \sum_{j=1}^{n} W_{ij} Z_j \quad (6-8)$$

式中:Z_i 和 Z_j 为空间单元 i, j 的地理属性值的方差标准化值,其中 Z_i 为自变量的方差标准化值,Z_j 为因变量的方差标准化值;W_{ij} 为空间权重矩阵,书中均采用邻近标准;$\sum W_{ij} z_j$ 为空间单元 j 的因变量的空间滞后向量。

从上述公式中可以看出双变量的空间自相关在描述两个变量在不同区域中的空间关联特征时具有很强的优势。双变量全局空间自相关的 Moran's I 指数表示空间单元 i 的自变量和空间单元 j 的因变量的总体空间关联性特征;双变量局部空间自相关表示空间单元 i 的自变量和空间单元 j 的因变量之间的区域内部的关联性;双变量局部空间自相关性也可以划分为 HH、LL、HL、LH 四种类型,其中 HH 类型表示空间单元 i 的自变量和空间单元 j 的因变量都属于高值区域,LL 类型表示空间单元 i 的自变量和空间单元 j 的因变量都属于低值区域,HL 类型表示空间单元 i 的自变量值较高,而空间单元 j 的因变量值较低,LH 类型表示表示空间单元 i 的自变量值较低,而空间单

---

① Anselin L. Local indicators of spatial association-LISA[J]. Geographical Analysis, 1995, 27 (2): 93 - 115.

元 j 的因变量值较高。同时，HH 型和 LL 型集聚类型在空间上空间单元 i 的自变量和空间单元 j 的因变量呈现正相关关系，HL 型和 LH 型集聚类型表示空间单元 i 的自变量和空间单元 j 的因变量在空间上呈现负相关关系。

二、空间关联特征

(一) 全局双变量空间关联

双变量空间关联性分析可以通过变量之间的全局 Moran's I 指数和局部 LISA 聚类图来综合考虑两个变量之间的空间关联特征。其中，双变量全局 Moran's I 指数可以从总体上衡量两个变量之间的空间自相关关系，双变量的局部 LISA 聚类图反映两个变量在空间分布上的局部自相关性，体现变量之间的空间异质性特征。本研究首先从耕地与建设用地面积绝对量与经济一体化贡献度、耕地与建设用地面积相对变化量与经济一体化贡献度两个方面来分析耕地、建设用地与经济一体化贡献度之间的空间自相关性。

表 6-3 分别对 1990 年、2005 年和 2015 年三个年份长江经济带耕地、建设用地面积和经济一体化贡献度的全局 Moran's I 进行统计分析，从表中可以看出耕地与经济一体化贡献度之间的 Moran's I 指数全部负自相关，三个年份的耕地与经济一体化贡献度自相关系数分别为 -0.017、-0.055 和 -0.074，且 2005 年和 2015 年的自相关性通过了 1% 水平下的显著性检验。表明 2005 年以后经济一体化贡献度的提高降低了对耕地的依赖，总体上经济一体化对耕地保护起到的促进作用在加强。1990—2015 年耕地 Moran's I 逐步在下降，表明耕地面积与经济一体化贡献度之间的负相关性在下降。建设用地与经济一体化贡献度之间的 Moran's I 指数全部为正，表明建设用地与经济一体化贡献度具有较强的正空间自相关性，三个年份的自相关性系数分别为 0.098、0.156 和 0.206，且均通过了 1% 水平下的显著性检验。总体而言建设用地与经济一体化贡献度的空间自相关性系数逐渐增大，表明建设用地与经济一体化贡献度之间的空间关联性在增强。

表 6-3 不同土地地类与经济一体化贡献度的空间关联性

年份	地类	Moran's I	P 值	Z 统计	标准差
1990	耕地	−0.017	0.360	−0.414	0.029
	建设用地	0.098	0.003	3.358	0.030
2005	耕地	−0.055	0.013	−1.949	0.028
	建设用地	0.156	0.001	5.316	0.029
2015	耕地	−0.074	0.003	−2.633	0.027
	建设用地	0.206	0.001	6.168	0.034

三个时间截面的绝对量分析不能反映耕地、建设用地的动态变化与经济一体化的响应关系,因此以经济一体化的不同阶段作为研究的两个时段,分别以两个时段的耕地占用面积(耕地转出为其他用地)、建设用地年均变化率与经济一体化贡献度年均增长率作为相对变量建立全局双变量空间关联性分析。从表 6-4 可以看出 1990—2005 年耕地占用面积与经济一体化贡献度增长率之间的 Moran's I 指数显著为正,说明耕地面积占用与经济一体化贡献度年均增长率存在较强的正空间关联性,2005—2015 年耕地占用面积与经济一体化贡献度年均增长率之间的 Moran's I 降低为−0.062,表明在经济一体化过程与耕地占用面积的空间关联性在下降。建设用地年均变化率与经济一体化贡献度年均增长率之间的 Moran's I 指数在两个时段均为负值,其值分别为−0.058 和−0.030,两个时段都通过了 1% 水平的显著性检验,表明建设用地增加与经济一体化之间存在较强的负空间关联性特征。

表 6-4 不同时段土地地类与经济一体化贡献度空间关联

时段	地类	Moran's I	P 值	Z 统计	标准差
1990—2005	耕地	0.019	0.247	0.694	0.029
	建设用地	−0.058	0.018	−2.138	0.027
2005—2015	耕地	−0.062	0.033	−2.017	0.029
	建设用地	−0.030	0.151	−1.035	0.029

（二）局部双变量 LISA 聚类

全局双变量的 Moran's I 指数只能描述变量之间总体上的空间关联性及其变化，但是不能揭示局部区域内两个变量之间的空间相关性。进一步对双变量构建 LISA 聚类图，并对其显著性进行检验（图 6‐7 和图 6‐8）。为了揭示不同地理单元的土地利用对经济一体化的响应关系，局部双变量聚类分析以耕地占用面积、建设用地年均增长率和经济一体化贡献度年均增长率来测算双变量 LISA 模型。

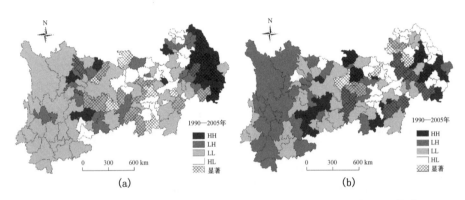

图 6‐7　1990—2005 年耕地及建设用地与经济一体化贡献度的 LISA 聚类

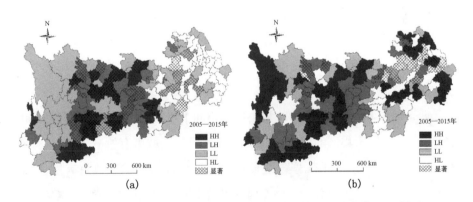

图 6‐8　2005—2015 年耕地及建设用地与经济一体化贡献度的 LISA 聚类

从耕地占用面积与经济一体化贡献度增长率呈现相关性的城市分布来看，1990—2005 年，两者之间呈现正相关的城市占主导［图 6‐7(a)］。其中，呈现高高正相关（HH 聚集区）的城市主要集中在长江经济带的东部长三角城市群及其周边地区，长三角城市群的城市尤为显著，表明长三角城市群城市经济一体化贡献度高的城市与耕地占用面积高的城市具有一致的空间集聚性。低低正相关（LL 聚集区）区域主要集中分布在长江经济带的西部，在中东部地区零星也有分布。虽然大部分的低低聚集区分布在西部，但是都不显著，说明在西部耕地占用与经济一体化贡献度之间的空间关联性比较弱。高低集聚区（HL 聚集区）主要集中分布在江苏北部、武汉城市群及周边地区、长株潭城市群，但是检验结果并不显著，仅有零星分布的城市，十堰、广安、遵义、郴州、岳阳、南昌等较为显著。低高聚集区（LH 聚集区）分布空间格局与高高聚集区类似，但是呈现零星分布格局，主要也是在长江经济带的东部和西部地区，而且大部分城市不显著。2005—2015 年两者之间呈现负相关的城市占主导［图 6 - 8(a)］。高高聚集区分布较为零散，主要在成都、重庆、南充、襄阳、贵阳、毕节、安顺等城市，而且都通过显著性检验，说明经济一体化贡献度高聚集区与耕地占用面积高聚集区在空间上具有较强的关联性。低低聚集区在长江经济带的中部和西部均有分布，西部聚集分布的城市不显著，中部个别城市较为显著。负相关聚集区在空间上分布差异较为明显，LH 聚集区主要围绕重庆、长株潭城市群、黔中城市群呈现"三角形"分布格局，大部分城市空间关联性显著，说明经济一体化贡献度低的空间聚集单元与耕地面积占用高的空间聚集单元具有较强的空间关联性。HL 聚集区集中分布在东部地区，个别城市较为显著，说明在东部地区高经济一体化贡献度与低耕地面积占用在空间上的关联性较弱。

两个时段相对比发现，HH 聚集区在空间上有由东部跃迁至西部地区的趋势，而且 HH 聚集区的城市始终显著，LL 聚集区城市有所减少，空间分布格局呈现破碎化分布，LH 聚集区域和 HL 聚集区域的城市数目有所增加，LH 聚集区由东部零散分布发展至西部以城市群为顶点的"三角形"聚集分布格局，其中分布城市的显著性有所提升，HL 聚集区的集聚性也明显增强，主要呈现由零散分布转变为集聚分布的态势，在空间上主要向长三角城市群地区转移，对比图 6 - 7(a)和图 6 - 8(a)可以发现 2005—2015 年的 HL 聚集区域取代了 1990—2005 年的 HH 聚集区域,尽管 HL 区域表现出较弱的空间关联性,但是也说明在经济一体化进程中各个地级市在经济一体化贡献度提高的同时,长三角地区耕地占用面积相对在减小。

从建设用地面积年均增长率与经济一体化贡献度年均增长率之间的空间关联性特征空间分布格局来看,1990—2005 年和 2005—2015 年两个时段两者之间关系都是呈现负相关的城市占主导[图 6-7(b)、6-8(b)]。1990—2005 年呈现高高正相关(HH 聚集区)的城市主要零星地分布在长三角城市群和黔中城市群的部分城市,以及个别零星分布的城市,其中显著的城市仅有十堰、宜昌、杭州。说明建设用地增加快的集聚区与经济一体化贡献度增高的聚集区大部分城市空间关联性较弱,仅有显著的这几个城市具有较强的空间关联性。低低正相关(LL 聚集区)的城市分布空间格局比较分散,整个长江经济带区域内都有零星的分布,但是大部分城市都不显著,个别的城市如张家界、常德、蚌埠、亳州较为显著。说明建设用地面积增长率低的城市空间分布与经济一体化贡献度增长率较低的城市空间分布空间关联性不强。高低聚集区(HL)主要分布在苏南和苏北的部分城市、浙中,以及鄂湘赣三省毗邻地区,其中以武汉城市群、长株潭城市群和鄱阳湖城市群的部分城市为主。低高聚集区(LH)都集中分布在长江经济带西部的少数民族地区和西部三个城市群周边地区,但是这些城市都不显著,显著的低高聚集区主要在六安、安庆、池州、黄山、衢州、丽水一带,说明两者之间的负相关关系较强。

2005—2015 年两者之间的空间分布集聚程度进一步增强,建设用地面积增长与经济一体化贡献度增加之间正相关的 HH 聚集区和 LL 聚集区的空间分布分散程度进一步增强,但是负相关的 HL 聚集区城市和 LH 聚集区的城市主导地位提升,城市的空间分布趋于集中[图 6-8(b)]。HH 聚集区主要显著的城市分布在苏锡常地区、成都、咸宁,其余城市的建设用地面积增长与经济一体化贡献度提高之间的空间关联性比较弱。LL 聚集区分布更加趋于分散化,显著的城市数量仅有黄冈和黄山。HL 聚集区主要分布在长株潭城市群、长三角城市群、武汉以及西部个别城市,而且长三角城市群的城市都较为显著,说明经济一体化贡献度高的空间聚集区与建设用地增长率低的空间聚集区在空间上关联性较强,分布一致性较高。LH聚集区主要集中分布在成渝城市群、黔中城市群和滇中城市群周边,较为显著的城市主要是绵阳、巴中、自贡、孝感、宿州。

对比两个时段的建设用地面积增加与经济一体化贡献度增加的空间关联性关系发现:第一,高一体化高建设用地增加(HH)的空间聚集区在增加,虽然大部分不显著,说明这种空间聚集的相关性比较弱,但是较1990—2005年聚集区的数量有增加的趋势,而且空间分布格局由分散趋于城市群为主导的集中分布;第二,高一体化低建设用地增加区域(HL)的空间分布范围趋于集中,显著性明显提升,说明经济一体化贡献高的城市空间分布与建设用地面积增加少的区域空间分布关联性较强;第三,低经济一体化高建设用地增加区域(LH)聚集区增加尤为明显,空间分布上呈现从东部向西部转变的趋势,分布格局上由分散分布向集中分布发展,初步形成了以成渝城市群、黔中城市群、滇中城市群为核心的分布区域。

第三节　经济一体化与土地利用变化耦合协调格局演化

一、协调耦合关系评价

"耦合"是物理学概念,指两个或两个以上系统或运动形式通过各种相互作用而彼此影响的现象[1]。从协同学来看,系统由无序走向有序的关键在于系统内部参量之间的协调作用,耦合度正是对这种协同作用的度量[2]。经济一体化发展对土地资源利用产生协调作用,土地资源支撑社会经济发展,保障经济一体化顺利推进,二者相互影响相互作用,构成彼此耦合的交互体。本书构建耦合度模型、协调度模型和同步发展指数来综合反映经济一体化与土地

① 马丽,金凤君,刘毅.中国经济与环境污染耦合度格局及工业结构解析[J].地理学报,2012,67(10):1299-1307.

② 刘承良,段德忠,余瑞林,等.武汉城市圈社会经济与资源环境系统耦合作用的时空结构[J].中国人口·资源与环境,2014,24(5):145-152.

利用变化之间的协同关系。学者参照耦合概念的物理学意义，借鉴容量耦合概念和容量耦合系数模型构建耦合度计算模型[1][2]。系统之间的离散化程度可以度量系统间的耦合程度，而变异系数是反映离散化程度的有效指标。在变异系数模型基础上构建耦合度模型可以较好地评价系统间耦合关系[3]。其耦合度模型为

$$C = \left\{ \frac{L(x)G_i(y)}{\left[\dfrac{L(x)+G_i(y)}{2} \right]^2} \right\}^k \tag{6-9}$$

式中，$L(x)$ 和 $G_i(y)$ 分别表示土地利用类型面积变化和经济一体化贡献度年均变化率的标准化值。本书中 $L(x)$ 分别表示耕地占用面积和建设用地年均增长率；C 为耦合度；k 为调节系数，取值范围为 2~5，本书借鉴以往研究的经验值取 4。

耦合度模型用于衡量系统之间的相互依赖、协调和促进的动态关联关系。耦合度 C 值可以判断系统之间耦合作用强度及时序区间，C 值越大，表明系统之间越接近共振耦合，复合系统趋向新的有序方向发展。

耦合度无法识别系统之间的匹配层次，系统间耦合度高不一定协调，两者协调但相互依存性不一定强，需要进一步构建协调度模型反映系统耦合的协调程度。具体公式如下：

$$R = \sqrt{C \times (\alpha L(x) + \beta G_i(y))} \tag{6-10}$$

式中，R 表示协调度；α 和 β 为待定系数，由于经济一体化提高会使得土地资源合理分配，能够优化国土空间格局，所以权系数设为 0.6 和 0.4 的耦合协调度指数。C 和 R 值分别介于 0~1。

为了更好地划分土地利用对经济一体化参与度耦合协调的类型，本书以

①　孙东琪,张京祥,张明斗,等.长江三角洲城市化效率与经济发展水平的耦合关系[J].地理科学进展,2013,32(7):1060-1071.

②　张明斗,莫冬燕.城市土地利用效益与城市化的耦合协调性分析——以东北三省34个地级市为例[J].资源科学,2014,36(1):8-16.

③　关伟,许淑婷.辽宁省能源效率与产业结构的空间特征及耦合关系[J].地理学报,2014,69(4):520-530.

耦合度 C 为横轴,以协调度 R 为纵轴,建立耦合度和协调度坐标系。同时,根据中值分段法对耦合度 C 和协调度 R 进行划分(表 6-5)。

表 6-5　耦合与协调阶段类型划分标准

耦合度	耦合阶段	协调度	协调阶段	综合阶段
$0 \leqslant C \leqslant 0.3$	分离阶段	$0 \leqslant R \leqslant 0.3$	低度协调阶段	低协调分离阶段
$0.3 < C \leqslant 0.5$	拮抗阶段	$0.3 < R \leqslant 0.5$	中度协调阶段	中协调拮抗阶段
$0.5 < C \leqslant 0.8$	磨合阶段	$0.5 < R \leqslant 0.8$	高度协调阶段	高协调磨合阶段
$0.8 < C \leqslant 1$	耦合阶段	$0.8 < R \leqslant 1$	极度协调阶段	及协调耦合阶段

二、耦合度空间特征

耕地占用面积与经济一体化贡献度增长率耦合方面,从总体上看,1990—2005 年和 2005—2015 年耕地占用面积与经济一体化贡献度耦合的均值分别为 0.404 和 0.346,整体上处于拮抗水平。从城市占比来看,1990—2005 年耕地占用面积与经济一体化贡献度耦合度处于分离水平的城市有 67 个,占总体水平的 52%,处于拮抗水平的城市有 17 个,占总体水平的 13%,磨合阶段和耦合阶段的城市分别有 12 个和 34 个,分别占总体水平的 9% 和 26%;2005—2015 年处于分离水平的城市增加至 77 个,所占比例提高至 59%,处于拮抗水平的城市下降至 15 个,磨合阶段的城市增加到 15 个,耦合阶段的城市下降至 23 个,所占的比例分别为 12%、12% 和 18%。两个时段内的每个城市的耦合度来看,大部分处于分离水平,耕地占用面积与经济一体化贡献度耦合度向分离和磨合水平转变,表明经济一体化贡献度的提高与耕地占用面积之间的相互依赖关系在逐渐地降低。

从空间格局来看[图 6-9(a)(c)],耕地占用面积与经济一体化贡献度高度耦合(耦合度在 0.8 以上)的城市 1990—2005 年主要分布在长三角城市群、武汉城市群、四川盆地、滇中城市群等地区,2005—2015 年高度耦合的城市分布在空间上由长江经济带的东部向中西部转移,尤其在黔中城市群和湘黔两省毗邻的区域耦合度大幅度提高;处于磨合阶段的城市(耦合度在 0.5~0.8)

1990—2005 年分布较为分散,长江经济带的整个区域内均有分布,主要在宁波、衢州、淮安、宜春、常德、雅安、达州等城市,2005—2015 年磨合阶段的城市数目略有增加,在空间上分布稍显集中,中西部城市占主导,上海、苏州、盐城、滁州等东部城市也由高度耦合转变为磨合水平;拮抗阶段(耦合度在 0.3~0.5)的城市 1990—2005 年主要在长江沿线两侧分布,上海、苏州、盐城、宜宾、黔南州的耦合度指数均达到 0.5,处于较高的拮抗水平,2005—2015 年处于拮抗水平的城市空间格局更为分散,但是大部分的城市零星地分布在长江经济带的中西部地区;耕地占用面积与一体化贡献度耦合处于分离阶段(耦合度在 0.3 以下)的城市 1990—2005 年主要集中分布在中部地区,2005—2015 年分离阶段的城市集中在东部,说明经济一体化处于较低水平时对耕地占用较少,两者之间的关联性不密切,处于分离水平,而当一体化水平进一步提高时,占用耕地与经济一体化之间的依赖程度下降。

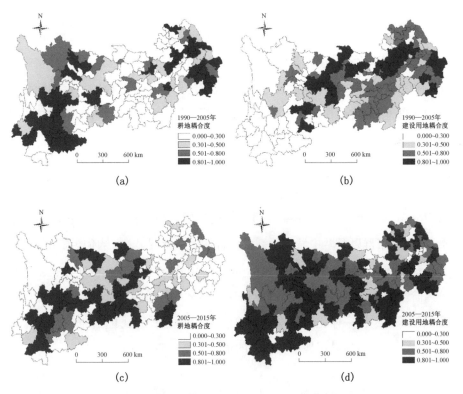

图 6-9　耕地及建设用地与经济一体化耦合度的空间格局

建设用地面积增长率与经济一体化贡献度增长率耦合方面,从总体上看,1990—2005年和2005—2015年建设用地面积增长率与经济一体化贡献度增长率耦合的均值分别为0.497和0.713,整体上从拮抗阶段上升到磨合阶段。从城市占比来看,1990—2005年建设用地面积增长率与经济一体化贡献度增长率耦合度处于分离水平的城市有38个,占总体水平的29%,处于拮抗水平的城市有28个,占总体水平的22%,磨合阶段和耦合阶段的城市分别有43个和21个,分别占总体水平的33%和16%;2005—2015年处于分离水平的城市减少至15个,所占比例下降至12%,处于拮抗水平的城市减少至16个,磨合阶段的城市减少到31个,耦合阶段的城市增加至68个,所占的比例分别为12%,24%和52%。虽然整体平均水平来看建设用地面积增长率与经济一体化贡献度增长率之间处于磨合阶段,但是单个城市的占比中2005—2015年较1990—2005年耦合阶段的城市占比增加了2倍多,说明大部分的城市建设用地面积增加与经济一体化贡献度提高之间的关系在增强。

从空间分布格局来看[图6-9(b)(d)],1990—2005年建设用地面积增长率与经济一体化贡献度增长率高度耦合阶段的城市主要分布在长江经济带东北部和个别西部城市,处于磨合阶段的城市与处于拮抗阶段的城市相间分布在中东部地区,集聚在长株潭城市群、长三角城市群部分城市;处于拮抗阶段的城市分布在浙西、赣东南、湘西、成渝地区,处于分离阶段的城市主要分布在西部地区,以集聚分布在滇中城市群和黔中城市群周边城市为主。2005—2015年空间格局上以处于磨合阶段和耦合阶段的城市为主,其中高度耦合的城市分布范围明显扩展,在中西部的集聚程度有所提高,特别是在成渝城市群、滇中城市群以及黔中城市群高度耦合城市集聚明显;磨合阶段城市的空间分布范围向长江经济带西部扩展,空间上连片分布趋势加剧;处于拮抗阶段和分离阶段的城市空间分布范围急剧缩小,零星地分布在东部地区。建设用地面积增长与经济一体化贡献度增加的耦合度空间格局表明整个长江经济带区域经济一体化与建设用地增长之间的依赖关系在明显加强。

三、协调度空间特征

耕地占用面积与经济一体化贡献度增长率协调方面，总体上看 1990—2005 年和 2005—2015 年两个时段协调度的平均值分别为 0.248 和 0.221，长江经济带耕地占用与经济一体化贡献度增长率之间处于低度协调水平，而且略有下降。从空间分布格局来看[图 6 - 10(a)(c)]，1990—2005 年处于高度协调(协调度在 0.5～0.8)的城市主要分布在长三角城市群、武汉、南昌和成都，占整个长江经济带的 15%，协调度最高的三个城市分别为宁波(0.69)、合肥(0.68)、杭州(0.67)；处于中度协调(协调度在 0.3～0.5)的城市空间分布格局较为分散，主要集中在苏南、成渝城市群、滇中城市群；处于中度协调阶段的城市占整个长江经济带的 21%，排名前四的城市分别为仙桃(0.49)、南通(0.48)、绵阳(0.48)；处于低度协调的城市(协调度在 0～0.3)占 64%，主要分

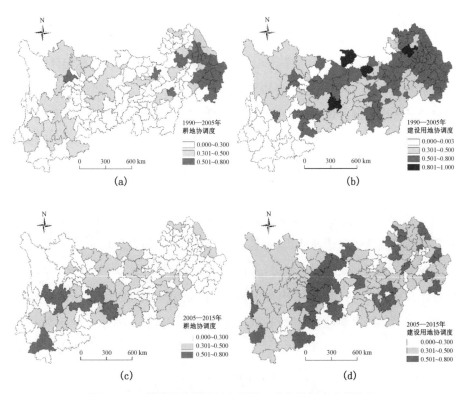

图 6 - 10　耕地及建设用地与经济一体化协调度空间格局

布在中西部的大部分城市和苏北、皖北地区。2005—2015 年,耕地占用面积
与经济一体化贡献度增长率之间高度协调区域有所减少,仅占长江经济带的
4%,主要是遵义(0.52)、毕节(0.55)、普洱(0.55)、凉山州(0.58)和黔东南州
(0.56);处于中度协调的城市比例有所增加,占整体区域的 26%,空间分布由
分散向集中分布扩展,主要集中在成渝城市群、滇中城市群、黔中城市群、鄂
北、赣南、湘西等区域,上海(0.33)、苏州(0.44)、盐城(0.36)也属于中度协调
阶段;其余长江经济带 70% 的城市耕地占用面积与经济一体化贡献度增长率
的协调度均处于低度协调阶段,空间上分布较为集中,连片分布在长江经济带
中东部地区和散落在西部地区。

综合来看耕地占用面积与经济一体化贡献度协调水平在下降,长江经济
带长三角城市群由高度协调向低度协调演化,黔中城市群、赣南、湘西、鄂北地
区城市协调度从低度协调向中度协调演化。协调度与耦合度的空间演化格局
具有一定的规律性,处于低度协调阶段和处于分离阶段的空间范围大体相似。
中高度协调阶段的区域也是磨合阶段和耦合阶段分布的区域。

建设用地面积增长率与经济一体化贡献度增长率协调方面,从总体来看,
1990—2005 年和 2005—2015 年协调度的平均值分别为 0.47 和 0.41,两个时
段均处于中度协调阶段,协调水平略有降低。从空间分布演化格局来看[图
6-10(b)(d)],1990—2005 年极度协调地区只有 5 个,分别为滁州(0.85)、十
堰(0.82)、铜仁(0.81)、荆门(0.81)、宜昌(0.8);高度协调区域(61 个)占长江
经济带的 47%,空间分布较为集中,主要在长三角城市群、武汉城市群、长株
潭城市群、重庆周边区域以及黔中城市群;中度协调区域(40 个)主要分布在
赣东南、湘西、四川盆地西北部,占长江经济带的 31%;低度协调区主要集中
分布在滇中城市群及其周边城市,占长江经济带的 18%。2005—2015 年协调
度整体有所下降,协调水平仅有高度协调、中度协调和低度协调,十堰由极度
协调转变为高度协调,铜仁、滁州、荆门都转变为中度协调水平。处于高度协
调水平的城市比例下降至 23%,空间分布范围缩减明显,整体分布格局较为
分散,在重庆南北两侧较为集中;中度协调水平的城市比例增加至 60%,空间
分布范围扩展明显;处于低度协调水平的城市占长江经济带的 17%,空间分

布格局由集中分布演化为分散分布,长江经济带的整个区域内均有零星分布。综合来看,长江经济带建设用地面积增长率与经济一体化贡献度增长率协调水平在下降,处于高度协调水平的城市向中度协调水平演变。耦合度空间演变格局与协调度空间演变格局具有不一致性,尤其在长三角城市群地区,处于磨合或耦合阶段的城市协调度大部分处于低度协调水平。

四、耦合协调类型特征

为了划分耕地和建设用地面积变化与经济一体化变化耦合协调的空间类型,以耦合度为横轴,以协调度为纵轴,理论上将耦合协调类型划分为从低协调分离阶段到极协调耦合阶段的 16 种类型,1990—2005 年和 2005—2015 年两个时段的耦合类型划分结果如图 6‐11 和图 6‐12。

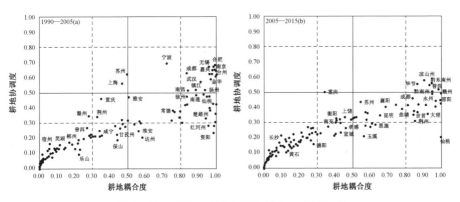

图 6‐11　1990—2015 年耕地耦合协调度类型

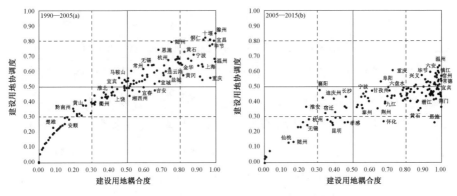

图 6‐12　1990—2015 年建设用地耦合协调度类型

耕地面积占用与经济一体化贡献度耦合协调类型特征从直观上看（图6-11），两个时段的耦合协调类型分布特征具有差异性。1990—2005年耦合度和协调度具有较好的正相关性，区域各城市集中分布在第一第三象限的较多。从耦合类型来看，这一时段耦合类型占到理论上16种类型的11种，其中高协调耦合类型3种，具体的高协调耦合的城市有16个，如合肥、杭州、南京、常州等，高协调磨合阶段的城市有1个，宁波，高协调拮抗阶段的城市有2个，上海，苏州；中协调耦合类型有4种，其中，中协调耦合阶段的城市16个，如南通、仙桃、楚雄州，中协调磨合阶段的城市8个，如常德、雅安，中协调拮抗阶段的城市3个，重庆、荆州和湖州，中协调分离阶段的城市只有1个滁州；低协调耦合类型4种，低协调耦合阶段的城市有3个，低协调磨合阶段的城市也是3个，低协调拮抗阶段的城市有10个，剩余67座城市均属于低协调分离阶段，占整个区域的52%。

2005—2015年耕地占用与经济一体化耦合协调性的正相关在减弱，大部分城市分布在第三和第四象限。耦合类型主要有9种类型，其中高协调耦合类型有2种，具体的高协调耦合阶段的城市有6个，如凉山州、黔东南州、毕节等，高协调拮抗的只有1个，重庆；中协调耦合的类型有3种，其中中协调耦合类型的城市有16个，如成都、广元、永州等，中协调磨合类型的城市有11个，如苏州、曲靖、盐城等，中协调拮抗类型的城市有7个，如上饶、铜仁等；低协调耦合类型有4种，低协调耦合类型只有1个仙桃，低协调磨合类型有5个，低协调拮抗类型城市有7个，其余城市76座城市均属于低协调分离类型，占整个长江经济带的58%。综合来看，虽然大部分城市的经济一体化贡献度提高与占用耕地之间的相关性在加强，但是两者之间的协调性在下降。

建设用地面积增长与经济一体化贡献度增加之间的耦合协调类型特征与耕地的分布有相似性，直观来看1990—2005年大部分分布在一三象限，2005—2015年一三四象限居多（图6-12）。从耦合类型来看，1990—2005年耦合类型占16种类型中的8种类型，其中，极高协调耦合类型城市有4个，滁州、十堰、铜仁和荆门；高协调耦合类型有18个，如黄石、宁波、温州等；高协调磨合类型城市有37个，如恩施、杭州、无锡、常州等；高协调拮抗类型的城市有 6 个;中协调磨合类型的城市有 6 个,如遵义、永州、池州等;中协调拮抗类型的城市有 22 个,如上饶、衢州等;中协调分离类型的城市有 11 个,如黄山、黔南州等;其余 26 个城市均属于低协调分离类型。

2005—2015 年建设用地面积增长率与经济一体化贡献度增长率耦合类型有 10 种,协调度较 1990—2005 年有所下降,只有高度协调、中度协调和低度协调三种类型。高协调耦合类型城市增加至 29 个,增加率达 60% 左右,高协调磨合阶段城市仅仅有 3 个,即重庆、阜阳、六盘水,较 1990—2005 年减少速度高达 90% 左右。中协调耦合类型、中协调磨合类型、中协调拮抗类型和中协调分离类型分别为 41 个、26 个、8 个和 1 个。中协调耦合和中协调磨合类型的城市相对比 1990—2005 年明显增加。低协调耦合类型、低协调磨合类型、低协调拮抗类型和低协调分离类型的城市分别为 1 个、1 个、8 个和 12 个。协调耦合类型的城市种类较 1990—2005 年增多,说明经济一体化与建设用地面积增长之间依赖性在加强,但是协调度的下降说明建设用地的增加与经济一体化进程不同步,协调耦合类型和协调磨合类型的城市占长江经济带的75% 左右,这表明长江经济带大部分的城市的经济一体化贡献度水平滞后于建设用地开发程度,在未来经济一体化贡献度进一步提高的同时需要提高建设用地效率。

第七章 / 长江经济带土地利用变化对经济一体化响应路径

　　土地是社会经济发展的载体,是承载一切社会经济活动的场所,区域经济一体化进程的推进需要合理开发利用土地资源。长江经济带经济一体化能够有效缓解东中西三大地带间的经济差距、产业同构、联系弱化、联系通道不畅及集群网络不畅等问题。长江经济带不同地区面临差异化的资源、环境、市场等要素约束,借助资金、技术、信息等相对优势,东部地区加快产业结构优化升级,向中西部地区推进产业转移,辐射带动中西部城市的经济发展,促进了区域之间资源要素的流动和区域间城市或城市群之间的协调合作发展,加强区域之间一体化经济联系格局的形成。

　　但是,土地资源的利用在区域经济一体化过程中不仅有直接的利用,随着区域间经济联系加强,还有区域间产品贸易流动引起的土地资源远程耦合的间接利用。首先,随着区域间一体化程度的提高,交通网络的完善,贸易市场交易的通畅,城市内部产品的供给和产业结构转变改变了产品总需求,增加了土地产出的压力,增强了土地直接利用的强度。同时,不同区域之间发生的产业转移、基础设施建设等经济活动提高了城市化和工业化水平,也加剧了区域城市的土地利用变化速率,提高了土地开发强度。其次,经济一体化过程加强了土地资源在产品贸易过程的间接利用量。资源要素流动与区域经济一体化之间存在密切关系,资源要素流动能够改变地区资源禀赋状况,进而促进或者限制地区经济发展。资源向某个地区流动的动力强度取决于该地区区位条件、资源禀赋、基础设施、资源配置能力等因素,经济一体化能够改变这种动力强度,改变资源流动的方向和格局,尤其是随着区域间贸易活动的加强,产品输出区域对土地资源的开发强度会增加,对于产品接收地区而言,间接地利用了产品输出地区的土地资源。综合来看,土地资源开发利用与经济一体化之间存在着互动关系,两者相互依赖、相互响应,从而形成耦合交互体共同推动社会经济的发展(图7-1)。

本章从多区域投入产出模型入手,从产业层面和区域层面两个尺度分析经济一体化过程中耕地和建设用地的直接间接消耗量。

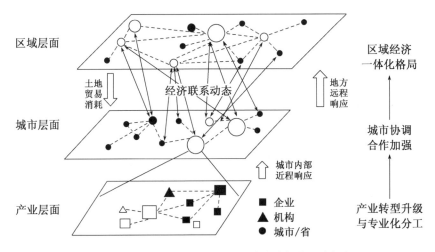

图7-1 土地利用对经济一体化响应路径的概念框架

第一节 土地利用变化与经济一体化响应模型构建

一、多区域投入产出模型

区域间投入产出模型(Interregional Input-output Model,简称 IRIO)是利用区域间商品和劳务流动,将各个区域投入产出模型联结而成的模型,需要以区域投入产出模型为基础,将各区域的商品和劳务的流入、流出内生化。区域间投入产出模型系统全面地反映了各个区域各个产业之间的经济联系,是进行区域之间资源合理配置,区域经济发展对其他区域经济带动作用和溢出、反馈效应等研究的重要工具[①]。

IRIO 模型的基本形式如图(7-2)所示,假定模型所包括的区域个数为 m,每个区域的部门数量为 n 个。从结构来看,区域间投入产出模型将每一个区域的每一个部门的投入、产出结构都分别进行研制,从行向看,反映了每一个区域的每一个部门产品在不同区域的不同部门和不同区域的各项最终需求的分配状况;从列向看,反映了每一个区域的每一个部门来自不同区域的不同部门的生产投入,以及每一个区域的每一项最终需求从不同区域的不同部门的来源结构[②]。

			中间使用						最终使用			总产出
			区域 1			...	区域 m		区域 1	...	区域 m	
			部门 1	...	部门 n		部门 1	... 部门 n				
中间投入	区域 1	部门 1	x_{11}^{11}	...	x_{1n}^{11}	...	x_{11}^{1m}	... x_{1n}^{1m}	F_1^{11}	...	F_1^{1m}	X_1^1
		...	...	...	...	...	...	... ...	...	...	...	...
		部门 n	x_{n1}^{11}	...	x_{m}^{11}	...	x_{n1}^{1m}	... x_{m}^{1m}	F_n^{11}	...	F_n^{1m}	X_n^1
	...		...	...	...	...	...	... ...	...	...	...	...
	区域 m	部门 1	x_{11}^{m1}	...	x_{1n}^{m1}	...	x_{11}^{nm}	... x_{1n}^{nm}	F_1^{m1}	...	F_1^{nm}	X_1^m
		...	...	...	...	...	...	... ...	...	...	...	...
		部门 n	x_{n1}^{m1}	...	x_{m}^{m1}	...	x_{n1}^{nm}	... x_{m}^{nm}	F_n^{m1}	...	F_n^{nm}	X_n^m
最初投入			V_1^1	...	V_n^1	...	V_1^m	... V_n^m				
总投入			X_1^1	...	X_n^1	...	X_1^m	... X_n^m				

图 7-2 区域间投入产出模型的基本形式

投入产出模型的行和列存在一个等式关系,中间使用+最终使用=总产出,中间投入+初始投入=总投入,因此区域间投入产出模型的行模型可以写为

$$X_i^R = (x_{i1}^{R1} + \cdots + x_{in}^{R1}) + (x_{i1}^{R2} + \cdots + x_{in}^{R2}) + \cdots + (x_{i1}^{Rn} + \cdots + x_{in}^{Rn}) +$$

① 杨念. 区域间投入产出表的编制及其应用[D]. 上海:华东师范大学,2008.

② 李洁超. 基于 MRIO 模型的中国区域间碳关联研究[D]. 北京:北京理工大学,2015.

$$F_i^{R1} + F_i^{R2} + \cdots + F_i^{Rn} = \sum_S \sum_j x_{ij}^{RS} + \sum_S F_i^{RS} \qquad (7-1)$$

列模型可以写为

$$X_j^S = (x_{1j}^{1S} + \cdots + x_{nj}^{1S}) + (x_{1j}^{2S} + \cdots + x_{nj}^{2S}) + \cdots + (x_{1j}^{mS} + \cdots + x_{nj}^{mS}) + V_j^S$$
$$= \sum_R \sum_i x_{ij}^{RS} + V_j^S \qquad (7-2)$$

其中 x_{ij}^{RS} 是区域 R 部门 i 对区域 S 部门 j 的投入或使用；F_i^{RS} 是区域 R 部门 i 的产品所提供的区域 S 的最终需求；V_j^S 是区域 S 部门 j 的最初投入；X_i^R 和 X_j^S 分别是区域 R 部门 i 和区域 S 部门 j 的总产出。

二、土地多区域投入产出模型构建

区域间投入产出模型的中间使用过程能够描述资源或者环境影响在区域之间或者部门之间的流动情况[①]。该思想被广泛地应用到碳足迹、贸易隐含碳排放、虚拟水等方面的研究[②③④]。近年来，有研究认为土地利用变化的驱动力不仅是来自本地区的一些影响因子，随着经济全球化和贸易产业链之间的合作的加强，土地利用变化逐渐受到本区域以外的其他与其有贸易关系的区域的社会经济因素的影响，土地利用远程耦合研究成为研究的焦点[⑤⑥⑦]。

从全球人口增长、城市化加速、消费结构改变等方面都可以发现土地资源

① Chen Z M, Chen G Q. Virtual water accounting for the globalized world economy: National water footprint and international virtual water trade[J]. Ecological Indicators, 2013, 28: 142-149.

② Hertwich E G, Peters G P. Carbon footprint of nations: A global, trade-linked analysis[J]. Environment Science & Technology, 2009, 43(16): 6414-6420.

③ Wu C Y, Huang X J, Yang H, et al. Embodied carbon emissions of foreign trade under the global financial crisis—A case study of Jiangsu Province, China[J]. Journal of Renewable and Sustainable Energy, 2015, 7(4): 10288-10293.

④ Fang K, Heijungs R, de Snoo G R. Theoretical exploration for the combination of the ecological, energy, carbon, and water footprints: Overview of a footprint family[J]. Ecological Indicators, 2014, 36: 508-518.

⑤ Liu J G, Dietz T, Carpenter S R, et al. Coupled human and natural system[J]. Ambio, 2007, 36(8): 639-649.

⑥ Huang H, Von Lampe M, Van Tongeren F. Climate change and trade in agriculture[J]. Food Policy, 2011, 36(1): s9-s13.

⑦ Chen G D, Han M Y. Virtual land use change in China 2002—2010: Internal transition and trade imbalance[J]. Land Use Policy, 2015, 47: 55-65.

逐渐成为一种稀缺性资源。土地的间接使用是对区域间经济一体化带来的要素流动的最好体现。Lenzen 和 Murray[1]利用多区域投入产出模型分析框架对澳大利亚的土地利用变化做了分析,随后国外的研究学者在全球、国家、城市等不同尺度上采用投入产出的方法对土地利用进行了研究,提出了有针对性的政策建议[2][3][4][5][6][7]。但是,国内从投入产出视角来研究土地间接使用的研究很有限。

本书首先构建含有土地资源的投入产出表,将各区域之间、不同产业部门之间的经济活动流动与土地资源的间接使用统一在一个投入产出框架下,来修正传统的区域间投入产出表(图7-3)。表中 Z_{ij}^{fr} 表示由区域 f 的部门 i 流向区域 r 的 j 部门的中间投入量,根据本书的研究区域,对中国 30 省区市(不包括中国台湾、香港、澳门和西藏)区域间投入产出表进行调整,得到长江经济带 11 省市与其余省份的 12 个区域的 30 部门的投入产出表,因此 $f/r=1,2,3,\cdots,12$。Z_{it}^{fr} 表示 r 区域 i 部门的资源价值流动到 f 区域的最终需求,t 表示最终需求的分类,一般包括农村居民消费、城市居民消费、政府消费等。X_i^f 表示 f 区域 i 部门的总产出。l_i^f 表示 f 区域 i 部门的直接土地利用量。

---

① Lenzen M, Murray S A. A modified ecological footprint method and its application to Australia[J] Ecological Economics, 2001, 37(2): 229-255.

② Lenzen M, Murray S A, Korte B, et al. Environmental impact assessment including indirect effects-A case study using input-output analysis[J]. Environmental Impact Assessment Review, 2003, 23(3): 263-282.

③ Lenzen M, Borgstrom Hansson C, Bond S. On the bioproductivity and land disturbance metrics of the ecological footprint[J]. Ecological Economics, 2007, 61: 6-10.

④ Wood R, Lenzen M, Dey C, et al. A comparative study of some environmental impacts of environmental and organic farming in Australia[J]. Agricultural Systems, 2006, 89(2-3): 324-348.

⑤ Galli A, Wiedmann T, Ercin E, et al. Integrating ecological, carbon and water footprint into a footprint family of indicators: Definition and role in tracking human pressure on the planet[J]. Ecological Indicators, 2012, 1, 6: 100-112.

⑥ Hubacek K, Guan D, Barret J, et al. Environmental implications of urbanization and lifestyle change in China: Ecological and water footprints[J]. Journal of Cleaner Production, 2009, 17(14): 1241-1248.

⑦ Wiedmann T, Minx J, Barrett J, et al. Allocating ecological footprints to final consumption categories with input-output analysis[J]. Ecological Economics, 2006, 56(1): 28-48.

			中间使用					最终使用			总产出
			区域 1		...	区域 m		区域 1	...	区域 m	
			部门 1 ... 部门 n			部门 1 ... 部门 n					
中间投入	区域 1	部门 1 / ... / 部门 n			Z_{ij}^{fr}				Z_{it}^{fr}		X_i^f
	...										
	区域 m	部门 1 / ... / 部门 n									
土地投入					l_i^f						

图 7-3　修正的土地资源区域间投入产出表

依据区域间投入产出行和列的关系可得出含有土地资源的投入产出模式如下：

$$l_i^f + \sum_{12}^{r=1} \sum_{12}^{j=1} \varepsilon_j^r z_{jr}^{fr} = \varepsilon_i^f x_i^f \tag{7-3}$$

式中，ε_i^f 是区域 f 内部门 i 的隐含土地资源利用强度，l_i^f 是 f 区域内部门 i 的直接土地资源利用量。其余变量含义同上。

将上式写为矩阵形式：

$$L + \varepsilon Z = \varepsilon X \tag{7-4}$$

可得隐含的土地资源利用强度为

$$\varepsilon = L(X - Z)^{-1} \tag{7-5}$$

双边贸易区域间投入产出模型和多区域投入产出模型对不同的进口假设和最终的需求导致的隐含资源利用进行了深入的分析，本书首先对基于消费层面的土地利用隐含使用建立模型：

$$EEC^r = \sum_f \varepsilon^f F^{fr} \tag{7-6}$$

其中，EEC 表示基于消费的资源利用量，F 表示最终的消费。

区域间贸易随着贸易商品或者劳动力的流动而产生的隐含资源利用主要

由两部分组成,进口过程的隐含土地资源利用量(REI)和出口过程隐含土地资源利用量(REE)。

$$REI^r = \sum_f \varepsilon^f T^{fr} \tag{7-7}$$

$$REE^r = \sum_f \varepsilon^r T^{rf} \tag{7-8}$$

$$REB^r = REE^r - REI^r \tag{7-9}$$

式中,T^{fr}表示从区域f流入区域r的商品货币价值流,对于区域r表示进口过程;T^{rf}表示从区域r流向区域f的商品价值流,对于区域r表示出口量。REB^r表示贸易平衡量,如果REB^r大于0,表示该区域是净土地供应者,反之表示该区域是净土地接受者。

三、数据来源及区域和产业的划分

本书中的投入产出数据来自中国科学院地理科学与资源研究所和国家统计局联合研制的中国 2007 年和 2010 年 30 省区市区域间投入产出表。由于缺乏中国西藏、香港、澳门和台湾的相关数据,投入产出表涉及的地区仅包含了大陆 30 省区市。根据本书研究区需要,依据投入产出表将中国 30 省区市调整为长江经济带的 11 个省市及中国大陆剩余的其他省份地区共 12 个区域 30 部门(表 7-1)。本书在利用多区域投入产出模型计算土地资源利用时考虑的空间范围仅仅在中国大陆范围内,暂且不考虑中国与世界其他国家贸易间产生的土地资源利用情况,而且在分析研究结果时,重点对长江经济带的 11 省市结果做了分析,中国剩余省份作为其他地区的结果未列出。

表 7-1　区域间投入产出表部门代码

部门代码	部门名称	部门代码	部门名称
1	农林牧渔业	6	食品制造及烟草加工业
2	煤炭开采和洗选业	7	纺织业
3	石油和天然气开采业	8	纺织服装鞋帽皮革羽绒及其制品业
4	金属矿采选业	9	木材加工及家具制造业
5	非金属矿及其他矿采选业	10	造纸印刷及文教体育用品制造业

部门代码	部门名称	部门代码	部门名称
11	石油加工、炼焦及核燃料加工业	21	其他制造业
12	化学工业	22	电力、热力的生产和供应业
13	非金属矿物制品业	23	燃气及水的生产与供应业
14	金属冶炼及压延加工业	24	建筑业
15	金属制品业	25	交通运输及仓储业
16	通用、专用设备制造业	26	批发零售业
17	交通运输设备制造业	27	住宿餐饮业
18	电气机械及器材制造业	28	租赁和商业服务业
19	通信设备、计算机及其他电子设备制造业	29	研究与试验发展业
20	仪器仪表及文化办公用机械制造业	30	其他服务业

　　本书着重对不同年份的各个区域之间土地间接消费的价值量的相对大小进行比较分析，故书中投入产出表中的经济数据为当年价。耕地和建设用地数据利用前文分析的遥感数据（栅格 30 米），为了和前文分析结果对接，本章用 2007 年的区域间投入产出数据的中间投入产出比例代替 2005 年，来分析2005 和 2010 年两个时间截面的耕地和建设用地直接间接利用情况。由于土地数据统计来源于遥感数据，投入产出表中的细分行业的相关土地资源数据统计缺失，本书假设耕地的直接间接使用量主要是在提供农副产品过程中产生的耕地数量，建设用地主要是在工业或者服务业所在部门，所以对投入产出表中的部门对应的土地利用量进行假设。其中，耕地资源主要考虑在农林牧渔业部门，建设用地主要考虑除了农林牧渔业部门以外的工业、服务业部门。

第二节　耕地变化与经济一体化的响应路径

一、长江经济带耕地对经济一体化响应路径的内涵

耕地面积变化对经济一体化的响应路径主要有两个方面，一方面是随着经济一体化水平的提高，城市化与工业化程度加深，城市社会经济建设对耕地资源直接占用，同时也随着人口的增长，对粮食需求的加大，进一步加大了对耕地资源的需求量。另一方面，经济一体化过程使得区域内城市间的协作发展更加紧密，区域内贸易商品需求增加，经济一体化不断促进市场一体化的发展，生产要素的自由流动性加强，大量劳动力、资本在经济一体化水平较高的区域集聚，农村剩余劳动力被大量地吸引至城市，农村耕地发生流转或者撂荒的现象增加。经济一体化也会促进区域内产业结构升级，产业一体化水平提高，生产链过程的依赖性提高，耕地提供基础性生产资料的需求加大，三次产业之间的需求共生关系在经济一体化过程中表现得更为突出，由于时空距离的压缩，区域间经济联系强度的加大，区域间贸易产品的流通伴随着耕地资源间接的利用过程，经济一体化过程弥补了区域内资源禀赋较差的区域，通过贸易进口或者出口换得经济发展，但是这也加强了耕地资源的间接开发利用强度。

二、长江经济带耕地间接利用强度

利用多区域投入产出模型分别对 2005 年和 2010 年的耕地间接使用强度进行计算，图 7 - 4 和图 7 - 5 从区域省级层面分析了不同省份的耕地间接利用强度。2005 年长江经济带 11 省市的耕地间接利用强度平均值为 1.38 km²/万元，耕地间接利用强度最高的三个省市分别为云南、重庆和江西，耕地间接利用强度分别为 16.90 km²/万元、2.03 km²/万元、0.89 km²/万元，上海、江苏、安徽、四川、贵州等省市的耕地间接利用强度为负值，分别为 -3.40 km²/万元、-1.23 km²/万元、-0.26 km²/万元、-0.21 km²/万元、-0.50 km²/万元。

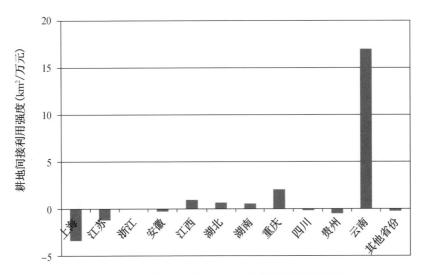

图 7 - 4 2005 年长江经济带各省份耕地间接利用强度

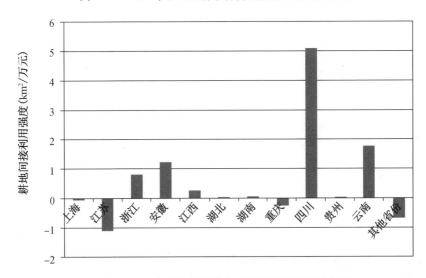

图 7 - 5 2010 年长江经济带各省份耕地间接利用强度

2010 年云南省的耕地间接利用强度有所降低,安徽省的耕地间接利用强度提高至 1.23 km²/万元,另外四川、浙江两省的耕地间接利用强度也有所增加,分别为 5.08 km²/万元和 0.80 km²/万元。上海、江苏、重庆的耕地间接利用强度为负,分别是 -0.04 km²/万元、-1.12 km²/万元和 -0.25 km²/万元。总体来看,2005—2010 年耕地的间接利用强度在中西部省份有所下降,云南、湖北、湖南下降最为明显,东部省份上海、江苏、浙江有所上升。

各个省份之间通过不同的产业部门产生经济联系,不同产业的耕地的间接利用强度对每个省的贡献程度不同,每个部门产生的间接利用耕地的路径也不同。表7-2是2005年长江经济带11省市各自产业部门耕地间接利用贡献排名前五的产业部门,表中可以看出食品制造及烟草加工业(6)在整个长江经济带大部分的省份中都占有较高的比例。上海30个产业部门的耕地间接利用强度平均值为 $-0.113\ \text{km}^2/$万元,强度值最高的产业部门是住宿餐饮业(27),江苏、安徽、贵州、四川省的产业部门的耕地间接利用强度平均值分别为 $-0.041\ \text{km}^2/$万元、$-0.009\ \text{km}^2/$万元、$-0.017\ \text{km}^2/$万元和 $-0.007\ \text{km}^2/$万元,其中产业部门耕地间接利用强度排名第一的产业分别是造纸印刷及文教体育用品制造业(10)、化学工业(12)、食品制造及烟草加工业(6)和农林牧渔业(1)。另外6个省市的产业部门耕地间接利用强度值为正,具体的浙江、江西、湖北、湖南、重庆、云南等省市的产业部门耕地间接利用强度的平均值分别为 $0.002\ \text{km}^2/$万元、$0.030\ \text{km}^2/$万元、$0.022\ \text{km}^2/$万元、$0.018\ \text{km}^2/$万元、$0.068\ \text{km}^2/$万元和 $0.563\ \text{km}^2/$万元,部门中耕地间接利用强度排名第一的产业部门有农林牧渔业(1)、化学工业(12)和食品制造及烟草加工业(6)。

表7-2 2005年耕地间接利用强度排名前五产业 (单位:km²/万元)

省份	上海	江苏	浙江	安徽	江西	湖北
耕地间接利用强度	1.077(**27**)	0.073(**10**)	0.216(**1**)	0.014(**12**)	0.524(**1**)	0.247(**12**)
	0.891(**6**)	0.036(**11**)	0.133(**15**)	0.004(**6**)	0.328(**6**)	0.134(**6**)
	0.358(**8**)	0.033(**30**)	0.045(**30**)	0.004(**9**)	0.092(**27**)	0.106(**24**)
	0.276(**23**)	0.018(**7**)	0.021(**25**)	0.002(**1**)	0.019(**24**)	0.043(**30**)
	0.259(**26**)	0.011(**17**)	0.012(**29**)	0.002(**10**)	0.013(**28**)	0.034(**7**)
	…	…	…	…	…	…
平均值	−0.113	−0.041	0.002	−0.009	0.030	0.022

（续表）

省份	湖南	重庆	四川	贵州	云南
耕地间接利用强度	0.380(**1**)	3.691(**6**)	1.228(**1**)	0.038(**6**)	9.731(**1**)
	0.294(**6**)	0.538(**27**)	1.147(**24**)	0.016(**1**)	5.686(**6**)
	0.029(**27**)	0.019(**12**)	0.253(**14**)	0.009(**27**)	0.517(**13**)
	0.001(**25**)	0.013(**14**)	0.078(**17**)	0.001(**9**)	0.358(**10**)
	0.001(**10**)	0.010(**1**)	0.058(**25**)	0.000(**8**)	0.342(**2**)
	…	…	…	…	…
平均值	0.018	0.068	−0.007	−0.017	0.563

与 2005 年相比较，2010 年各个省市的 30 个产业部门的耕地间接利用强度的平均值上海、江苏、浙江、安徽、四川和贵州有所提高，其余省份有所下降，而且所有产业部门耕地间接利用主要的响应部门也发生了变化（表 7 - 3）。上海、江苏、重庆三省市的产业部门耕地间接利用强度分别为 −0.001 km²/万元、−0.037 km²/万元、−0.008 km²/万元，其中 30 个部门中耕地间接利用强度最高的部门分别为农林牧渔业(1)，电力、热力的生产和供应业(22)和交通运输设备制造业(17)，这三个部门的耕地间接利用强度分别为 0.327 km²/万元、0.017 km²/万元和 0.013 km²/万元。江西、湖南和云南的产业部门耕地间接利用强度相比 2005 年分别下降为 0.008 km²/万元、0.002 km²/万元和 0.059 km²/万元，而这三个省份的产业部门耕地间接利用强度排第一的部门均是农林牧渔业(1)，但是三个省份农林牧渔业部门的耕地间接利用强度不同，云南省最高为 1.220 km²/万元。安徽和四川的产业部门耕地间接利用强度值最高的部门也分别转变为其他服务业(30)，而且强度值较高，分别为 0.704 km²/万元和 3.922 km²/万元。浙江、湖北、贵州的产业部门耕地间接利用强度排名第一的产业部门也发生了变化，主要向非金属矿及其他矿采选业(5)、食品制造及烟草加工业(6)和金属冶炼及压延加工业(14)转变。

表 7 - 3　2010 年耕地间接利用强度排名前五产业部门

(单位:km²/万元)

省份	上海	江苏	浙江	安徽	江西	湖北
耕地间接利用强度	0.327(**1**)	0.017(**22**)	0.312(**5**)	0.704(**30**)	0.184(**1**)	0.003(**6**)
	0.302(**22**)	0.012(**18**)	0.252(**30**)	0.253(**12**)	0.114(**30**)	0.003(**1**)
	0.161(**28**)	0.008(**11**)	0.096(**1**)	0.078(**26**)	0.021(**26**)	0.002(**11**)
	0.048(**8**)	0.003(**20**)	0.062(**13**)	0.049(**24**)	0.018(**24**)	0.001(**23**)
	0.047(**26**)	0.003(**1**)	0.043(**26**)	0.046(**9**)	0.008(**50**)	0.000(**7**)
	…	…	…	…	…	…
平均值	-0.001	-0.037	0.026	0.041	0.008	0.000

省份	湖南	重庆	四川	贵州	云南
耕地间接利用强度	0.127(**1**)	0.013(**17**)	3.922(**30**)	0.014(**14**)	1.220(**1**)
	0.069(**30**)	0.011(**1**)	2.816(**1**)	0.012(**1**)	0.517(**6**)
	0.005(**25**)	0.005(**11**)	1.162(**5**)	0.008(**12**)	0.108(**10**)
	0.004(**26**)	0.003(**10**)	0.698(**2**)	0.008(**22**)	0.060(**17**)
	0.002(**29**)	0.003(**2**)	0.184(**28**)	0.003(**17**)	0.058(**27**)
	…	…	…	…	…
平均值	0.002	-0.008	0.169	0.000	0.059

三、长江经济带区域间消费引起的耕地间接利用

从最终消费视角分析耕地的间接利用能够反映长江经济带不同省份的消费结构对耕地隐含利用的影响,也反映随着经济一体化的推进,耕地使用在不同终端消费结构中的变化。由于 2005 年和 2010 年投入产出表编制过程最终消费的统计存在差异,所以 2005 年和 2010 年的最终消费结构也不同。

2005 年最终消费引起的间接耕地使用量达 42.97 万 km²,其中农村居民消费占 47%,城镇居民消费占 72%,政府消费占 -36%,固定资本形成占 24%,存货增加占 -7%。从图 7 - 6 可以看出东部省份上海、江苏、浙江在最

终消费中耕地间接利用强度高的主要是城镇居民消费和政府消费支出,上海的城镇居民消费引起的耕地间接使用量为 10.21 万 km²,政府消费支出引起的耕地间接使用量为 3.51 万 km²,中部江西、湖北、湖南的农村居民消费、城镇居民消费和固定资本形成总额对耕地间接使用较大,尤其是湖北的城镇居民消费和固定资本形成分别间接使用耕地量为 4.89 万 km² 和 3.26 万 km²,西部四个省份的耕地间接使用情况差异较大,重庆的农村居民消费和城镇居民消费引起的耕地间接使用较大,分别为 1.91 万 km² 和 2.44 万 km²,四川的固定资本形成总额对耕地间接使用量为 43 万 km²,远远高于其余省份的其他消费类型对耕地的利用,云南农村和城镇居民消费、资本形成、存货增加间接使用耕地量都较高,分别为 21.8 万 km²、33.3 万 km²、14.19 万 km²、9.74 万 km²。

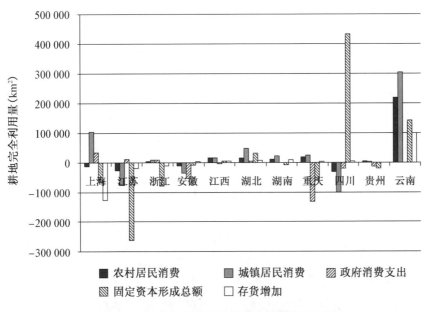

图 7 - 6　2005 年区域内最终消费的间接耕地使用量

2010 年仅从最终消费支出和资本形成总额两个方面来分析耕地的间接使用情况。与 2005 年相比,浙江、安徽、四川的最终消费支出使用耕地量均大幅度增加,分别增加为 19.8 万 km²、36.5 万 km²、118 万 km²,上海、江苏、江西、湖北、湖南、重庆等省份的最终消费支出和资本形成总额相比 2005 年都有所下降,最为明显的是上海和江苏,最终消费支出分别下降为 1.13 万 km² 和 −4.12 万 km²,资本形成总额分别下降至 −8.19 万 km² 和 −81.55 万 km²。云南的最终消费支出和资本形成总额变化幅度较大,相比 2005 年有大幅度下降的特征,2010 年最终消费支出和资本形成总额对耕地间接使用量分别为 7.85 万 km² 和 2.66 万 km²。

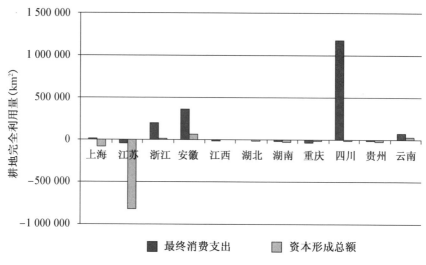

图 7‑7　2010 年区域内最终消费间接耕地使用量

四、长江经济带区域间贸易过程中的耕地间接使用量

(一) 长江经济带耕地利用对区域间贸易响应

图 7‑8 对 2005 年长江经济带 11 省市的耕地在区域间贸易过程中的间接利用量进行了分析,接收表明某一省份伴随着产品要素的进口,贸易过程间接占用的耕地量,供应表示某一省份出口产品到其他区域,出口过程直接利用的耕地量,贸易平衡为正表明该省份是净土地供应者,主要消耗自身的耕地资源为负表明该省份是净土地接收者,土地间接使用量较高。

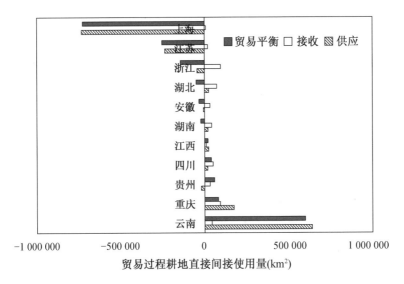

图 7‑8　2005 年长江经济带区域间贸易过程的间接耕地使用量

从图中可以看出云南、重庆、贵州、四川、江西为净耕地供应者,净出口耕地量最高分别为 59.6 万 km²、7.9 万 km² 和 5.1 万 km²。湖南、安徽、湖北、浙江、江苏、上海为耕地净接收者,其中上海、江苏、浙江是净接收耕地量最高的三个省份,分别为 72.8 万 km²、25.2 万 km² 和 14.2 万 km²。

2010 年四川、安徽、云南、贵州是净耕地供应者,相比 2005 年云南的耕地贸易平衡量有所下降,净供应耕地 15.4 万 km²,四川和安徽的净耕地供应量大幅度增加,贸易平衡的耕地数量分别为 63 万 km² 和 27.8 万 km²。其余省份是贸易过程中的耕地净接收者,江苏、浙江和上海的耕地贸易数量最大,分别净接收耕地 10.06 万 km²、5.92 万 km² 和 2.90 万 km²。从长江经济带 2005—2010 年的贸易过程间接利用的耕地贸易平衡分布格局来看,两个年份具有相似性,净供应耕地的省份大部分是长江经济带内经济发展较为落后的区域,耕地净接收的省份基本都是长三角城市群省份,但是 2010 年江苏、浙江、上海耕地净进口数量相比 2005 年有减少,重庆由耕地供应者转变为耕地接收者,净接收耕地量 1.1 万 km²,这也表明耕地在区域间贸易过程引起的间接使用量大的省份逐渐由东部向中西部发展。

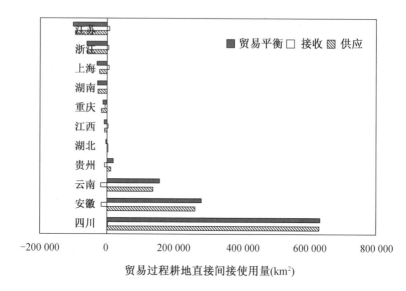

贸易过程耕地直接间接使用量(km²)

图 7-9   2010 年长江经济带区域间贸易过程的间接耕地使用量

(二) 长江经济带区域贸易过程中产业部门耕地间接使用量

耕地利用变化对经济一体化的响应在不同的空间尺度上表现出不同的响应特征,在贸易过程中各个省级层面主要表现为不同省份之间的贸易耕地间接净供给和净接收,在每个省内部主要表现在不同产业部门之间的耕地间接利用量。每个流出省份的产业部门耕地贸易平衡大于零的表示在省内部产业部门中耕地净供给的部门,小于零的表示净进口的部门,反映了耕地在省内部的响应路径。2005 年耕地间接利用的净供应省份主要有五个省份(表 7-4),按照部门贸易平衡的间接耕地利用来对各个部门的耕地使用量进行排序,列出耕地净供应最高的产业部门,供应省份耕地净供应部门使用量较高的分别是食品制造及烟草加工业(6)、金属矿采选业(4)、建筑业(24)、农林牧渔业(1),其中云南省的食品制造及烟草加工业在净供应部门中间接使用的耕地量为 53.6 万 km²。烟、糖、茶叶成为云南食品行业的主力,食品制造以及烟草加工都是对初级农产品的加工,经济发达省份通过进口欠发达省份的初级农产品进行深加工,获得更高的产品附加值。上海、安徽、湖北、浙江、江苏和湖南的耕地间接使用部门排名最高的分别是食品制造及烟草加工业(6),净接收耕地量 47.40 万 km²,化学工业(12),净接收耕地量 0.46 万 km² 和 1.04 万 km²,金属制品业(15)、造纸印刷及文教体育用品制造业(10)和农林牧渔业(1),净接收的耕地量分别为 6.12 万 km²,3.93 万 km²,1.01 万 km²。

表 7-4　2005 年主要贡献产业部门的耕地间接使用量　　　　（单位:km²）

供应省份				
云南	重庆	贵州	四川	江西
536 169(6)	214 649(6)	21(4)	50 595(24)	16 373(1)
132 113(1)	1 737(12)	20(15)	48 124(14)	5 070(6)
4 051(10)	65(18)	14(16)	17 252(1)	199(12)
2 203(17)	3.7(9)	0.32(20)	9 128(16)	185(22)
1 767(11)	—	0.01(3)	3 485(17)	159(16)

接收省份					
上海	安徽	湖北	浙江	江苏	湖南
474 082(6)	4 681(12)	10 467(12)	61 265(15)	39 375(10)	10 176(1)
275 431(27)	9(29)	830(17)	2 481(11)	22 316(18)	3 579(6)
220 371(8)	0.12(3)	810(7)	2 204(20)	18 822(7)	78(22)
177 875(19)	—	414(22)	755(10)	9 356(11)	45(2)
120 855(15)	—	288(18)	488(9)	3 722(17)	36(4)

　　2010 年耕地净供应的省份主要还是以西部省份为主,其中四川省产业部门中对耕地净供应贡献较高的部门是其他服务业(30),该产业部门净供应耕地 226.50 万 km²,安徽省产业部门中对耕地净供应贡献较高的部门是其他服务业部门(30),净流出耕地量为 44.22 万 km²,云南和贵州产业部门耕地净供应贡献较高的部门分别为食品制造及烟草加工业(6)和金属冶炼及压延加工业(14),净供应的耕地量分别为 26.78 万 km² 和 0.93 万 km²;净接收的省份中,浙江、湖南、江西的产业部门耕地净接收较高的都为其他服务业(30),分别净接收 23.32 万 km²、3.43 万 km²、1.92 万 km²,江苏和上海产业部门净接收较高的部门分别为电气机械及器材制造业(18)和电力、热力的生产和供应业

(22)，分别净流入耕地量 5.76 万 km² 和 3.17 万 km²，重庆和湖北产业部门净接收较高的部门分别是交通运输设备制造业(17)和食品制造及烟草加工业(6)，分别净接收耕地量为 2.05 万 km² 和 0.23 万 km²。

表 7 - 5　2010 年主要贡献产业部门的耕地间接使用量　（单位：km²）

供应省份			
四川	安徽	云南	贵州
2 265 040(**30**)	442 243(**30**)	267 829(**6**)	9 314(**14**)
476 945(**1**)	192 165(**12**)	116 561(**1**)	2 398(**27**)
11 514(**22**)	20 749(**24**)	13 028(**11**)	2 203(**12**)
4 946(**2**)	16 126(**6**)	9 538(**10**)	2 201(**24**)
4 298(**5**)	13 498(**18**)	6 653(**17**)	700(**1**)

接收省份						
江苏	浙江	上海	湖南	重庆	江西	湖北
57 577(**18**)	233 233(**30**)	31 686(**22**)	34 288(**30**)	20 530(**17**)	19 212(**30**)	2 303(**6**)
4 709(**20**)	25 771(**17**)	23 721(**26**)	12 059(**1**)	1 236(**1**)	4 634(**24**)	573(**27**)
4 278(**16**)	18 518(**24**)	23 091(**28**)	1 825(**24**)	247(**27**)	3 597(**1**)	407(**14**)
3 000(**11**)	9 869(**11**)	12 568(**11**)	1 292(**14**)	232(**15**)	1 330(**26**)	350(**13**)
2 988(**22**)	8 292(**26**)	8 940(**8**)	933(**16**)	121(**10**)	1 042(**14**)	241(**22**)

第三节　建设用地变化与经济一体化的响应路径

一、长江经济带建设用地对经济一体化响应路径内涵

建设用地面积的变化对经济一体化的响应也是有两个方面，第一，经济一体化过程促使区域内市场、产业、相关发展政策都实现一体化发展，同时区域间空间关联加强，区域内空间溢出效应提高了空间一体化水平，这都使得建设用地面积发生变化，城市化过程带来的城市人口的增长、就业需求的增加都促使建设用地面积增加。第二，经济一体化过程提高了生产要素的流动，资本、

技术、劳动力的流动使得资源得到优化配置,劳动生产率大大提高,提高了建设用地的利用效率,节约利用了土地资源,同时,由于区域间合作发展,区域产业间的关联性加强,优化产业结构,提升产业链的产品生产力,建设用地的投入使用量得到优化配置。

二、长江经济带建设用地间接利用强度

建设用地间接利用强度能够反映在经济一体化进程中,区域之间产业转移、区域经济联系加强带来的产品、资源要素贸易对建设用地的间接使用过程。2005 年长江经济带 11 省市的建设用地间接利用强度平均值为 0.46 km²/万元,建设用地间接利用强度最高的是上海、江苏、浙江,利用强度分别为 2.22 km²/万元、0.64 km²/万元和 0.47 km²/万元,四川、贵州、云南建设用地间接利用强度相对较低,分别为 0.27 km²/万元、0.09 km²/万元、0.13 km²/万元。2010 年长江经济带 11 省市的建设用地间接利用强度平均值下降至－0.25 km²/万元,但是仅有云南、安徽、江苏的建设用地间接利用强度低于平均值,分别为－0.6 km²/万元、－0.97 km²/万元和－1.15 km²/万元,其余省份的建设用地间接利用强度都高于平均值,尤其是浙江、上海的利

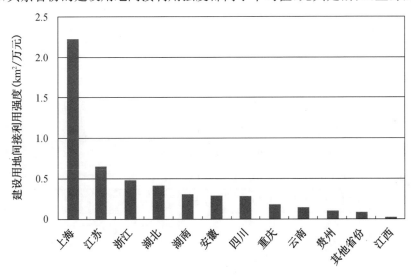

图 7-10　2005 年长江经济带各个省市建设用地间接利用强度

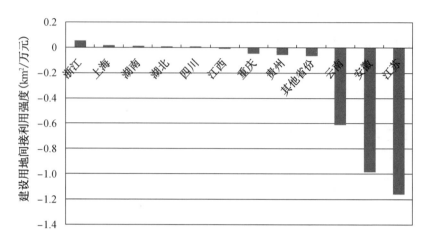

图 7‑11　2010 年长江经济带各个省建设用地间接利用强度

用强度较高,分别为 0.05 km²/万元和 0.01 km²/万元。其他省份建设用地的间接利用强度都不高,本书重点分析长江经济带的 11 省市建设用地对经济一体化的响应,其他省份不做详细的分析。

　　表 7‑6 列出了长江经济带 11 省市的各个产业部门建设用地间接利用强度响应最敏感的前五名的产业部门,长江经济带 11 省市建设用地间接利用强度的差异性与每个省份相关的产业部门的建设用地间接利用强度有关系。

表 7‑6　2005 年建设用地间接利用强度排名前五的产业部门

(单位:km²/万元)

省份	上海	江苏	浙江	安徽	江西	湖北
建设用地间接利用强度	0.973(**1**)	0.455(**24**)	0.154(**24**)	0.176(**30**)	0.016(**30**)	0.255(**12**)
	0.205(**27**)	0.107(**23**)	0.153(**15**)	0.109(**12**)	—	0.099(**24**)
	0.199(**9**)	0.066(**20**)	0.089(**30**)	—	—	0.057(**30**)
	0.195(**26**)	0.018(**6**)	0.076(**16**)	—	—	—
	0.117(**15**)	0.001(**1**)	0.003(**5**)	—	—	—
	…	…	…	…	…	…
平均值	0.074	0.215	0.015	0.009	0.001	0.013

（续表）

省份	湖南	重庆	四川	贵州	云南
建设用地间接利用强度	0.218(**30**)	0.122(**30**)	0.167(**24**)	0.064(**30**)	0.041(**6**)
	0.08(**18**)	0.047(**6**)	0.073(**6**)	0.025(**24**)	0.03(**1**)
	0.001(**12**)	0.002(**27**)	0.032(**12**)	0.005(**12**)	0.028(**13**)
	—	0.001(**24**)	0.002(**5**)	—	0.009(**10**)
	—	0.001(**10**)	0.001(**30**)	—	0.008(**2**)
	…	…	…	…	…
平均值	0.009	0.006	0.009	0.003	0.005

从每个省份的产业部门建设用地间接利用强度均值和主要贡献较高的部门排名来看,2005 年上海所有 30 个产业部门建设用地间接利用强度的平均值为 0.074 km²/万元,其中农林牧渔业(1)、住宿餐饮业(27)、木材加工及家具制造业(9)的建设用地间接利用强度贡献最大,分别为 0.973 km²/万元、0.205 km²/万元和 0.199 km²/万元。江苏、浙江、四川的所有产业部门的建设用地间接利用强度平均值分别为 0.215 km²/万元、0.015 km²/万元和 0.009 km²/万元,三个省份贡献最大的部门均为建筑业(24),而且建筑业的建设用地间接利用强度值远高于其平均值。安徽、江西、湖南、重庆、贵州的产业部门的建设用地间接利用强度平均值都较低,分别为 0.009 km²/万元、0.001 km²/万元、0.009 km²/万元、0.006 km²/万元和 0.003 km²/万元,这几个省份产业部门建设用地间接利用强度贡献最大的部门都为其他服务业(30),另外化学工业(12)和食品制造及烟草加工业(6)在安徽、贵州和四川的产业部门建设用地利用强度中排名较高。湖北和云南的产业部门建设用地间接利用强度排名较高的部门分别为化学工业(12)和食品制造及烟草加工业(6),其建设用地间接利用强度分别为 0.255 km²/万元和 0.041 km²/万元。从产业部门建设用地间接利用强度分布空间规律来看,东部省份建设用地间接利用强度较高的部门主要是建筑业(24),中部省份的建设用地间接利用强度较高的部门主要是化学工业(12)和其他服务业(30),西部省份的建设用地间接利用强度较高的部门主要是建筑业(24)、食品制造及烟草加工业(6)。

2010 年长江经济带 11 省市的产业部门建设用地间接利用强度平均值在降低,部门省份的强度均值下降至负值,每个省份建设用地间接利用强度响应最为敏感的产业部门也发生了变化(表 7-7)。具体从产业部门建设用地间接利用强度均值和排名来看,上海和江苏产业部门建设用地间接利用强度的均值分别为 0.014 km^2/万元和-1.156 km^2/万元,建设用地间接利用强度最为敏感的部门是电力、热力生产和供应业(22),其建设用地间接利用强度分别为 0.036 km^2/万元和 0.013 km^2/万元。安徽、湖北、重庆的建设用地间接利用强度均值分别为-0.979 km^2/万元、0.005 km^2/万元和-0.042 km^2/万元,建设用地间接利用强度响应最为敏感的部门为石油加工、炼焦及核燃料加工业(11),其建设用地间接利用强度分别为 0.001 km^2/万元、0.010 km^2/万元和 0.003 km^2/万元。湖南和四川的建设用地间接利用强度的均值分别为 0.008 km^2/万元和 0.002 km^2/万元,建设用地响应最为敏感的部门都是其他服务业(30)。浙江的产业部门建设用地间接利用强度均值为 0.053 km^2/万元,其中建设用地间接利用强度响应最为敏感的部门为非金属矿及其他矿采选业(5),江西、贵州、云南的产业部门建设用地间接利用强度均值为负,分别为-0.005 km^2/万元、-0.052 km^2/万元和-0.602 km^2/万元,响应最为敏感的产业部门分别为建筑业(24)、金属冶炼及压延加工业(14)和交通运输设备制造业(17)。从建设用地间接利用强度响应最为敏感的产业部门空间分布来看,长三角地区主要是电力、热力生产和供应业(22)和非金属矿及其他矿采选业(5),中部省份对金属冶炼及压延加工业(14)都较为敏感,但是湖北和安徽重点对石油加工、炼焦及核燃料加工业(11)较为敏感,江西和湖南主要对建筑业(24)较为敏感,西部省市对石油加工、炼焦及核燃料加工业(11)的响应程度较高。

表 7 - 7　2010 年建设用地间接利用强度排名前五的产业部门

（单位：km²/万元）

省份	上海	江苏	浙江	安徽	江西	湖北
建设用地间接利用强度	0.036(**22**)	0.013(**22**)	0.024(**5**)	0.001(**11**)	0.006(**24**)	0.010(**11**)
	0.014(**28**)	0.012(**18**)	0.007(**30**)	0.004(**14**)	0.001(**14**)	0.002(**23**)
	0.012(**9**)	0.006(**11**)	0.007(**15**)		0.001(**5**)	0.001(**19**)
	0.007(**21**)	0.005(**20**)	0.006(**13**)		0.001(**20**)	0.001(**6**)
	0.002(**6**)	0.001(**16**)	0.004(**25**)		0.001(**17**)	0.001(**14**)
	…	…	…	…	…	…
平均值	0.014	−1.156	0.053	−0.979	−0.005	0.005

省份	湖南	重庆	四川	贵州	云南
建设用地间接利用强度	0.033(**30**)	0.003(**11**)	0.057(**30**)	0.002(**14**)	0.059(**17**)
	0.004(**24**)	0.001(**19**)	0.009(**5**)	0.001(**11**)	0.042(**11**)
	0.003(**14**)	0.001(**14**)	0.006(**27**)	0.001(**19**)	0.006(**25**)
	0.002(**28**)	0.001(**18**)	0.003(**6**)		0.001(**26**)
	0.002(**26**)	0.001(**25**)	0.003(**28**)		0.001(**28**)
	…	…	…	…	…
平均值	0.008	−0.042	0.002	−0.052	−0.602

　　比较 2005 和 2010 年建设用地间接利用强度响应较大的部门发现，长江经济带东部地区建设用地间接利用从建筑业部门向电力、热力生产和供应业，非金属矿及其他矿采选业转变，中西部地区的建设用地间接利用强度从化工行业、建筑业向石油加工、炼焦及核燃料加工业，交通运输设备制造业转变，建设用地在产业行业部门的间接利用的路径转变过程与长江经济带正在发生的产业转移路径具有一致性，有学者研究发现长江经济带的交通运输设备制造业，电力、热力生产和供应业的行业份额在 2013 年已经分别增加 4.0 个百分点、2.2 个百分点[1]，这也证明了在长江经济带未来经济一体化发展过程中，建设用地的间接消耗将伴随着产业转移而在空间上呈现梯度推进的趋势。

---

①　靖学青.长江经济带产业发展与结构转型[M].上海：上海社会科学院出版社，2015：94 - 95.

三、长江经济带区域间消费引起的建设用地间接利用量

最终消费视角下的建设用地间接使用分析能够反映,在经济一体化过程中不同消费类型利用的建设用地情况。2005 年最终消费引起的间接建设用地使用量达 97.93 万 km²,其中农村居民消费占 5%,城镇居民消费占 25%,政府消费占 10%,固定资本形成占 52%,存货增加占 8%。具体来看,2005 年农村居民消费总共对建设用地的间接使用量为 5.3 万 km²,安徽、上海、浙江的农村居民消费利用量占比相对较高,分别占到了 22%、21% 和 14%,间接使用的建设用地量分别为 1.18 万 km²、1.13 万 km² 和 0.74 万 km²,重庆、四川、云南、贵州四个西部省份的农村居民消费对建设用地间接使用量总共占长江经济带总的农村居民消费建设用地间接使用量的 12%,总计间接使用建设用地 0.73 万 km²,几乎是安徽和上海农村居民消费引起的建设用地使用量的一半。

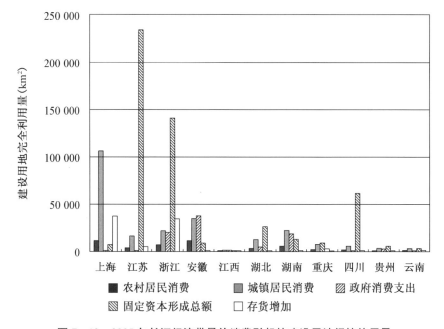

图 7-12 2005 年长江经济带最终消费引起的建设用地间接使用量

城镇居民消费的间接建设用地总共 23.69 万 km²,上海的城镇居民消费

建设用地间接使用量占 45%,间接使用的建设用地量为 10.59 万 km²。安徽城镇居民消费引起的建设用地间接利用占 14%,浙江和湖南均占到 9%,间接使用的建设用地量分别为 3.5 万 km²、2.17 万 km² 和 2.21 万 km²。西部四省的城镇居民消费建设用地间接使用量总共占 9%,间接使用的建设用地总量为 2.08 万 km²。政府支出消费总共间接利用建设用地 9.8 万 km²,安徽、浙江、湖南的政府消费支出占用的建设用地占比最高,分别占总建设用地间接利用量的 37%、20% 和 19%。固定资本形成总额总计间接使用建设用地 50.8 万 km²,江苏省固定资本形成总额利用的建设用地占比达 46%,其次为浙江省占到 27%,四川省占到 12%。存货增加间接利用建设用地总量为 8.18 万 km²,上海和浙江分别占到 46% 和 42%。

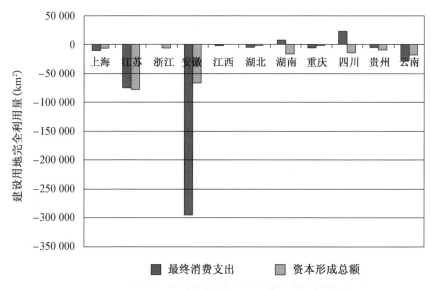

图 7 - 13　2010 年长江经济带最终消费引起的建设用地间接使用量

2010 年最终消费引起的间接建设用地利用量为 -60.68 万 km²,其中最终消费支出占 65%,资本形成占 35%。具体来看,最终消费支出引起的建设用地间接使用总计 -39.22 万 km²,江苏和安徽的占比最高,分别占到 19% 和 75%,最终消费支出的间接建设用地使用量分别为 -7.49 万 km² 和 -29.5 万 km²。西部四个省份的最终消费支出占 14%,总计间接利用建设用地

—5.49 万 km²。资本形成总额总计间接利用建设用地—21.46 万 km²,江苏和安徽的占比也最高,分别占到 36% 和 31%,间接使用的建设用地量为—7.8 万 km² 和—6.64 万 km²。

四、长江经济带区域间贸易过程中的建设用地响应路径

(一)长江经济带建设用地对区域间贸易平衡的响应

图 7 - 14 对 2005 年长江经济带 11 省市的建设用地在区域间贸易过程的间接利用量进行了分析,从图中可以看出上海、江苏、浙江、安徽、四川、湖北和重庆是建设用地净供应者,净供应建设用地最高的是上海、江苏和浙江,贸易过程中建设用地净流出 46.7 km²、14.88 万 km² 和 11.33 万 km²。湖南、云南、贵州和江西为建设用地的净接收者,其中江西和贵州是耕地净接收量最高的地区,分别为 0.82 万 km² 和 0.66 万 km²。

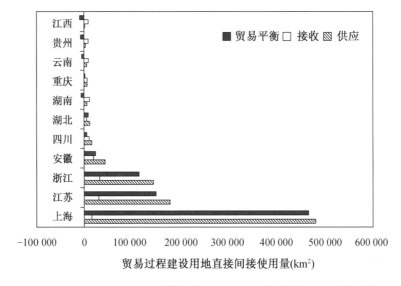

图 7 - 14 2005 年长江经济带区域间贸易过程的间接建设用地使用量

2010 年建设用地净接收者较 2005 年略有增加,而且 2005 年的部分净供应者转变为 2010 年的建设用地净接收者。具体而言,上海、浙江、湖南、江西、贵州、湖北是净供应者,浙江、上海和湖南的净供应量比较高,分别净供应建设

用地 1.2 万 km²、0.57 万 km² 和 0.52 万 km²，重庆、四川、江苏、云南、安徽是建设用地净接收者，安徽净接收建设用地达 20.26 万 km²，云南净接收建设用地量 11.5 万 km²。长江经济带 2005—2010 年的贸易过程间接使用的建设用地贸易平衡地理空间分布来看，净供应建设用地的最高区域是长江经济带内经济发展较发达的长三角区域，建设用地净接收的省份从 2005 年的中西部省份增加至东中西省份均有分布，但是 2010 年建设用地净进口数量相比 2005 年有减少，这也表明经济相对发达的地区建设用地在区域间贸易过程引起的间接使用量也一般较大。

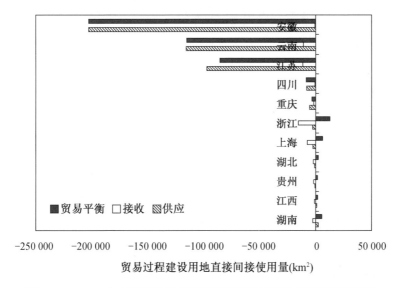

图 7 - 15　2010 年长江经济带区域间贸易过程的间接建设用地使用量

（二）长江经济带区域贸易过程中产业部门建设用地间接使用响应

通过对长江经济带区域间贸易过程间接利用的建设用地进行分析，将长江经济带的 11 省市分为两大类型，即建设用地供应者和建设用地接收者，然后进一步从细分产业角度入手分析不同类型区域内主要产业部门的贸易平衡量，从而反映各个省份在供应和接收时贡献最大的产业部门，同时也发现建设用地间接消耗最大的部门。2005 年供应省份内产业部门间接利用建设用地贡献最大的部门分别为上海：交通运输及仓储业（25），江苏：仪器仪表及文化办公用品机械制造业(20),浙江:金属制品业(15),安徽:化学工业(12),四川、湖北:建筑业(24)和重庆其他服务业(30),这几个部门间接利用的建设用地量也最大,分别为 10.57 万 km²、14.68 万 km²、7.03 万 km²、3.79 万 km²、0.54 万 km²、2.6 万 km² 和 0.27 万 km²。接收省份方面,对接收省份内部产业中建设用地间接利用贡献较大的部门主要是电气机械及器材制造业(18)、研究与实验发展业(29)、食品制造及烟草加工业(6)和化学工业(12),关键贡献部门间接接收的耕地量分别为 0.32 万 km²、−0.88 km²、0.34 万 km²、0.04 万 km²。

2010 年供应省份中产业部门建设用地间接使用量的贡献部门较 2005 年有所转变,湖南在净供应建设用地中贡献较大的部门为其他服务业(30),其间接利用的建设用地量为 1.63 万 km²,江西主要以建筑业(24)贡献为主,间接使用的建设用地 0.15 万 km²,贵州和湖北贡献较大的分别是金属冶炼及压延加工业(14)、食品制造及烟草加工业(6),间接使用的建设用地量分别为 0.15 万 km² 和 0.12 万 km²,上海和浙江在净供应建设用地中贡献较大的部门都为化学工业(12),间接利用建设用地分别为 0.5 万 km² 和 1.1 万 km²。建设用地净接收省份的主要产业部门也发生了转变,重庆以通信设备、计算机及其他电子设备制造业(19)为主,间接接收建设用地量 0.03 万 km²,四川以其他服务业(30)、江苏以电气机械及器材制造业(18)为主,分别间接接收建设用地 3.3 万 km² 和 5.5 万 km²,云南和安徽都以石油加工、炼焦及核燃料加工(11)为主要建设用地流入部门,分别接收建设用地量为 1.9 万 km² 和 0.01 万 km²。

表 7-8   2005 年长江经济带主要贡献产业部门的建设用地间接使用量

(单位:km²)

供应省份						
上海	江苏	浙江	安徽	四川	湖北	重庆
105 763(**25**)	146 882(**20**)	70 356(**15**)	37 910(**12**)	5 403(**24**)	26 103(**24**)	2 751(**30**)
63 176(**15**)	25 673(**24**)	68 667(**16**)	2 332(**30**)	3 705(**12**)	23 377(**12**)	2 569(**6**)
53 358(**6**)	2 196(**23**)	604(**30**)	0.98(**3**)	3 306(**6**)	8 665(**30**)	−2(**3**)
52 246(**27**)	1 183(**6**)	269(**24**)	−18(**23**)	−12(**29**)	−2(**29**)	−1.8(**4**)
49 595(**8**)	−22(**3**)	−0.36(**2**)	−24(**20**)	−13(**21**)	−3.3(**3**)	−2.6(**19**)

（续表）

接收省份			
湖南	江西	云南	贵州
3 214(**18**)	−0.88(**29**)	3 457(**6**)	484(**12**)
2 802(**30**)	−9.14(**23**)	190(**17**)	207(**30**)
−3.8(**3**)	−13.01(**20**)	158(**1**)	−1.7(**20**)
−4.3(**29**)	−17.16(**21**)	66(**10**)	−3(**8**)
−17(**21**)	−33.4(**19**)	41(**16**)	−3.5(**7**)

　　建设用地的间接利用随着区域间贸易过程的供应和接收在不同产业部门间转换,2005 年至 2010 年长江经济带产业结构发生了转型和升级,不同产业部门对建设用地的使用也随着产业转型升级而在改变,建设用地的间接利用都与区域内产业结构有密切关系,这也反映出建设用地对产业部门份额变化响应的敏感性。例如上海在 2005 年建设用地净供应中主要的产业部门是交通运输及仓储业、金属制品业、食品制造及烟草加工业、煤炭开采和洗选业、纺织业,而 2010 年建设用地净供应量较高的部门分别转变为化学工业,交通运输设备制造业,电力、热力生产和供应业,租赁和商业服务业,木材加工及家具制造业。

表 7 - 9　2010 年长江经济带主要贡献产业部门的建设用地间接使用量

（单位:km²）

供应省份					
湖南	江西	贵州	湖北	上海	浙江
16 322(**30**)	1 519(**24**)	1 586(**14**)	1 252(**6**)	5 223(**12**)	11 060(**12**)
3 844(**14**)	595(**14**)	192(**27**)	816(**11**)	4 373(**17**)	7 556(**30**)
1 838(**24**)	516(**12**)	74(**6**)	719(**19**)	3 715(**22**)	2 979(**15**)
907(**12**)	106(**18**)	68(**2**)	353(**1**)	2 413(**28**)	2 605(**11**)
464(**1**)	92(**10**)	66(**1**)	273(**27**)	1 889(**9**)	1 573(**24**)

接收省份				
重庆	四川	江苏	云南	安徽
364(**19**)	33 269(**30**)	55 334(**18**)	19 325(**11**)	145(**11**)
234(**1**)	4 367(**6**)	9 135(**20**)	6 511(**17**)	62(**14**)
204(**18**)	420(**27**)	4 303(**16**)	378(**25**)	0.56(**29**)
201(**18**)	128(**19**)	3 073(**12**)	91(**26**)	−1.6(**4**)
156(**16**)	100(**22**)	3 032(**11**)	47(**28**)	−3.3(**15**)

第八章 / 长江经济带土地利用变化对经济一体化响应机理

在经济全球化和全球经济一体化的趋势下,我国的区域经济一体化作为区域经济协调发展的重要手段,通过集聚扩散效应带动整个长江经济带区域的联动发展。随着区域经济一体化趋势不断加强,区域内城市合作越来越紧密,城市间的经济联系强度逐渐加强,促使区域等级城市合理布局,市场化程度逐渐提高,产业集聚现象和交通基础设施渐进完善,最终实现打破区域主体之间行政壁垒,提高区域综合竞争力的目的。

随着我国社会主义市场经济逐步成熟,改革开放推进了我国经济由计划经济向市场经济成功转型,市场化程度也逐渐提高。但是,由于我国各个行政单元之间的垄断性发展模式,市场一体化和政策一体化程度受到行政壁垒的影响,至今一体化发展缓慢。随着全球经济一体化浪潮的推进,区域经济一体化不仅受到国家内部经济发展的影响,也受到国际经济环境的外部影响,经济全球化促使了国际贸易和各国文化的交流,使各国的经济在世界范围内高度融合。由于经济全球化是市场主导的完全自由化市场,国家参与国际竞争合作过程中存在的风险和交易成本远远高于国家内部的不同区域之间发展,为了权衡保障国际合作中的利益和国内市场的收益,国家内部分区域市场一体化过程是国家参与全球经济一体化过程的重要保障。

因此,本章从全球化、市场化、分权化、城市化和空间效应等方面来揭示经济一体化过程中的市场、制度、产业、空间等维度的经济一体化过程,通过构建二阶空间滞后模型来阐述耕地、建设用地对经济一体化的响应机制。

第一节 变量选择与模型构建

一、变量选择

依据第三章土地利用变化对经济一体化响应的理论机理框架,本章分别从全球化、市场化、分权化和城市化四个方面选择变量,并将空间效应因素采用交通可达性时间成本矩阵来构建响应机制模型。

表 8-1 自变量选择及其含义

	一级变量	二级变量	变量定义与计算	变量缩写
自变量	全球化	开放度	出口额/GDP	OPEAN
		技术创新	科技活动人员/总人口	TI
		外商直接投资	外商直接投资额/GDP	FDI
	市场化	市场活力	社会消费品零售总额/总人口	MC
		资本流动	固定资产投资/GDP	CF
		劳动力流动	产业从业人员变化率	LM
	分权化	土地财政	1—财政税收/财政支出	LF
		非国有比重	1—国有企业产值/总工业产值	p
		行政等级	虚拟变量	AH
	城市化	产业结构	二产产值/三产产值	IS
		经济结构	工业产值/GDP	ES
		城市化率	非农人口/总人口	UR

(1)全球化:因经济全球化过程是影响区域经济一体化的背景,全球化作为外动力促进区域经济一体化的发展。其中,全球化反映了区域外向型经济的发展影响,采用外商直接投资/GDP 比重变化率、出口额/GDP 比重变化率、科技活动人员占比变化率来衡量外来资本流动、外向需求导向和科学技术流动对土地利用的影响。

(2)市场化:劳动力流动、资本流动、市场活力反映了市场化程度,其中劳动力流动采用产业人员变化率，即 1—（第一产业职工人数/年底总从业人数），资本流动用固定资产占比衡量（固定资产投资/GDP），市场活力用人均社会消费品零售总额表示。

（3）分权化：分权化改革体现了制度一体化演化过程，土地财政是分权化后地方政府的新型税收来源，但是没有直接的土地财政统计数据，因此用地方政府税收占比的对立指标（1—财政收入/财政支出）来衡量地方政府土地财政，税收占比越大说明对土地财政的依赖就越小。非国有控股企业占的比重（1—国有企业产值/总工业产值）表示了分权后企业在区域经济发展的作用，该比例值越大表示制度性权力越集中，地方政府间协调发展的空间较小，不利于一体化的制度安排。行政等级指标是虚拟变量，直辖市取值 0，省会地级市取值 1，普通地级市取值 2。

（4）城市化：工业化发展水平决定了产业结构，而城市化水平在一定程度上反映了工业化水平。选取城市化率（非农人口/总人口）反映城镇化水平，城市化率越高，产业专业化程度、产业分工程度越高，有利于一体化发展；反之，一体化程度较低。产业结构指标采用第二产业、第三产业产值的比重衡量，该值大于 1 表示第二产业占主导，产业一体化过程主要侧重在第二产业优势互补，实现产业一体化发展；该值小于 1 表示第三产业占主导，产业一体化的趋势主要侧重于第三产业。经济结构（工业产值/GDP）侧面反映了城市化的水平，该比重越大，说明二、三产业发展较快，有能力吸收农村劳动力，实现城市化。

（5）空间效应：空间效应是空间一体化发展导致区域经济联系网络化的空间表现形式，交通基础设施在网络化过程中起到了廊道作用，加强了区域经济联系，提高了区域内城市的经济一体化贡献度，选择陆路交通可达性指标反映区域的客流量带来的空间一体化。

二、模型构建

（一）基于时间距离的空间自回归模型修正

大多数土地利用变化的驱动力研究缺乏对土地利用变化的空间溢出效应

影响的考虑,本书假设一个城市的土地利用除了受到其城市自身内部影响因素外,其他城市的外部影响因素也会对其土地利用产生影响,这种外部因素的影响通过空间溢出效应来传导。空间自回归模型可以用来衡量空间相关的溢出效应,这一模型被广泛地应用在空间经济学、生态经济学和地理学研究领域[1][2]。空间自回归模型本身具有模型前提假设,认为模型中的空间权重矩阵具有外部性特征,主要采用空间物理距离来作为权重矩阵,但是有学者认为空间溢出效应也会受到内生性因素的影响,故对空间自回归模型的空间权重矩阵进行了内生性修正,例如采用"经济距离"(如 GDP 或者其他经济影响因素)。借鉴这一修正思路,本书采用"时间距离"来修正空间自回归模型,时间距离主要采用交通可达性计算得到的时间成本矩阵来反映城市之间的时间距离。交通可达性的提高产生一定的时空压缩效应,提高区域之间的经济联系,会对城市的经济产出产生一定的影响,因此时间距离可以作为一种重要的内生性因素来对自回归模型的空间权重矩阵进行修正。

内部因素主要为自身禀赋,如行政等级、产业结构等;而外部因素可概括为,周围其他城镇的溢出效应对其产生影响,而这种溢出效应产生的影响主要通过各类交通进行空间溢出效应来传递。综合考虑将土地利用与交通的关系概括为以下形式:

$$L_i = f(A_i, X_i) \tag{8-1}$$

式中:L_i 为 i 城市的土地利用;A_i 为 i 城市通过各类交通受到外部城市的影响,表示外部因素对土地利用的影响;X_i 为自身禀赋的影响,表示内部因素对土地利用的影响。

在交通地理学中通过交通进行城镇间相互作用的模型主要有可达性模型,反映节点在空间上受到其他节点的影响,公式为

① Xie H L, Liu Z F, Wang P, et al. Exploring the mechanisms of ecological land change based on the spatial autoregressive model: A case study of the Poyang lake eco-economic zone, China[J]. International Journal of Environmental Research and Public Health, 2014, 11(1): 583-599.

② Xu X B, Lee L. A spatial autoregressive model with a nonlinear transformation of the dependent variable[J]. Journal of Econometrics, 2015, 186(1): 1-18.

$$A_i = \sum_j w_j \cdot t_{ij}^{-a} \qquad (8-2)$$

式中：A_i 为 i 地的区位优势潜力水平；t_{ij}^{-a} 为 i 地到 j 地的交通成本大小，主要用时间成本表示；w_j 为 j 地的引力水平；a 为距离摩擦系数，一般取 1。这个模型可以表示，i 地城镇的潜力水平受到与其相连城镇 j 地的水平影响，这种影响力由于 i、j 两地时间距离的扩大而减少，符合地理学第一定律。

式(8-2)较好地反映了城市外部因素通过交通而对自身水平的影响。通常区域核心城镇改变土地利用方式会促使其他城镇产生相应的变化，如果其他城镇与核心城镇间拥有良好的交通，则联系更为紧密，受到的影响会更大。因此将式(8-2)调整代入式(8-1)：

$$L_i = \beta \sum_{j \neq i}^{n} L_j t_{ij}^{-1} + \sum_{k=1}^{k} x_{ik} \theta_k + \varepsilon_i \qquad (8-3)$$

式中：L_i、L_j 分别为 i、j 城镇的土地利用面积变化；t_{ij}^{-1} 与式(8-2)相同；β 为可达性影响系数；x_{ik} 为影响 i 地土地利用的 k 类影响因素；θ_k 为 k 类影响因素的系数；ε_i 为误差项。(8-3)式表示：i 城镇的土地利用效率受到外部因素 $L_j t_{ij}^{-1}$（交通连接的其他城镇）和内部因素 x_{ik}（自身禀赋，行政等级等）两者共同的影响。

调整式(8-3)为矩阵形式。

设县域间成本矩阵 $\begin{bmatrix} 0 & \cdots & t_{1i}^{-1} & \cdots & t_{1j}^{-1} \\ \vdots & \ddots & \vdots & \ddots & \vdots \\ t_{i1}^{-1} & \cdots & 0 & \cdots & t_{ij}^{-1} \\ \vdots & \ddots & \vdots & \ddots & \vdots \\ t_{j1}^{-1} & \cdots & t_{ji}^{-1} & \cdots & 0 \end{bmatrix}$ 中 $t_{ij}^{-1} = M_{ij}$，则成本权重矩阵 M 为

$\begin{bmatrix} 0 & \cdots & M_{1i} & \cdots & M_{1j} \\ \vdots & \ddots & \vdots & \ddots & \vdots \\ M_{i1} & \cdots & 0 & \cdots & M_{ij} \\ \vdots & \ddots & \vdots & \ddots & \vdots \\ M_{j1} & \cdots & M_{ji} & \cdots & 0 \end{bmatrix}$。在空间计量模型中，成本权重矩阵通常表示为空间上的

关系，主要有简单的二值邻接矩阵，i、j 两地行政边界有重合，即两地相邻则 $M_{ij}=1$，否则为 0；基于欧式距离的二值矩阵，设定空间距离阈值 D，如果 i、j 两地距离在 D 以内则 $M_{ij}=1$，否则为 0。

通过以上分析，采用矩阵形式表示式(8-4)，用 W 表示 $L_{i,j}$ 矩阵，M 表示

M_{ij} 矩阵，X 表示 x_{ik} 矩阵，θ 表示 θ_k 矩阵，ε 表示 ε_i 矩阵则式(8-4)可以表示为：

$$W = \beta MW + X\theta + \varepsilon \qquad (8-4)$$

式中：W 为土地利用数量矩阵，M 为空间权重矩阵，MW 表示交通对土地利用效率的影响，X 为其他影响因素，θ 为其他影响因素系数矩阵，ε 为常数项矩阵。

(二) 耦合时空效应的二阶空间自回归模型

公式(8-4)是用时间矩阵修正了空间自回归模型，该模型仅反映空间效应变化的一阶自回归模型，但是经济一体化对土地利用变化的影响具有时间演变规律性，因此将时间变化因素嵌入自回归模型中，构建含有时空效应的二阶空间自回归模型。依据土地利用的空间效应的一阶研究，构建不同时段的土地利用变化的二阶空间自回归模型，式(8-5)假设了初期和末期土地利用变化受到内因和外因两者因素的影响的函数表达式：

$$\Delta P_i^{0-1} = f(\Delta w_j^{0-1}, \Delta c_{ij}^{0-1}, X_i) \qquad (8-5)$$

式中：ΔP_i^{0-1} 是 i 地土地利用数量在 0 到 1 时间段的变化，X_i 为 i 地其他控制变量，可包含多个指标。这个等式从 2 个方面考虑了空间效应对 i 地土地利用变化(ΔP_i^{0-1})的影响：① Δw_j^{0-1}，与 i 地相关的 j 地土地利用在 0—1 时间段的变化；② Δc_{ij}^{0-1}，i、j 两地通过交通水平变化而产生的相互作用成本变化(即空间效应)。除了从空间效应角度考虑影响(即 i 地周围地区的变化影响)，式中的另一个变量 X_i 则从 i 地本身某些变量的变化去控制空间效应对土地利用变化的影响，例如 i 地市场化、分权化等。

依据(8-5)中空间效应对土地利用变化的两个影响，将可达性变化综合考虑表示为

$$\Delta A_i^{0-1} = \theta_1 \Delta w_j^{0-1} c_{ij}^0 + \theta_2 \Delta c_{ij}^{0-1} w_j^1 \qquad (8-6)$$

式中：ΔA_i^{0-1} 表示空间效应在 0—1 时段的变化。将式(8-5)与(8-6)相关联，并用 P 表示土地利用变化 w，则空间效应对经济发展的联系可用线性关系表示：

$$\Delta P_i^{0-1} = \theta_1 \Delta P_j^{0-1} c_{ij}^0 + \theta_2 \Delta c_{ij}^{0-1} P_j^1 + \beta X_i + \varepsilon_i \tag{8-7}$$

因为 $\Delta P_i^{0-1} = P_i^1 - P_i^0$，代入式(8-7)中。$P_i^1$ 时刻的 i 地 PGDP 可表示为

$$P_i^1 = \alpha P_i^0 + \theta_1 \Delta P_j^{0-1} c_{ij}^0 + \theta_2 \Delta c_{ij}^{0-1} P_j^1 + \beta X_i + \varepsilon_i \tag{8-8}$$

式中：P_i^1、P_i^0 分别为 i 地在 1 时刻和 0 时刻的土地利用数量；σ、θ_1、θ_2、β 分别为对应变量的参数；ε_i 为误差项。假设 0 时刻为交通建设前，1 时刻为交通建设后，这个公式可以较好地表示(8-5)式中土地利用与其影响因素的关联：i 地 1 时刻的土地利用数量(P_i^1)不仅受 0 时刻的土地利用数量(P_i^0)和相关变量(X_i)的影响，还受到交通建设带来的空间效应变化影响($\Delta P_j^{0-1} c_{ij}^0$、$\Delta c_{ij}^{0-1} P_j^1$)。

城镇间的经济一体化联系水平随着时空间距离的增加而减弱，在达到一定阈值时联系消失。在测算空间效应时遵循这一规律，将(8-8)式进行调整，调整后的模型既可以突出因交通建设而提高的可达性特征，又能更直观地推导出可达性与经济发展关系的空间计量模型。

$$P^1 = \alpha P^0 + \theta_1 \Delta PT^0 + \theta_2 \Delta TP^1 + \beta X + \varepsilon \tag{8-9}$$

将 $\Delta P = P^1 - P^0$ 和 $\Delta T = T^1 - T^0$ 进一步代入可得到：

$$P^1 = \sigma P^0 + \theta_1 (P^1 - P^0) T^0 + \theta_2 (T^1 - T^0) P^1 + \beta X + \varepsilon \tag{8-10}$$

经过调整，最后得到模型：

$$P^1 = \rho_1 T^0 P^1 + \rho_2 (T^1 - T^0) P^1 + \alpha_1 P^0 - \alpha_2 T^0 P^0 + \beta X + \varepsilon \tag{8-11}$$

式中 P^1、P^0 分别为 0 和 1 时刻研究单元的土地利用变化矩阵；X 为其他控制变量矩阵($n \times n$)：市场化、分权化等；T^1、T^0 分别为 0 和 1 时刻研究单元间相互联系的二值矩阵，依据以往的研究来看，T 时间选取 1 小时间隔较为合理。因此书中建立时间距离矩阵分别以 $T=1\,h$、$T=2\,h$、$T=3\,h$、$T=4\,h$、$T=5\,h$ 为阈值进行计算。以 $T=1\,h$ 为例，$i-j$ 两地时间距离 $t_{ij} \leqslant 1\,h$，则 T 矩阵对应 $i-j$ 处值为 1，否则为 0。

（三）时间距离权重的设置

Miller 指出"接近性是地理空间的一个核心组织原理"，随着世界日益"缩小和破碎化"，地理学第一定律(TFL)中所阐述的"接近"概念有必要从"空间接近"拓展为"时空接近"。在空间相互作用模型中不考虑时间因素影响而仅

以邻接性或某种空间距离函数等确定空间权重所做的空间相关联分析不再能够客观反映真实的空间关联[①]。采用时间因素作为空间邻接评价标准并以此作为空间关联权重矩阵 M 更具有现实意义。

假设用 $t(i,j)$ 表示 i 地到 j 地的最短时间,以时间距离 T 为阈值,i 地到 j 地时间成本 t_{ij} 在 T 分钟以内($\leqslant Tmin$)则 $M_{ij}=1$,表示 i、j 两地有关联可以相互影响;否则 $M_{ij}=0$($>T\ min$),表示 i、j 两地没有关联,相互没有影响。

第二节　耕地占用对经济一体化的响应机制

一、长江经济带耕地变化的空间自相关效应

在构建耕地变化对经济一体化响应的机理模型之前,需要对耕地面积变化的空间关联性进行分析,讨论随着时空距离的变化,耕地面积变化的空间关联性的变化情况。遵循地理空间距离的衰减效应,本书中假设在一日可达性范围的空间溢出效应都会对耕地变化产生影响,因此在交通可达性时间成本矩阵的选择上以 5 小时为上限,考虑到长江经济带内的长三角城市群的交通网络发达,1 小时的空间范围已经超出一个城市的行政边界,因此以 1 小时为间隔,分别对耕地变化的空间关联性进行分析(表 8-2),并对其空间集聚化程度进行描述(图 8-1)。散点图的横轴 GD 表示了耕地变化量,纵坐标表示耕地变化的集聚程度。

1990—2015 年耕地变化量存在一定的空间关联效应,而且随着时间阈值的扩大由空间分散演变为空间集聚再趋向于空间分散。在 0.01 显著性水平下,耕地面积变化 Moran's I 值在 2 小时以后均通过显著性检验,从时间演变来看,1990 年至 2015 年的 Moran's I 值整体变化不明显,但随着间距阈值扩大,Moran's I 值在三个年份都表现为先增加后降低的趋势,2 小时和 5 小时

① 吕韬,曹有挥.“时空接近”空间自相关模型构建及其应用——以长三角区域经济差异分析为例[J].地理研究,2010,29(2):351-360.

的 Moran's I 值略有增加,1 小时 Moran's I 值没有变化,3～4 小时的 Moran's I 值略有降低,说明耕地变化的空间关联性特征对空间距离具有敏感性。表 8-2 可以看出三个年份的 Moran's I 值最高值在 2～3 小时,说明在 2～3 小时空间范围内耕地变化具有极强的空间关联性特征。依据空间效应推导的空间计量模型具有较好的适用性,因此对土地利用变化与经济一体化的响应机理进行进一步的分析。

表 8-2　不同时间成本的耕地面积变化的 Moran's I 值

Moran's I		1 h	2 h	3 h	4 h	5 h
1990	M 值	0.043	0.112	0.113	0.086	0.063
	P 值	(0.161)	(0.009)	(0.002)	(0.001)	(0.003)
2005	M 值	0.042	0.067	0.113	0.084	0.092
	P 值	(0.161)	(0.079)	(0.009)	(0.014)	(0.001)
2015	M 值	0.043	0.120	0.092	0.078	0.073
	P 值	(0.155)	(0.011)	(0.009)	(0.005)	(0.003)

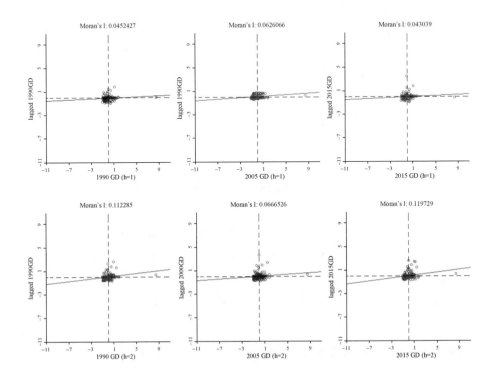

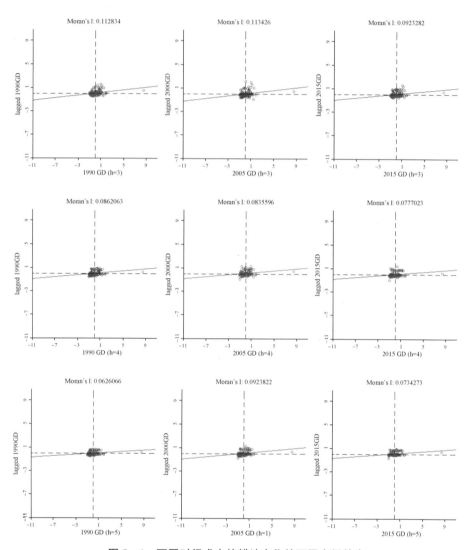

图 8-1　不同时间成本的耕地变化的不同空间效应

二、长江经济带 1990—2005 年耕地变化的驱动机理

根据公式(8-11)对 1990—2005 年耕地面积变化对经济一体化响应的机理进行分析,从结果表 8-3 来看,R^2 拟合系数较好,说明模型中的变量对耕地面积变化的驱动力具有较好的解释力,1990—2005 年耕地面积变化的空间效应并不明显,空间依赖性指数(SP)在 2 h、4 h、5 h 虽然大于 0.2,但是末期

耕地变化的空间效应、交通因素的空间效应和初期土地利用变化的空间效应等反映空间化的 3 类空间效应指标的系数在各个时段都不显著。说明在 1990—2005 年耕地变化的空间依赖性关系较弱,耕地面积变化的空间溢出效应不显著,耕地面积变化更多的是受到内部因素的影响。从模型结果看,初期(1990)耕地数量对末期耕地数量的影响较大,系数均为 0.997,说明耕地面积的变化受到耕地初期面积的影响较大。

全球化对耕地面积变化具有显著的负影响。在以下 5 个模型检验结果中发现开放度和外商直接投资指标对耕地面积的负影响极为显著,而且在 2 h、3 h 的模型检验中开放度和外商直接投资指标系数略有变大,说明全球化过程的推进,参与全球化程度提高,加剧了耕地面积的减少。这一方面跟出口导向的耕地间接利用有关,另一方面外商投资的力度加大,引起耕地面积向其他用地的转化速度提高。技术创新在 2 h 和 3 h 模型中较为显著,表明技术信息对耕地面积变化的空间溢出效应具有较强的地理衰减性,这也说明在区域经济一体化过程中技术信息的溢出效应对耕地面积变化产生的影响主要发生在较为邻近的区域。

市场化对耕地面积变化也具有显著的负影响,说明 1990—2005 年市场化水平的提高加快了耕地面积的减少。其中市场活力是市场化中影响最为显著的因素,说明耕地面积的变化主要是由提供区域内部社会经济消费导致,这一结果也进一步证明了最终消费是耕地变化的主要原因。其他市场化指标不显著。

城市化对耕地面积也具有显著的负影响,说明在经济一体化过程中城市化对耕地面积减少贡献显著,尤其是城市化率水平较为显著,随着城市化水平的提高,耕地面积在持续减少,其余城市化水平的指标不显著,说明在 1990—2005 年主要是城市化对耕地面积影响较大。分权化所有指标在所有模型中均不显著。

表 8 - 3 1990—2005 年经济一体化对耕地面积变化的影响机制

		1 h		2 h		3 h		4 h		5 h	
		系数	P 值	系数	P 值	系数	P 值	系数	P 值	系数	P 值
2005年耕地空间效应	空间化	-0.002	0.961	0.007	0.116	0.001	0.773	-0.001	0.548	-0.001	0.569
交通变化空间效应		0.000	0.945	0.000	0.982	0.019	0.939	0.001	0.955	0.001	0.941
耕地变化空间效应		-0.000	0.76	-0.001	0.673	-0.002	0.747	-0.002	0.812	-0.002	0.809
1990年耕地数量		**0.997**	0.000	**0.002**	0.000	**0.997**	0.000	**0.997**	0.000	**0.997**	0.000
开放度	全球化	**-0.021**	0.024	**-0.018**	0.059	**-0.022**	0.023	**-0.021**	0.023	**-0.021**	0.024
技术创新		-0.001	0.111	**-1.244**	0.072	**-0.014**	0.101	-0.001	0.123	-0.001	0.118
外商投资		**-0.092**	0.005	**-0.088**	0.005	**-0.089**	0.006	**-0.094**	0.004	**-0.092**	0.004
市场活力	市场化	**-0.002**	0.079	**-0.959**	0.032	**-0.008**	0.068	**-0.008**	0.065	**-0.001**	0.072
资本流动		-0.002	0.706	-0.003	0.618	-0.002	0.675	-0.001	0.765	-0.002	0.734
劳动力流动		0.001	0.302	0.001	0.245	0.001	0.278	0.001	0.279	0.001	0.305
土地财政	分权化	0.002	0.797	0.001	0.857	0.002	0.816	0.002	0.803	0.001	0.781
非国有比重		-0.002	0.174	-0.001	0.178	-0.001	0.176	-0.001	0.156	-0.001	0.151
行政等级		0.001	0.723	0.001	0.806	0.001	0.734	0.001	0.712	0.001	0.712
产业结构	城市化	-0.001	0.593	-0.001	0.703	-0.001	0.595	-0.001	0.583	-0.001	0.576
经济结构		-0.004	0.223	-0.005	0.121	-0.004	0.195	-0.004	0.225	-0.004	0.218
城市化率		**-0.006**	0.072	**-0.006**	0.056	**-0.006**	0.069	**-0.006**	0.094	**-0.005**	0.079
Log-likelihood		469.89		471.09		469.94		470.74		470.05	
R^2		0.99		0.99		0.99		0.99		0.99	
Spatialdependence(SP)		0.002		2.402		0.082		0.359		0.323	

注：粗体分别表示在 90%、95%和 99%水平下显著。

三、长江经济带 2005—2015 年耕地变化的驱动机理

表 8-4 是 2005—2015 年耕地面积变化对经济一体化响应机理的模型检验结果,从表中可以看出 R^2 拟合系数较好,空间依赖性指数(SP)依然在 2 h、4 h、5 h 大于 0.2,同时可以看出交通可达性变化产生的空间效应的变化对耕地面积变化的空间效应具有显著的负影响,说明区域经济一体化提高在加强区域经济联系的同时也对耕地的变化造成较大压力,初期 2005 年的耕地变化产生的空间效应对末期的耕地面积变化具有显著的正影响,表明区域本身的土地资源禀赋在经济一体化过程中对耕地面积的变化产生较强的正向空间效应,在 2005—2015 年耕地面积变化受到区域外部空间溢出效应的影响较为显著。

全球化对耕地面积产生显著影响,开放度和外商直接投资两个指标影响不同。开放度对耕地面积变化具有显著负影响,表明在经济一体化过程中,对外开放度的提高加剧了耕地面积的减少,而外商直接投资对耕地面积具有显著的正影响,说明外商直接投资没有引起耕地面积的减少,这可能跟这一时期经济发展转型有关系,大量的外商投资被引向开发区进行规模化经营,粗放型的土地利用方式向集约化转变,可能提高了土地的利用效率,对耕地的占用有所减缓。

市场化对耕地面积变化产生显著负影响,这与 1990—2005 年相类似,也是市场活力具有显著的负影响,其余指标影响不显著。分权化对耕地面积产生的影响不显著,也与前一时段结果一致。

城市化对耕地面积变化产生正的显著影响。产业结构指标对耕地面积产生正显著影响,说明在 2005—2015 年产业结构对耕地面积变化影响较为显著,耕地保护政策对这一时期起到了很好的作用,保持了耕地面积稳定。

与前十年相比,2005—2015 年的耕地数量变化空间效应明显,一方面空间依赖系数显著提高,另一方面空间效应中交通变化和初期用地的空间效应变得显著,且在 5 h 范围内均为显著,因此,后十年由于区域交通发展导致的空间一体化进程加快,区域间互动与合作加深,对耕地的利用方式产生了一定

表8-4 2005—2015年经济一体化对耕地面积变化的影响机制

		1 h		2 h		3 h		4 h		5 h	
		系数	P值	系数	P值	系数	P值	系数	P值	系数	P值
2015年耕地空间效应	空间化	−0.007	0.727	−0.009	0.238	−0.001	0.992	−0.003	0.576	−0.007	0.279
交通变化空间效应		**−0.001**	0.000	**−0.001**	0.000	**−0.000**	0.000	**−0.001**	0.000	**−0.001**	0.000
2005年耕地空间效应		**0.001**	0.000	**0.001**	0.000	**0.001**	0.000	**0.001**	0.000	**0.001**	0.000
2005年耕地数量		**0.969**	0.000	**0.968**	0.000	**0.969**	0.000	**0.969**	0.000	**0.969**	0.000
开放度	全球化	**−0.051**	0.001	**−0.052**	0.001	**−0.051**	0.001	**−0.052**	0.001	**−0.052**	0.000
技术创新		0.001	0.698	0.001	0.601	0.001	0.691	0.001	0.654	0.001	0.608
外商投资		**0.006**	0.009	**0.007**	0.007	**0.006**	0.009	**0.007**	0.008	**0.007**	0.009
市场活力	市场化	**−0.001**	0.000	**−0.001**	0.000	**−0.001**	0.000	**−0.001**	0.000	**−0.001**	0.000
资本流动		−0.005	0.286	−0.005	0.337	−0.005	0.287	−0.005	0.290	−0.005	0.313
劳动力流动		−0.001	0.694	−0.000	0.657	−0.001	0.697	−0.002	0.662	−0.001	0.614
土地财政	分权化	−0.003	0.776	−0.004	0.710	−0.003	0.784	−0.004	0.711	−0.005	0.639
非国有比重		0.001	0.924	0.003	0.976	0.001	0.922	−0.001	0.968	−0.001	0.938
行政等级		−0.005	0.411	−0.004	0.410	−0.004	0.431	−0.004	0.439	−0.004	0.520
产业结构	城市化	**0.007**	0.016	**0.007**	0.013	**0.007**	0.015	**0.007**	0.013	**0.007**	0.013
经济结构		0.002	0.628	0.002	0.581	0.002	0.629	0.002	0.615	0.002	0.640
城市化率		−0.002	0.817	−0.002	0.847	−0.002	0.798	−0.001	0.828	−0.002	0.763
Log-likelihood		469.89		471.09		469.94		470.74		470.05	
R^2		0.99		0.99		0.99		0.99		0.99	
Spatial dependence		0.124		1.407		0.082		0.303		1.147	

注：粗体分别表示在90%、95%和99%水平显著。

的影响。全球化对耕地面积变化影响由完全负影响向不完全负影响转变,尤其需要关注外商直接投资对耕地面积的影响,两个时段内外商直接投资对耕地面积的影响由负影响转变为显著正影响。市场化在两个时段内均为显著负影响,分权化对耕地面积变化的影响两个时段内均不显著,城市化由负显著影响转变为正显著影响,说明长江经济带经济一体化过程中,市场化和分权化对耕地面积变化产生的影响较为稳定,城市化对耕地面积变化的影响由城市化率显著转变为产业结构显著,说明在经济一体化过程中产业结构调整对耕地面积变化影响尤其明显。

第三节　建设用地扩张对经济一体化的响应机制

一、构建理论框架

(一) 建设用地扩张与交通发展

1. 建设用地的扩张机制与远程耦合框架

目前,建设用地扩张相关的涉及三个方面,建设用地扩张的空间格局演化,建设用地扩张的负面影响,以及建设用地扩张机制研究。第一,空间格局演化特征主要利用遥感数据和地理信息系统技术进行研究,研究的尺度主要集中在国家区域和城市层面[①]。第二,建设用地扩张的负面影响是土地可持续利用与社会经济矛盾的主要原因,例如建设用地占用大量耕地,高标准农田的流失[②]。第三,建设用地扩张的机制研究。大量的研究发现,建设用地扩张的机制主要有城市化、产业结构、经济转型、经济增长、人口密度、邻近要素和

---

① Liu J, Zhang Q, Hu Y. Regional differences of China's urban expansion from late 20th to early 21st century based on remote sensing information[J]. Chinese Geographic Science, 2012, 22 (1): 1-14.

② Zhong T, Qian Z, Huang X, et al. Impact of the top-down quota-oriented farmland preservation planning on the change of urban land-use intensity in China[J]. Habitat International, 2018, 77: 71-79.

可达性的影响①②。另外,不同区域和不同空间尺度上的驱动因素具有很大的空间异质性。区域层面上,省级或者区域层面的经济发展和地方政府的城市发展战略成为建设用地扩张的主要驱动力③;城市层面上,由于城市自身的地理异质性,建设用地扩张的驱动机制差异较大,包括可达性、土地财政、人口密度、规划导向和寻租行为,以及基础设施快速建设、产业园区发展、城市居民住宅需求等④。但是区域一体化和科技创新的发展使得在多尺度呈现出流动特征,主要包含了资本流动、资源流动、人口流动和信息流动。在多尺度的信息和物质交换背景下,由于国家、区域和城市三种空间尺度的研究对象具有相对的独立性,因此对于人类活动与建设用地扩张之间的相互关系的研究,很难用统一的理论框架进行实证研究。

因此学者们提出了建设用地的远程耦合框架来解释人口、商品和服务在较远的区域和本地区之间的流动过程。具体而言,远程耦合的概念来源于土地利用领域的远程关联。利用远程耦合和可持续发展的概念,学者们解释了在不同空间尺度的土地系统的演化过程和机制,例如全球城市和农村区域之间商品供应网络受到了远程耦合的影响。这一研究主要集中在不同的单一土地类型,例如农业用地、草地和森林。但是建设用地扩张的远程耦合的概念很少被提及。以往的建设用地远程耦合的概念,仅仅是一种概念层面的框架,主要用于分类和组织与城市化过程有关的土地变化,需要定量研究来分析本地的建设用地扩张与远距离城市的建设用地扩张之间的关联关系。

2. 建设用地扩张的空间溢出效应与交通基础设施发展

交通发展与土地利用之间的关系是相互影响的,有学者认为土地利用变

① Wei Y H D, Li H, Yue W. Urban land expansion and regional inequality in transitional China[J]. Urban Planning, 2017, 163: 17-31.

② Li G, Sun S, Fang C. The varying driving forces of urban expansion in China insights from a spatial-temporal analysis[J]. Landscape and Urban Planning, 2018, 174: 63-77.

③ Sun Y, Zhao S. Spatiotemporal dynamics of urban expansion in 13 cities across the Jing-Jin-Ji urban agglomeration from 1978 to 2015[J]. Ecological Indicators, 87: 302-313.

④ Shu B, Zhang H, Li Y, et al. Spatiotemporal variation analysis of driving forces of urban land spatial expansion using logistic regression: A case study of port towns in Taicang City, China[J]. Habitat International, 2014, 43: 181-190.

化能够影响出行行为的格局,而且进一步会影响交通系统的空间分布。反之交通可达性的提高,也能够影响土地利用变化的格局。

　　建设用地扩张的空间溢出效应,包括了建设用地空间耦合,意味着本地的建设用地扩张会受到远距离其他地区建设用地扩张的影响。具体而言,交通系统的发展使得人流、商品流自由流动,也实现了城市增长。许多研究发现人口增长和城市扩张都与高速公路发展、交通廊道建设、地铁开通有关系。这些研究都聚焦于交通发展和城市增长之间的因果关系,但是对于建设用地扩张的空间溢出效应研究相对缺乏。而且现有的研究对象大部分都集中在城市尺度,仅有个别研究分析了交通发展对建设用地空间溢出效应的影响。对于交通基础设施如何影响建设用地扩张的空间溢出效应有待进一步挖掘。

　　随着区域一体化加强,在区域层面空间溢出效应成为交通可达性对建设用地扩张的影响驱动力之一。随着交通可达性水平的提高,相邻区域之间的劳动力资本和技术可以自由流动,这将导致城市群区域和城市群经济格局重构。近期仅有少量的文献关注到了将交通可达性作为重要驱动因素来研究建设用地扩张的驱动力。在区域水平上,城市扩张和临近性机制成为解释城市扩张时空演化的重要驱动力。例如长江经济带区域交通发展成为促进区域间协调发展的重要举措,但是没有考虑到交通基础设施的发展是否会加剧城市扩张和建设用地的增长。虽然有学者测度了长江经济带大城市的扩张情况,但是这并不能够有效地解释区域交通发展对建设用地扩张的影响。本书在远程耦合框架下来假设交通可达性能够影响建设用地的扩张,同时通过将交通可达性与远程耦合框架相结合,来解释长江经济带建设用地扩张的空间溢出效应。

(二) 构建理论框架

　　远程耦合框架包括 5 个部分:人地系统、流、代理、原因、效应。其中的人地系统包含三个系统,分别为发射系统,接收系统和溢出系统。每一个系统当中的原因即人为活动,而效应即人为活动所产生的结果,代理即人类活动所发生的对象。

在本书中将结合新经济地理学理论和远程耦合框架来构建建设用地扩张的空间溢出效应解释框架。在本框架中发射系统可以看作 A 城市,代表的是本地某一个城市,例如在长江经济带下游的某些城市。接收系统被认为 B 城市,是指距离 A 城市较远的,例如长江经济带的中上游城市。区域之间经济一体化和区域协调发展、区域合作、产业转移等战略措施,使得 A 城市的商品、信息、资本流动到 B 城市,这些要素之间的流动既可以从城市 A 到城市 B 直接流动,也可以通过城市 A 到城市 C 再到城市 B 间接地流出。起到承接作用的城市 C 即溢出系统。要素能够自由流动交通基础设施扮演了重要角色,随着区域之间交通基础设施网络的不断完善,城市之间可达性逐渐提高,而可达性的提高加强了区域之间要素的自由流动的程度。那么本框架解释视图解释城市 A 内部建设用地的扩张一方面来自城市 A 本区域内部人类活动的影响,这些人类活动包括社会经济发展、经济转型。另一方面区域城市 A 内部的建设用地活动很有可能受到城市 B 或者城市 C 建设用地扩张的影响。

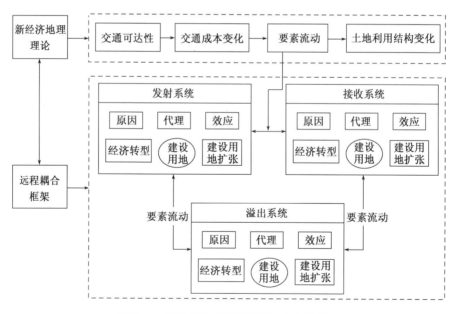

图 8-2 建设用地扩张的远程耦合理论框架

本框架中原因主要是指加剧建设用地扩张的原因,例如经济转型。在很多文献中,都讨论了经济转型是如何影响中国的建设用地扩张,包括了市场化全球化和财政分权。在本书的框架中,除了这三个经济转型的方面,还加入了城市化,一方面由于土地改革推动了农村地区乡镇企业的蓬勃发展,同时城市化水平也不断地提高,城市化增加了非农业用地的数量;另一方面农村人口大量转移到城市,而这一部分转移人口也需要大量的居住用地和公共设施用地,这将进一步加剧城市增长和建设用地扩张。

二、长江经济带建设用地变化的空间关联效应

建设用地的空间关联效应随着时间阈值的增大呈现出先增加后降低的趋势,空间特征由集聚逐渐向分散演化。具体来看,三个时间年份的 Moran's I 值均通过显著性检验,Moran's I 值逐渐增加,均在 2h 和 3h 达到最大值,随后逐渐降低,说明建设用地的空间关联性效应在 2~3 h 范围内具有极强的正向空间关联性。Moran's I 值在 1990 年最大,随着时间推移 Moran's I 值在下降,结合散点图可以看出 2015 年的空间关联性明显下降,分散性分布的趋势较为明显。

表 8-5　不同时间成本的建设用地面积变化的 Moran's I 值

Moran's I		1 h	2 h	3 h	4 h	5 h
1990	M 值	0.366	0.558	0.500	0.414	0.352
	P 值	0.001	0.001	0.001	0.001	0.001
2005	M 值	0.234	0.446	0.478	0.458	0.399
	P 值	0.001	0.001	0.001	0.001	0.001
2015	M 值	0.268	0.397	0.373	0.298	0.251
	P 值	0.001	0.001	0.001	0.001	0.001

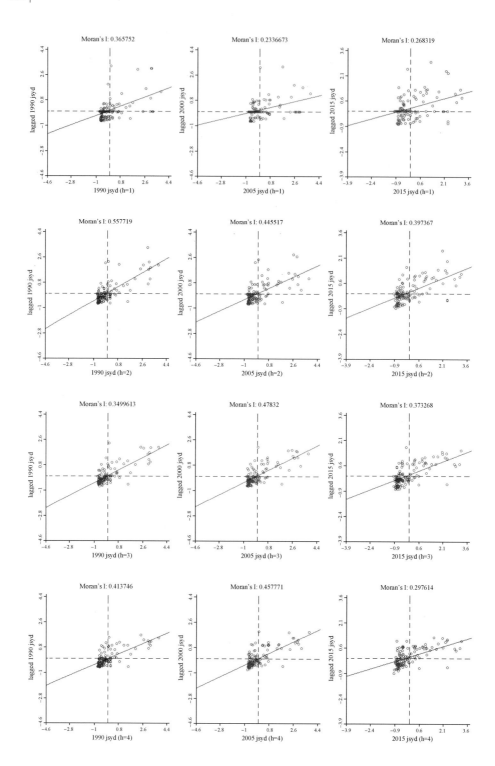

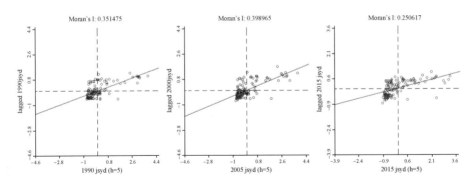

图8-3　不同时间成本的建设用地变化的不同空间效应

三、长江经济带1990—2005年变化的驱动机理

依据公式(8-11)对1990—2005年和2005—2015年两个时段建设用地对经济一体化响应的机理进行分析(表8-6,表8-7)。1990—2005年经济一体化对建设用地面积影响的模型检验R^2拟合系数在所有模型中均为0.99,拟合程度较好,空间依赖性指数(SP)在4h模型中是0.011,3h模型中为0.752,其余模型中的空间依赖性均大于1.0,说明建设用地面积变化存在较强的空间效应。比较同时期的耕地和建设用地空间依赖性发现,建设用地对区域的空间依赖性更强。这与经济活动大多在建设用地上发生有关,而经济一体化中强调的就是城市间经济的相互作用。初期建设用地数量的显著为正,说明建设用地的变化除去其他因素的影响,本身具有一定的扩张惯性。初期的建设用地空间效应在所有模型中显著为正,说明建设用地面积变化对该区域建设用地初期的建设用地利用产生的空间溢出效应较为敏感,即区域经济一体化产生的空间溢出效应会加剧建设用地变化。

全球化对建设用地面积变化具有显著的正影响。开放度、外商直接投资和技术创新三个指标在所有模型中均显著为正,说明全球化是建设用地面积变化的显著因素,国土空间开发需要重视全球经济格局的变化,外向型经济对建设用地面积变化的刺激影响不容忽视。

市场化对建设用地面积具有显著正影响,但是仅在1h和2h模型中显

表 8-6 1990—2005 年经济一体化对建设用地面积变化的影响

		1 h 系数	1 h P值	2 h 系数	2 h P值	3 h 系数	3 h P值	4 h 系数	4 h P值	5 h 系数	5 h P值
2005年建设用地效应	空间化	-0.013	0.235	-0.02	0.213	-0.011	0.387	-0.001	0.914	0.012	0.283
交通变化空间效应		-0.001	0.208	-0.002	0.175	-0.001	0.175	-0.002	0.191	-0.002	0.154
1990年建设用地效应		**0.001**	0.038	**0.001**	0.025	**0.000**	0.031	**0.001**	0.036	**0.001**	0.027
1990年建设用地数量	全球化	**1.063**	0.000	**1.062**	0.000	**1.061**	0.000	1.06	0.190	**1.058**	0.000
开放度		**0.014**	0.005	**0.013**	0.009	**0.015**	0.002	—	0.003	**0.014**	0.004
技术创新		**0.001**	0.005	**0.001**	0.003	**0.001**	0.006	**0.001**	0.008	**0.001**	0.009
外商投资		**0.098**	0.000	**0.097**	0.000	**0.099**	0.000	**0.101**	0.000	**0.104**	0.000
市场活力	市场化	0.001	0.646	0.001	0.521	0.001	0.677	0.001	0.826	0.001	0.804
资本流动		-0.001	0.912	-0.001	0.834	-0.001	0.824	-0.001	0.766	-0.002	0.634
劳动力流动		**0.001**	0.061	**0.001**	0.065	-0.001	0.066	-0.001	0.085	-0.001	0.089
土地财政	分权化	-0.001	0.331	-0.001	0.346	-0.001	0.367	-0.001	0.348	-0.001	0.316
非国有比重		0.002	0.759	0.002	0.744	0.003	0.709	0.001	0.635	0.004	0.587
行政等级		**0.004**	0.000	**0.004**	0.000	**0.005**	0.000	**0.005**	0.000	**0.005**	0.000
产业结构	城市化	0.001	0.445	-0.001	0.561	0.001	0.498	0.001	0.469	0.001	0.493
经济结构		**0.005**	0.011	**0.005**	0.009	**0.005**	0.012	**0.005**	0.017	**0.005**	0.017
城市化率		0.003	0.172	0.004	0.116	0.004	0.103	0.003	0.123	0.003	0.133
Log-likelihood		469.89		541.34		541.39		541.00		540.63	
R^2		0.99		0.99		0.99		0.99		0.99	
Spatial dependence		1.418		1.545		0.752		0.011		1.186	

注：粗体分别表示在 90%、95% 和 99% 水平下显著。

表 8-7　2005—2015 年经济一体化对建设用地面积变化的影响

		1 h		2 h		3 h		4 h		5 h	
		系数	P值	系数	P值	系数	P值	系数	P值	系数	P值
2015 年建设用地效应	空间化	**-0.09**	0.09	0.023	0.394	**-0.03**	0.155	-0.022	0.282	-0.014	0.551
交通变化空间效应		**0.001**	0.000	**0.001**	0.000	**0.001**	0.000	**0.001**	0.000	**0.001**	0.000
2005 年建设用地效应		**-0.001**	0.000	**-0.001**	0.000	**-0.004**	0.000	**-0.001**	0.000	**-0.004**	0.000
2005 年建设用地数量		**1.067**	0.000	**1.053**	0.000	**1.057**	0.000	**1.054**	0.000	**1.055**	0.000
开放度	全球化	**0.053**	0.000	**0.054**	0.000	**0.054**	0.000	**0.055**	0.000	**0.056**	0.000
技术创新		-0.001	0.164	-0.001	0.248	-0.001	0.361	-0.001	0.293	-0.001	0.257
外商投资		-0.002	0.133	-0.002	0.226	-0.002	0.194	-0.002	0.186	-0.002	0.174
市场活力	市场化	0.001	0.315	0.001	0.490	0.001	0.522	0.001	0.499	0.001	0.438
资本流动		-0.002	0.617	-0.004	0.367	-0.002	0.571	-0.002	0.515	-0.002	0.524
劳动力流动		**0.001**	0.079	**0.001**	0.064	**0.001**	0.049	**0.001**	0.064	**0.001**	0.06
土地财政	分权化	**0.038**	0.000	**0.038**	0.000	**0.041**	0.000	**0.04**	0.000	**0.039**	0.000
非国有比重		0.003	0.695	0.004	0.603	0.004	0.634	0.004	0.659	0.003	0.681
行政等级	城市化	**0.021**	0.000	**0.022**	0.000	**0.021**	0.000	**0.021**	0.000	**0.021**	0.000
产业结构		**0.007**	0.000	**0.007**	0.000	**0.007**	0.000	**0.007**	0.000	**0.007**	0.001
经济结构		**0.006**	0.068	**0.007**	0.062	**0.007**	0.042	**0.006**	0.054	**0.006**	0.062
城市化率		-0.007	0.207	-0.008	0.141	-0.008	0.136	-0.008	0.142	-0.008	0.136
Log-likelihood		469.89		406.64		405.8		406.43		406.02	
R²		0.99		0.97		0.97		0.97		0.97	
Spatial dependence		2.326		0.647		1.907		1.085		0.328	

注：粗体分别表示在 90%、95% 和 99% 水平下显著。

著,说明市场化的影响效应在空间上具有邻近效应特征,市场化指标之一劳动力流动对建设用地面积变化具有显著正影响,说明市场化水平的提高促使市场要素的自由流动,劳动力的流动会增加建设用地面积,而且劳动力流动的影响在 1～2 h 范围内显著,表明劳动力的流动主要在空间上较为邻近,可达性在时间 1～2 h 范围内集聚,劳动力的集聚会增加对住房、就业机会、基础设施等方面的需求,从而增加对建设用地的需求。

分权化对建设用地面积变化具有显著正影响。行政等级指标在 5 个模型结果中显著为正,说明行政等级的排序对建设用地面积变化影响显著,行政等级对建设用地面积的影响与空间范围变化影响无关,行政级别越高的城市建设用地面积增长越快,一方面跟中国建设用地自上而下的用地指标分配制度有关,一方面一般直辖市、省会城市等行政等级高的城市对资源、资本、劳动力的集聚性更强,建设用地面积增加速度自然更快。

城市化对建设用地面积变化具有显著正影响。经济结构在 5 个模型中显著为正,说明长江经济带的经济结构转型对建设用地面积增加影响突出,自 1990 年以来二、三产业在经济结构中比重的逐渐上升加剧了建设用地面积的增长。

四、长江经济带 2005—2015 年建设用地变化的驱动机理

根据表 8-7 所示,R^2 拟合系数在所有模型中均为 0.99 和 0.97,拟合程度较好,空间依赖性指数(SP)全部大于 0.2,2005—2015 年建设用地变化空间依赖性高于 1990—2005 年。在空间效应中交通变化空间效应具有显著的正影响,初期用地效应对建设用地面积变化具有显著负影响,这说明在后 15 年长江经济带的交通网络不断完善,经济联系不断加强的背景下,经济一体化的空间溢出效应对建设用地面积增加影响显著。

全球化中开放度依然具有显著的正影响,表明不断深化的对外开放水平对建设用地的影响是持续的。市场化中仅有劳动力流动在所有模型中是显著正影响,说明后 15 年来长江经济带区域劳动力流动的空间范围有所扩大,由 2005 年之前的 1～2 h 扩展到 5 h,经济一体化影响下的劳动力的自由流动更

加明显,劳动力流动水平提高加快了建设用地面积的增长。

分权化对建设用地面积具有显著的正影响,土地财政和行政等级在所有模型中都显著为正,表明在后十年的经济发展中,地方政府对土地财政的依赖加剧了建设用地面积的增加,而行政等级较高的城市对建设用地面积增加的影响更大。城市化对建设用地面积仍具有显著正影响,产业结构和经济结构都具有显著的正影响,说明后十年长江经济带经济一体化过程伴随着产业结构转变、经济结构转型的过程,这带来了建设用地面积的持续增长。

综合来看,建设用地面积的变化伴随着经济一体化的提高,经济发展的空间溢出效应导致的建设用地面积增长在后十年来更为显著,区域外在因素对建设用地面积变化的影响较 1990—2000 年更为明显,这也反映了长江经济带经济一体化过程对建设用地影响突出。另外,全球化、市场化、分权化和城市化在两个时段内对建设用地面积都具有显著的正影响,而在后 10 年全球化的影响力有所减少,分权化和城市化的影响力有所增加。

第四节　经济一体化趋势对未来土地利用需求预测

一、长江经济带经济一体化趋势下耕地未来总量需求预测

根据上文经济一体化对耕地面积影响的机制分析结果,筛选出影响显著的驱动因子,并综合两个时段的显著性驱动因子,作为影响耕地面积变化的主要驱动力来预测在经济一体化情景驱动下,未来耕地的总量需求。同时,以后十年耕地面积变化的年均速率来预测未来总量面积变化,并以此为基准情景。为了对比预测结果与土地利用总体规划的规划结果,由于长江经济带地级市的土地利用规划文件数据收集较为困难,而且对于筛选出的驱动因子的未来变化值是通过十三五规划目标的值来限定,考虑到规划目标值的可获得性,在预测未来耕地面积时仅仅从省级尺度来预测。

表 8-8　长江经济带各省市耕地面积与经济一体化相关拟合方程

省份	拟合方程
江苏	$Y=-13.611X_1-45.933X_2-79.868X_3-8.187X_4-51.296X_5+679.996$
浙江	$Y=-10.4X_1-2.8X_2-10.4X_3+1.369X_4-1.315X_5+271.75$
安徽	$Y=9.107X_1+5.84X_2-23.192X_3+2.64X_4-2.54X_5+780.59$
江西	$Y=-1.098X_1-0.483X_2+2.636X_3-5.292X_4-0.08X_5+432$
湖北	$Y=-18.594X_1+11.151X_2-1.819X_3-7.856X_4-5.196X_5+604.007$
湖南	$Y=-2.86X_1+0.456X_2-10.143X_3+2.79X_4-1.888X_5+587.316$
四川	$Y=1.1X_1+1.024X_2-1.559X_3-13.823X_4-0.949X_5+1104$
云南	$Y=-138.88X_1+28.712X_2+112.123X_3-61.28X_4-103.21X_5+678.49$
贵州	$Y=-3.511X_1+6.875X_2-28.223X_3+112.526X_3-88.716X_4+493.141$
上海	$Y=2.486X_1-0.526X_2-0.76X_3-8.4X_4-1.8X_5+37.08$
重庆	$Y=-6.945X_1-14.392X_2+66.086X_3-53.242X_4+12.182X_5+381.629$

　　依据以上计量模型分析结果,耕地显著性影响驱动因子筛选出开放度 X_1、外商直接投资 X_2、市场活力 X_3、城镇化率 X_4、产业结构 X_5 等 5 个指标,利用散点图来判断驱动因素与耕地面积之间的相关关系,发现这五个驱动因素与耕地面积变化之间存在线性关系,因此采用多元线性回归模型来获得耕地面积与驱动因素之间的函数关系(表 8-8),遵照 11 省市的十三五社会经济发展规划纲要预期设定的发展目标,预测 2020 年这几个驱动因素的增长值,从而得到 2020 年耕地总量需求,然后同《土地利用总体规划 2006—2020》以及 2016 年修订的土地利用总体规划指标补充文件(表 8-8)设置的耕地保有量面积进行对比。

　　根据每个省市的十三五社会经济发展规划纲要制定的发展速度预测每个省市的自变量因子,再结合拟合方程得到经济一体化情景下的 2020 年长江经济带耕地总量,另外根据已有的 20 世纪 80 年代以来的耕地遥感数据,计算后十年的耕地年均变化率,由此变化率计算得到的未来 2020 年耕地总量为基准情景(表 8-9)。不论是基准情景还是经济一体化情景,2020 年的耕地面积与 2015 年相对比都是在持续减少。江苏、浙江、安徽、重庆、湖南、上海在经济一体化情景下 2020 年的耕地总量高于基准情景,说明长江经济带的经济一体化发展有利于这几个省市的耕地保护工作,减缓了耕地减少的速度。但是,江西、湖北、四川、云南、贵州在经济一体化情景下的未来耕地总量少于基准情景,说明长江经济带的经济一体化趋势会增加这几个省份未来耕地面积的减少速度。与表8-10中土地利用总体规划的耕地保有量目标对比发现,在这两种情景下预测的耕地面积总量均高于耕地保有量水平,长江经济带的经济一体化过程需稳步推进,当前的区域内经济发展合作模式,未来对外开放程度的进一步提高,以及城镇化水平的提高都会增加占用耕地的压力,需要进一步提高经济一体化的水平。

表8-9 不同情景下2020长江经济带耕地总量需求量预测

	基准情景（万公顷）	一体化情景（万公顷）		基准情景（万公顷）	一体化情景（万公顷）
江苏省	582.04	594.87	湖南省	577.79	582.83
浙江省	229.39	261.84	四川省	1 165.21	1 096.39
安徽省	758.46	770.56	云南省	672.47	577.02
江西省	440.05	430.12	贵州省	477.66	455.63
湖北省	624.12	592.47	上海市	32.42	35.67
重庆市	366.59	387.37			

表8-10 土地利用总体规划2006—2020指标调整表

	耕地保有量（万公顷）	建设用地总规模（万公顷）		耕地保有量（万公顷）	建设用地总规模（万公顷）
江苏省	456.87	235.06	湖南省	397.07	171
浙江省	187.87	134.53	四川省	629.87	190.47
安徽省	582.4	205.6	云南省	584.53	115.4
江西省	292.73	133.6	贵州省	419.07	74.4
湖北省	485.87	177.73	上海市	18.82	32
重庆市	190.6	72			

二、长江经济带经济一体化趋势下建设用地未来总量需求预测

建设用地显著性的驱动因素有开放度 X_1、外商直接投资 X_2、技术创新

X_3、劳动力流动 X_4、经济结构 X_5 等 5 个指标,利用散点图获取这几个因素与建设用地面积之间的相关关系,同时发现他们之间具有较强的线性趋势,进一步利用已有的建设用地面积与驱动因素数据对其多元线性方程进行拟合(表 8 - 11)。

表 8 - 11　长江经济带各省市建设用地面积与经济一体化相关拟合方程

省份	拟合方程
江苏	$Y=-25.248X_1-34.221X_2-27.271X_3+3.304X_4+23.175X_5+162.89$
浙江	$Y=-51.021X_1+57.421X_2-0.468X_3+30.6X_4+10.557X_5+51.021$
安徽	$Y=1.916X_1+1.702X_2+14.218X_3-1.861X_4+2.575X_5+151.974$
江西	$Y=13.107X_1 19.643X_2+16.348X_3+16.807X_4+21.249X_5+33.796$
湖北	$Y=22.802X_1-20.644X_2+1.345X_3+1.244X_4+6.34X_5+79.366$
湖南	$Y=-8.444X_1+5.341X_2+2.932X_3+7.363X_4+4.173X_5+45.284$
四川	$Y=5.305X_1+4.599X_2-11.093X_3+6.578X_4+4.439X_5+46.326$
云南	$Y=8.18X_1-2.468X_2-3.798X_3-0.626X_4+2.753X_5+64.853$
贵州	$Y=0.507X_1+3.488X_2-1.712X_3+1.172X_4+3.99X_5+31.525$
上海	$Y=8.204X_1+0.663X_2-40.375X_3+33.464X_4-20.771X_5+17.71$
重庆	$Y=-2.243X_1+1.811X_2+1.616X_3+4.685X_4+3.448X_5+9.286$

得到拟合方程的基础上,进一步对不同的影响因素的未来取值进行预测,同理采用各个省市的十三五发展规划的目标设定其增长速度,但是对技术创新的增长率设定时,考虑到经济一体化趋势的加强可能会推动信息技术的传播,技术创新的影响溢出效应会较大,对技术创新的增长速度设置略高于其他发展指标。从表 8 - 12 中可以看到建设用地在 2020 年的总量面积都高于 2015 年,长江经济带的所有省市建设用地面积均保持增长态势,上海建设用地面积在经济一体化趋势下 2020 年的总量高于基准情景下的预测量,表明上海最为长江经济带经济发展的龙头,未来经济一体化水平提高的同时对建设用地的需求也会进一步增加,增加上海的建设压力。江西省的建设用地面积在经济一体化趋势下 2020 年的总量高于基准情景下的预测量,说明一体化趋势下江西省的建设用地面积会增大。其他省份的建设用地总量在经济一体化

水平情景均低于基准情景水平,经济一体化发展有利于降低建设用地扩张的
速度,减缓未来建设用地的增长压力。对比表 8-10 和表 8-12,江苏省和上
海市在基准情景和经济一体化情景下的建设用地需求总量在 2020 年均超出
了土地利用总体规划调整的建设用地约束指标,因此,区域城市间需要加强协
作,加快经济转型,提高工业产品的附加值和工业生产率,加大创新力度,提高
土地利用的效率。

表 8-12　不同情景下 2020 年长江经济带建设用地总量需求预测

	基准情景 (万公顷)	一体化情景 (万公顷)		基准情景 (万公顷)	一体化情景 (万公顷)
江苏省	285.977	241.33	湖南省	91.083	65.387
浙江省	130.927	118.248	四川省	91.479	71.177
安徽省	170.168	155.922	云南省	73.272	69.071
江西省	68.931	105.126	贵州省	59.272	40.237
湖北省	129.95	100.708	上海市	34.894	45.181
重庆市	59.198	29.146			

第九章 / 土地利用变化的生态环境压力与调控案例分析

　　基于生态服务价值的生态系统服务潜力空间模拟有助于可视化生态系统服务潜力供给、流动和需求的空间分布。因此,基于生态系统价值和生态补偿机制的混合方法和生态土地利用规划可能成为世界其他地区控制城市扩张的有效途径。在未来的研究中,将从空间地理管理的角度研究土地利用变化导致的生态系统服务价值(ESV)损失的控制指标。

第一节　生态服务价值

　　自然生态系统为人类福祉、健康、生存和生计提供多种生态系统服务,这些服务直接和间接地对人类社会做出贡献。土地利用、人类活动和自然密切相关。土地利用和覆盖变化改变了生态系统的结构和功能,从而威胁到生物多样性,进一步导致生态系统服务供给减少,并极大地改变了生态系统服务价值[1]。城市化和土地开发等人类活动促进了全球土地利用和土地覆盖变化(LUCC)进程,并影响了自然生态系统,加剧了生态系统服务价值的损失。

---

[1]　Crespin S J, Simonetti J A. Loss of ecosystem services and the decapitalization of nature in El Salvador[J]. Ecosystem Services, 2016, 17: 5 - 13.

许多研究评估了土地利用变化对生态系统服务价值（ESV）的影响[1][2][3][4]。1997 年，Costanza 等[5][6]确定了第一个全球 ESV 系数，从货币单位的角度计算了土地利用变化引起的 ESV 变化。虽然数值的系数有相当大的不确定性，但许多学者通过在不同尺度上参照或改进这些方法来评估生态系统服务价值（ESV），例如在区域和全球尺度[7][8]。2014 年，Costanza 等[9]提供了关于全球 ESV 的最新估计，并将其与 1997 年采用相同方法得出的结果进行了比较。研究人员已经证明，土地利用变化导致了相当大的 ESV 损失。在中国，学者们根据地方生态特征，利用 Costanza 等的方法，将中国大陆划分为 5 种生态系统和 9 种服务类型，得出了全国尺度上的中国 ESV 系数。中国学

————————

① Burkhard B, Muller A, Muller F, et al. Land cover-based ecosystem service assessment of irrigated rice cropping systems in southest Asia—An exploratice study[J]. Ecosystem Services, 2015, 14: 76-87.

② Costanza R, Groot R D, Sutton P, et al. Changes in the global value of ecosystem services [J]. Global Environmental Change, 2014, 26: 152-158.

③ Costanza R, Cumberland J, Daly H, et al. An introduction to ecological economics[M].

④ De Groot R, Alkemade R, Braat L, et al. Challenges in integrating the concept of ecosystem services and values in landscape planning, management and decision making [J]. Ecological Complexity, 2010, 7(3): 260-272.

⑤ Costanza R, Arge R, Groot R, et al. The value of the world's ecosystem services and natural capital[J]. Nature, 1997, 387(15): 253-260.

⑥ Costanza R, Cumberland J, Daly H, et al. An introduction to ecological economics[M].

⑦ Tolessa T, Senbeta F, Abebe T. Land use /land cover analysis and ecosystem services valuation in the central highlands of Ethiopia[J]. Forest, Trees and Livelihoods, 2017, 26(2): 111-123.

⑧ Groot R D, Brander L, Ploeg S V D, et al. Global estimates of the value ecosystems and their services in monetary units[J]. Ecosystem Services, 2012, 1(1): 50-61.

⑨ Costanza R, Groot R D, Sutton P, et al. Changes in the global value of ecosystem services [J]. Global Environmental Change, 2014, 26: 152-158.

者广泛地使用这个修正系数来估计 ESV 系数[1][2][3][4][5]。

　　然而,这些研究忽视了土地利用决策导致的 ESV 损失。近年来,为了适应中国快速的城市化和工业化进程,中国实施了土地利用规划。目前,中国的土地规划体系由五个部分组成,基本是自上而下的。一些学者认为,生态系统服务应该被嵌入土地利用规划或土地利用决策中[6][7]。目前研究侧重于城市层面的城市规划生态调控,如划定生态保护红线、设计生态城市廊道系统等[8][9][10]。面临压力的挤压造成的生态空间和生态环境破坏,中国在 2017 年十九次全国人民代表大会中推进了生态文明的概念,要求国家应优化景观模式,维持山、水、森林、耕地和湖水生态系统。但基于土地利用优化的区域,土地利用规划过程中土地利用变化对生态系统变化的抑制的相关研究却相对较少。

[1]　Liu Y, Li J C, Zhang H. An ecosystem service valuation of land use change in Taiyuan city, China[J]. Ecological Modelling, 2012, 225: 127 - 132.

[2]　Li Y F, Shi Y L, Zhu X D, et al. Coastal wetland loss and environmental change due to rapid urban expansion in Lianyungang, Jiangsu, China[J]. Regional Environmental Change, 2014, 14(3): 1175 - 1188.

[3]　Li F, Ye Y P, Song B W, et al. Assessing the changes in land use and ecosystem services in Changzhou municipality, People's Republic of China, 1991—2006[J]. Ecological Indicators, 2014, 42: 95 - 103.

[4]　Li H, Wei Y H D, Huang Z J. Urban land expansion and spatial dynamics in globalizing Shanghai[J]. Sustainability, 2014, 6(12): 8856 - 8875.

[5]　Wang W J, Guo H C, Chuai X W, et al. The impact of land use change on the temporospatial variations of ecosystems services value in China and an optimized land use solution[J]. Environmental Science & Policy, 2014, 44: 62 - 72.

[6]　Goldstein J H, Caldarone G, Duarte T K, et al. Integrating ecosystem-service tradeoffs into land-use decisions[J]. Proceedings of the National Academy of Sciences, 2012, 109(19): 7565 - 7570.

[7]　Blanco V, Holzhauer S, Brown C, et al. The effect of forest owner decision-making, climatic change and societal demands on land-use change and ecosystem service provision in Sweden[J]. Ecosystem Services, 2017, 23: 174 - 208.

[8]　Long H L, Liu Y Q, Hou X G, et al. Effects of land use transitions due to rapid urbanization on ecosystem services: Implications for urban planning in the new developing area of China[J]. Habitat International, 2014, 44: 536 - 544.

[9]　Long H L, Liu Y Q, Hou X G, et al. Effects of land use transitions due to rapid urbanization on ecosystem services: Implications for urban planning in the new developing area of China[J]. Habitat International, 2014, 44: 536 - 544.

[10]　Hong W Y, Yang C Y, Chen L X, et al. Ecological control line: A decade of exploration and an innovative path of ecological land management for megacities in China[J]. Journal of Environmental Management, 2017, 191: 116 - 125.

第二节　生态服务价值核算方法

一、数据来源和土地分类

本研究利用江苏省土地利用遥感影像数据、ESV 系数数据、社会经济发展数据和部分政策数据等 4 类数据。

沿海地区因土地利用变化而引发的生态环境问题较为突出[①②]，因此本章以中国东部沿海的江苏省为研究对象。与其他沿海地区一样，江苏也面临着应对生态保护和经济增长的巨大压力。2014 年，江苏的经济发展超过了国内一些大城市。2014 年江苏 GDP 占全国 GDP 的 10.23%，而京津冀和珠江三角洲分别占中国 GDP 的 10.41% 和 9.06%，2014 年，江苏省城市化率为 65.21%[③④]，而全国城镇化率仅为 54.7%。因此，这种大规模的城市化导致了大量的土地转换[⑤]。此外，江苏还经历了土地资源的供需矛盾：一方面，江苏许多城市在快速城市化扩张和经济发展过程中填埋了水体和湿地，并将其转化为城市建成区[⑥⑦⑧]；另一方面，围垦的快速扩张导致大量滨海滩涂湿地和

　　①　Liu T, Liu H, Qi Y J. Construction land expansion and cultivated land protection in urbanizing China: Insights from national land surveys, 1996—2006[J]. Habitat International, 2015, 46: 13 - 22.

　　②　Li Y F, Shi Y L, Zhu X D, et al. Coastal wetland loss and environmental change due to rapid urban expansion in Lianyungang, Jiangsu, China[J]. Regional Environmental Change, 2014, 14(3): 1175 - 1188.

　　③　2015 年中国统计年鉴. 中国统计局. http://www.stats.gov.cn/tjsj/ndsj/.

　　④　2015 年江苏省统计年鉴. 江苏省统计局. http://tj.jiangsu.gov.cn/col/col4009/index.html.

　　⑤　Tian L. Land use dynamics driven by rural industrialization and land finance in the peri-urban areas of China: "The examples of Jiangyin and Shunde"[J]. Land Use Policy, 2015, 45: 117 - 127.

　　⑥　Li Y F, Shi Y L, Zhu X D, et al. Coastal wetland loss and environmental change due to rapid urban expansion in Lianyungang, Jiangsu, China[J]. Regional Environmental Change, 2014, 14(3): 1175 - 1188.

　　⑦　Li F, Ye Y P, Song B W, et al. Assessing the changes in land use and ecosystem services in Changzhou municipality, People's Republic of China, 1991—2006[J]. Ecological indicators, 2014, 42: 95 - 103.

　　⑧　Li H, Wei Y H D, Huang Z J. Urban land expansion and spatial dynamics in globalizing Shanghai[J]. Sustainability, 2014, 6(12): 8856 - 8875.

天然岸线流失，导致海洋生态环境恶化[①②]。当地政府计划 2020 年再开垦 1 805 平方千米的滩地[③]，江苏省湿地系统将面临巨大的干扰压力。因此，本章在土地利用规划的基础上，重点研究了土地利用结构的优化以及土地利用变化对生态系统价值的空间影响。

土地利用示意图由中国科学院遥感应用研究所提供（30-m revolution）。以 2000 年、2005 年、2010 年和 2015 年 4 个时期的土地利用示意图为研究对象，采用可视化解译方法对 TM 遥感影像进行分析。我们使用 ArcMap GIS10.0（ESRI，Redlands，CA，USA）来分析研究区域的土地利用数据。因为江苏有很多湿地，所以本章提取了来自自然河流和人工河流、渔业水库和湖泊等水体的湿地（浅滩、滩涂和冲积滩涂）并基于中国科学院资源环境数据库，对其 ESV 系数进行了区分。本章纳入了所有土地分类类型（耕地、林地、草地、水体、湿地、建设用地、未利用地）（表 9 - 1）。利用 ArcGIS10.0 中的地图代数，计算了 15 年期间的土地利用动态信息。利用该方法，得到了一个表示不同土地利用类型之间数量转移的转移矩阵。海拔图（an elevation map）是从美国地质调查局（USGS）网站上获得的。由于土地利用图与海拔图的坐标系统和分辨率不一致，需要对这些数据进行匹配。本章确定了代表江苏省土地利用图和海拔图上显著特征的点所对应的 X 坐标和 Y 坐标，并将海拔数据集重新采样到 Albers 坐标系统中。为了配合 CLUE-S 模型的空间刺激过程，我们将土地利用数据存储为 0.5 km 栅格分辨率的栅格图像。

---

① Sun X，Li Y F，Zhu X D，et al. Integrative assessment and management implications on ecosystem services loss of coastal wetlands due to reclamation[J]. Journal of Cleaner Production，2015，163：101 - 112.

② Cai F F，Vliet J V，Verburg P H，et al. Land use change and farmer behavior in reclaimed land in the middle Jiangsu coast，China[J]. Ocean & Coastal Management，2017，137：107 - 117.

③ NDRC. 2009. Jiangsu Coastal Region Development Planning 2006—2020 （in Chinese），Beijing. http：//www. njb. cas. cn/zt/cxjq/201206/P020120628559825304673. pdf.

表 9 - 1　江苏省土地利用分类表

类别	类别定义
耕地	包括农田水田、无灌溉田
林地	包括有机森林、灌木林、林地和其他
草地	包括高、中、低三种覆盖类型
建设用地	包括城市用地、住宅用地、城市用地、住宅用地和其他建设用地
水体湿地	包括天然和人工河流,渔场水库和湖泊
未利用土地	包括潮滩、冲积平原、浅滩包括沙地、盐碱地、沼泽、荒地等

社会经济发展数据(包括 GDP 数据、粮食生产数据、人口数据)均来源于《江苏省统计年鉴》[①]。利用空间栅格化算法,我们将这些矢量经济数据转换为 30 m 分辨率的栅格空间。此外,在 CLUE-S 模型中还使用了一些交通数据作为土地利用变化的驱动因素,包括距离国道的距离、距离省道的距离和距离高速公路的距离,并通过 ArcGIS10.0 进行数字化处理。这些交通道路数据来源于《江苏省道路交通图集》(2001 年、2015 年)。最后,选取江苏省国土资源局包括未来各土地类型面积在内的政策数据,建立线性优化模型,预测 2025 年土地利用需求。这些数据包括江苏省土地利用规划文件(2006—2020年)、江苏省生态保护与建设规划文件(2014—2020 年)、江苏省林地保护规划文件(2010—2020 年)。

二、生态服务价值的核算

为了合理计算中国的 ESV 系数,Xie[②] 等人修改了 Costanza[③④] 估计全球生态系统的方法,提出中国 ESV 系数,考虑到农田粮食生产功能的标准,将其等效 ESV 系数视为 1,而其他函数系数都是基于该标准的等效数值(表 9 - 2)。

① 江苏省统计年鉴. 江苏省统计局. http://tj. jiangsu. gov. cn/col/col4009/index. html.

② Xie G D, Zhen L, Lu C X, et al. Expert knowledge based valuation method of ecosystem services in China[J]. Journal of Natural Resources, 2008, 23(5): 911 - 919.

③ Costanza R, Arge R, Groot R, et al. The value of the world's ecosystem services and natural capital[J]. Nature, 1997, 387(15): 253 - 260.

④ Costanza R, Cumberland J, Daly H, et al. An introduction to ecological economics[M].

然而,这个系数适用于国家的水平;因此,应修改为省级或地方系数,以符合地方特征因子。中国学者在不同尺度上对中国的系数进行了修正,如省级尺度、市级尺度和城镇规模①②③④⑤。

表 9-2　中国生态系统每公顷生态系统服务当量值系数表

生态系统服务与功能	农田	森林	草原	湿地	水体	贫瘠的土地
粮食生产	1.00	0.33	0.43	0.36	0.53	0.02
原料	0.39	2.98	0.36	0.24	0.35	0.04
天然气监管	0.72	4.32	1.50	2.41	0.51	0.06
气候调节	0.97	4.07	1.56	13.55	2.06	0.13
供水及废物处理	0.77 1.39	4.09 1.72	1.52 1.32	13.44 14.40	18.77 14.85	0.07 0.26
土壤形成与保持	1.47	4.02	2.24	1.99	0.41	0.17
保持生物多样性	1.02	4.51	1.87	3.69	3.43	0.40
娱乐和文化	0.17	2.08	0.87	4.69	4.44	0.24
总计	7.90	28.12	11.67	54.77	45.35	1.39

因此,我们必须根据表 9-2 中的全国 ESV 系数值来计算江苏省的系数。由于耕地的粮食生产函数决定了等效 ESV 系数,平均每年每公顷的耕地自然粮食生产的经济价值成为考虑的关键指标。一般假设天然食品产量为实际食

---

① Wang W J, Guo H C, Chuai X W, et al. The impact of land use change on the temporospatial variations of ecosystems services value in China and an optimized land use solution[J]. Environmental Science & Policy, 2014, 44: 62-72.

② Wang Y, Gao J X, Wang J S, et al. Value assessment of ecosystem services in nature reserves in Ningxia, China: A response to ecological restoration[J]. PLOS ONE, 2014, 9(2): 1-10.

③ Liu Y, Li J C, Zhang H. An ecosystem service valuation of land use change in Taiyuan city, China[J]. Ecological Modelling, 2012, 225: 127-132.

④ Li T H, Li W K, Qian Z H. Variations in ecosystem service value in response to land use changes in Shenzhen[J]. Ecological Economics, 2010, 69(7): 1427-1435.

⑤ Fang X, Tang G A, Li B C, et al. Spatial and temporal variations of ecosystem service values in relation to land use pattern in the Loess Plateau of China at town scale[J]. PLOS ONE, 2014, 9(10): 1-13.

品产量的 1/7[①]。结果表明,2000—2015 年江苏省耕地平均粮食产量为每年每公顷 5 929.364 kg[②],2015 年粮食价格为 1.95 元/kg。以 2015 年粮食市场价格为基准,江苏省 1 个等值的平均 ESV 为每年每公顷 1 651.75 元。利用公式(9-1)计算了每公顷土地使用类型的 ESV,结果如表 9-3 所示。

表 9-3　江苏省土地利用类型的生态系统服务价值系数[元/(公顷·年)]

生态系统服务与功能	农田	森林	草原	水体	湿地	建设用地	未利用土地
粮食生产	1 651.751	545.078	710.253	875.630	594.630	0	33.035
原料	644.183	4 922.219	594.630	396.420	396.420	0	66.070
天然气监管	1 189.261	7 135.566	2 477.627	3 980.720	3 980.720	0	99.105
气候调节	1 602.199	6 722.628	2 576.732	22 381.226	22 381.226	0	214.728
水处理	1 271.849	6 755.663	2 510.662	22 199.533	22 199.533	0	115.623
废物处理	2 295.934	2 841.012	2 180.312	23 785.214	23 785.214	0	429.455
土壤形成与保持	2 428.074	6 640.040	3 699.923	3 286.984	3 286.984	0	280.798
保持生物多样性	1 684.786	7 449.398	3 088.775	6 094.961	6 094.961	0	660.701
娱乐和文化	280.798	3 435.643	1 437.024	7 746.712	7 746.712	0	396.420
总计	13 048.835	46 447.247	19 275.938	90 466.402	90 466.402	0	2295.934

$$V_{ij} = 1\ 651.75 \times C_{ij} \qquad (9-1)$$

其中,V_{ij} 土地利用类别 i 和服务功能 j 的单位 ESV,C_{ij} 为土地利用类别 i 和服务功能 j 的等效 ESV 系数。

表 9-3 为江苏省各土地利用类型单位面积 ESV 系数的计算结果。耕地就是农田,林地就是森林,未利用地就是荒地。由建设用地的扩张导致 ESV 的损失,则认为建设用地系数为 0。本章利用 ArcGIS 和公式(9-2)分析了土地利用的时空变化及其对 ESV 的影响。

---

① Li T H, Li W K, Qian Z H. Variations in ecosystem service value in response to land use changes in Shenzhen[J]. Ecological Economics,2010,69(7):1427-1435.

② 江苏省统计年鉴. 江苏省统计局. https://tj.jiangsu.gov.cn/col/col4009/index.html.

$$ESV = \sum_i A_i \times V_i \qquad\qquad (9-2)$$

其中,ESV 为江苏省总 ESV,A_i 为 i 区域土地利用类别面积,V_i 为 9 种服务功能每单位的土地利用类别 i 的总 ESV。

三、基于生态服务价值最大化的土地利用优化模型

线性优化规划(LP)与土地利用规划相结合是改善土地利用环境价值、优化土地利用结构、平衡土地利用变化与土地利用环境价值损失的有效方法。LP 模型使用一个线性不等式系统,表示基于目标函数的系统行为约束。近年来,土地利用规划 LP 模型被广泛用于优化土地利用结构,实现城市和国家层面的总生态系统服务价值(ESV)的最大化[1][2][3][4]。这些研究产生的结果对通过管理土地使用来改善生态系统价值具有重要意义。然而,这些分析很少在宏观尺度上探讨省级维度。因此,本章突出了在中国土地利用规划的背景下,通过控制自上而下的地方政府进行土地利用管理的缺陷[5]。

本章利用线性优化规划模型对江苏省土地利用结构进行优化。土地利用优化的关键在于建立一个基于最大 ESV 的线性目标函数。目标函数通过方程式(9-3)计算[6]:

$$F(ESV) = \max \sum_{i=1}^{7} X_i V_i \qquad\qquad (9-3)$$

① Xue M G, Ma S H, ASCE S M. Optimized land-use scheme based on ecosystem service value: case study of Taiyuan. China[J]. Journal of Urban Planning and Development, 2018, 144(2): 1-11.

② Wang W J, Guo H C, Chuai X W, et al. The impact of land use change on the temporospatial variations of ecosystems services value in China and an optimized land use solution[J]. Environmental Science & Policy, 2014, 44: 62-72.

③ Wang Y, Gao J X, Wang J S, et al. Value assessment of ecosystem services in nature reserves in Ningxia, China: A response to ecological restoration[J]. PLOS ONE, 2014, 9(2): 1-10.

④ Chuai X W, Huang X J, Wang W J, et al. Spatial simulation of land use based on terrestrial ecosystem carbon storage in Coastal Jiangsu. China[J]. Scientific Reports, 2014, 4: 1-8.

⑤ Liu Y, Feng Y, Zhao Z, et al. Socioeconomic drivers of forest loss and fragmentation: A comparison between different land use planning schemes and policy implications[J]. Land Use Policy, 2016, 54: 58-68.

⑥ Chuai X W, Huang X J, Wu C Y, et al. Land use and ecosystem services value changes and ecological land management in coastal Jiangsu, China[J]. Habitat International, 2016, 57: 164-174.

其中,X_i 为土地利用类型 i 的面积,包括耕地(X_1)、林地(X_2)、草地(X_3)、水体(X_4)、湿地(X_5)、建设用地(X_6)、未利用地(X_7),V_i 为各土地类型的 ESV 总系数(表 9 - 3)。

一些主观约束条件(Eqs:(3 - 9))根据江苏省土地利用总体规划(2006—2020 年),对各类土地利用类型进行了划分。我们确定 2015 年为起始年,2025 年为目标预测年。具体约束条件如下:

由于江苏沿海围垦工程,总用地面积扩大,根据 2000—2015 年的平均扩张速度,我们预测 2025 年将达到 $1\,048.05 \times 10^4$ hm^2:

$$\sum_{i=1}^{7} X_i = 1\,048.05 \ X_i \geqslant 0 \qquad (9 - 4)$$

我国制定了一系列土地利用政策来保护耕地面积,依据 2017 年江苏省土地利用总体规划(2006—2020 年)指标调整表,到 2020 年,江苏省土地利用总体规划中耕地保有量为 456.87×10^4 hm^2。根据最严格的保护政策,本章假设 2025 年的耕地面积为 456.87×10^4 hm^2,我们将该数值设为低值。近年来,严格的耕地保护和生态文明建设被视为重要的土地利用政策。因此,本章假设,2025 年的耕地减少速度将为 2000—2015 年的 $1/4$。根据 2000—2015 年的耕地面积下降速率,本章预测到 2025 年的耕地总面积为 617.91×10^4 hm^2,由于耕地保护政策将持续很长一段时间,我们做出了较高的评价。耕地约束条件如下:

$$456.87 \leqslant X_1 \leqslant 617.91 \qquad (9 - 5)$$

林地在 2000 年和 2015 年间继续减少,尽管 2025 年高于 2015 年(30.91×10^4 hm^2),但这是因为生态文明建设过程提出了关于领土的优化管理和重建生产、生活和生态空间的前所未有的紧迫要求[①]。此外,江苏省地方政府根据 2017 年《江苏省土地利用总体规划(2006—2020 年)》,将 2020 年林地指标调整为 56.79×10^4 hm^2。江苏省"十三五"林业发展规划森林覆盖率数据显示,江苏省森林覆盖率由"十一五"末的 20.6% 提高到"十二五"末的 22.5%,提高了

---

① Liu Y, Fang F, Li Y. Key issues of land use in China and implications for policy making[J]. Land Use Policy, 2014, 40: 6 - 12.

1.9%。我们假设 2025 年森林覆盖率和 2020 年森林覆盖率(1.9%)一样,具有相同的增长率,预测林地总面积为 $61.21×10^4$ hm²,由于生态修复会承受一定的压力,并且会持续很长一段时间,所以本章将其设为较高的数值。因此林地的约束条件为

$$30.91 \leqslant X_2 \leqslant 61.21 \qquad (9-6)$$

草地主要分布在江苏沿海地区,2000—2015 年,由于江苏沿海地区的盐渍化,草地总面积减少了 26.49%。根据江苏省土地利用总体规划(2006—2020 年)提出的 2020 年低产草地将调整为林地,因此我们假设 2025 年草地将减少。在生态环境保护政策的推动下,2025 年草地面积将以 26.49%的速度继续减少到 $8.01×10^4$ hm² 以下。但 2025 年的草地面积至少要高于江苏省土地利用规划 2020 年的草地面积($0.1×10^4$ hm²)(2006—2020 年)。

$$0.1 \leqslant X_3 \leqslant 8.01 \qquad (9-7)$$

根据 2000 年和 2015 年之间增加的水域,2025 年水体面积将达到 $150.21×10^4$ hm²,这主要是因为当地政府颁布了一项规定,要求加强对河流和湖泊恢复水域的空间控制①。由于围垦带来的问题需要长期解决,因此本章将该值定得很高。但是,水的调控至少加强了水的空间控制,2025 年的水域面积将超过 2015 年的水域面积($129.53×10^4$ hm²)。

$$129.53 \leqslant X_4 \leqslant 150.21 \qquad (9-8)$$

2000 年至 2015 年间,湿地面积以 15.04%的速度减少,根据 2000—2015 年的减少率,随着生态恢复程度的提高,本章预计 2025 年湿地面积将超过 $21.21×10^4$ hm²。此外,由于江苏省地方政府实施了《江苏省湿地保护规划》(《江苏省湿地保护 2014—2030》),2020 年江苏省将观测湿地 $282×10^4$ hm²。然而,本章土地分类方法中的湿地面积仅包括浅滩、滩涂和冲积滩涂,而湿地保护规划中的湿地面积包括水域和湿地。因此,本章根据 2015 年同期的湿地面积比例估算出 2020 年的湿地面积为 $45.58×10^4$ hm²,并假设 2025 年的湿地面积小于 $45.58×10^4$ hm²。

---

① http://www.tba.gov.cn/contents/210/43540.html.

$$21.21 \leqslant X_5 \leqslant 45.58 \qquad (9-9)$$

2000—2015年,随着城市蔓延,江苏省建设用地大幅增加。2020年政府严格控制建设用地的刚性需求,并基于江苏省的土地利用规划将其控制在 $235.06 \times 10^4 \text{ hm}^2$ 以下,本章把其称作在2025年的高值,因为当地政府将根据"第13次五年计划有关土地和资源的大纲"重振存备建设用地,严格控制建设用地总面积。但未来的经济发展仍需要一定的建设用地,因此出台了"农村建设用地减少与城市建设用地增加挂钩"的政策来控制建设用地的扩张[①]。因此,根据2000—2015年建设用地12.5%的增长率,本章预测2025年的建设用地面积将为 $223.66 \times 10^4 \text{ hm}^2$,远低于目前的增长率,将其设置为低值,具体如下:

$$223.66 \leqslant X_6 \leqslant 235.06 \qquad (9-10)$$

未利用土地自2000年以来呈上升趋势,这可能与土地利用的浪费和盐渍化有关,包括废弃的土地和废弃的工厂。在未来几年内,由于土地整理政策的实施,这一趋势将会减少。因此,利用当前未利用土地增长率的1/2来预测2025年未利用土地的高价值。我们将2015年的值设为2025年的低值,从而建立未利用土地的方程:

$$2.19 \leqslant X_7 \leqslant 12.54 \qquad (9-11)$$

四、基于CLUE-S模型的土地利用空间模拟

土地利用变化导致的ESV损失具有显著的空间异质性,但以往的研究很少关注其空间特征。小区域土地利用及其效应模型(CLUE-S)是利用土地利用及其驱动因素之间的实证量化关系,是结合生态环境效应来模拟土地利用

[①] Huang X J, Li Y, Yu R, et al. Reconsidering the controversial land use policy of "linking the decrease in rural construction land with the increase in urban construction land": A local government perspective[J]. China Review, 2014, 14(1): 175-198.

变化的一种有效途径[①]。在中国,通过生态保护来维持经济增长是一个相当大的挑战。因此,将以 ESV 最大化为目标的线性优化规划模型与 CLUE-S 模型相结合,研究城市层面土地最优配置路径[②③]。本章将 LP 模型与 CLUE-S 模型在省级层面进行优化模拟分析,在土地利用规划的基础上优化土地利用结构,探讨生态系统服务价值(ESV)的空间异质性。

CLUE-S 模型是一种空间模拟模式,探索在用户指定的允许变化规则和变化率范围内的土地利用模式的变化[④]。该模型通常考虑了一个明确的土地利用空间分配过程和一个非空间需求模块(图 9-1)。通常,非空间分析模块基于计量经济模型计算一段时间内土地利用类型的需求面积。CLUE-S 模型的空间分析考虑了空间限制、土地利用类型转换设置等空间限制特征[⑤⑥]。本研究考虑了以下因素,(1) 2025 年各类土地利用的土地需求:这些需求可以通过我们研究的线性规划模型得到。(2)空间限制:地方政府设立限制区域,禁止改变土地利用类型。自然保护区作为江苏省重要的土地利用类型,在快速城市化的背景下面临着巨大的生态压力,本章选择主要自然保护区作为空间限制。(3)土地利用类型转换设置:该因素包括设置相对转换弹性和转换顺序。首先,我们设定 2000 年为起始年,2015 年为目标年,以检验 CLUE-S 模型的准确性。根据土地利用转移情况和模型模拟精度,设置不同类型土地

① Zhang L，Zhang S，Huang Y，et al. Exploring an ecologically sustainable scheme for landscape restoration of abandoned mine land：scenario-based simulation integrated linear programming and CLUE-S model[J]. International Journal of Environment Research and Public Health，2016，13 (4)：1-10.

② Chuai X W，Huang X J，Wu C Y，et al. Land use and ecosystem services value changes and ecological land management in coastal Jiangsu, China[J]. Habitat International，2016，57：164-174.

③ Zhang L，Zhang S，Huang Y，et al. Exploring an ecologically sustainable scheme for landscape restoration of abandoned mine land：scenario-based simulation integrated linear programming and CLUE-S model[J]. International Journal of Enviromental Research and Public Health，2016，13 (4)：1-10.

④ Castella J C，Verburg P H. Combination of process-oriented and pattern-oriented models of land-use change in a mountain area of Vietnam[J]. Ecological Modelling，2007，202(3-4)：410-420.

⑤ Verburg P H，Soepboer W，Veldkamp A，et al. Modeling the spatial dynamics of regional land use：the CLUE-S model[J]. Environmental Management，2002，30(3)：391-405.

⑥ Chuai X W，Huang X J，Wang W J，et al. Spatial simulation of land use based on terrestrial ecosystem carbon storage in Coastal Jiangsu，China[J]. Scientific Reports，2014，4(5667)：1-8.

利用转换弹性值为农田(0.5)，林地(0.6)，草原(0.4)，水域(0.4)，林地(0.3)，建设用地(0.8)，未利用地(0.5)[1]。其次，我们进一步将 2015 年作为起始年，2025 年作为目标年，模拟土地利用的空间分布。以上得到不同土地类型的转换弹性参数值。再次，转换顺序通常用土地利用转移矩阵表示，其值分别为 0 和 1，表示禁止土地利用转移和允许土地利用转移。在本章中，我们为所有类型的转移选择了一个值 1。(4)其他空间驱动因素：将土地利用的空间显性数据与假定的驱动因素相结合，建立 logistic 回归模型，分析影响土地利用类型变化的驱动因素。根据江苏省土地利用的实际情况，选取了人口密度、GDP 密度、海拔、距离当地主要道路距离、距离主要城市距离、距离高速公路距离、主要水域(含湿地)7 个社会经济驱动因素。

在利用回归模型的结果来模拟土地利用的空间分布之前，本章使用了相对操作特征(ROC)曲线和 R^2 来检验回归模型的有效性。利用 Kappa 指数检验土地利用模拟结果的有效性[2][3]。其中，设计 ROC 曲线用于评价 logistic 回归模型的能力，ROC 的取值范围为 0.5～1，随机分配概率为 0.5，最佳模拟为 1。ROC 值越大，土地利用类型空间分布的精度越高。当 ROC 值小于 0.7 时，拟合优度较差。反之，ROC 值大于 0.7，拟合优度可以接受[4]。Nagelkerke 的 R 反映了回归模型的拟合程度。一般来说，指标越大，模型解释的比例越大，模型预测的精度越高。通过对比实际数据和仿真结果，采用 Kappa 指数评价仿真精度。表达式如下：

$$Kappa = (P_O - P_C)/(P_P - P_C) \qquad (9-12)$$

① Chuai X W, Huang X J, Wu C Y, et al. Land use and ecosystem services value changes and ecological land management in coastal Jiangsu, China[J]. Habitat International, 2016, 57: 164-174.

② Pontius R G, Schneider L C. Land-cover change model validation by an ROC method for the Ipswich watershed, Massachusetts, USA[J]. Agriculture, Ecosystems and Environment, 2001, 85(1): 239-248.

③ Jiang W G, Chen Z, Lei X, et al. Simulating urban land use change by incorporating an autologistic regression model into a CLUE-S model[J]. Journal of Geographical Sciences, 2015, 25(7): 836-850.

④ Huang D, Huang J, Liu T. Delimiting urban growth boundaries using the CLUES model with village administrative boundaries[J]. Land Use Policy, 2019, 82: 422-435.

其中 P_O 表示两个观测值一致性的比例；P_C 表示随机条件下期望一致性的比例；P_P 表示理想的模拟比例。一般来说，Kappa 值大于 0.7 表示一致性较高，在 0.4～0.7 范围内表示一致性较好，小于 0.4 表示一致性较差，模拟精度较差[①]。

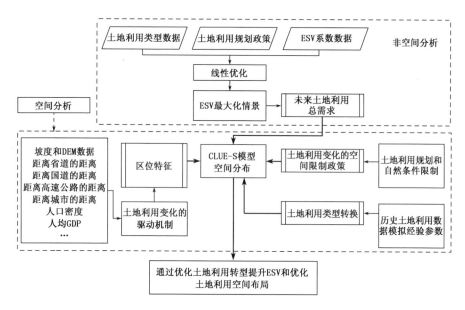

图 9 - 1　研究思路与方法路线图

第三节　生态服务价值变化

一、土地利用与生态系统服务价值的历史变化

从表 9 - 4 可以看出，2000—2015 年研究总面积增加了 $6.72 \times 10^4 \ hm^2$，主要是由于江苏沿海泥沙淤积。耕地和建设用地变化最为明显。耕地面积持续减少，2005—2010 年耕地面积减少了 $4.64 \times 10^5 \ hm^2$。建设用地持续增加，

---

①　Feinstein A R，Cicchetti D V. High agreement but low Kappa：1. The problems of 2 paradoxes[J]. Pergamon，1990，43(6)：543 - 549.

主要集中在 2005—2010 年,占 2000—2015 年总增加面积的 67.41%。2005 年之前林地面积增加较少,2005—2015 年林地面积持续减少 2.98×10^4 hm²。草地面积在 2000—2010 年间急剧减少 5.54×10^4 hm²,在 2010—2015 年期间缓慢增加 1.61×10^4 hm²。水域面积不断增加,2000—2015 年面积增加 1.78×10^5 hm²。从 2000 年到 2005 年湿地面积只减少 1.62×10^4 hm²,在 2005 年至 2010 年,面积增加 5.55×10^4 hm²,然而,从 2010 年到 2015 年湿地面积缩小,减少区域(8.35×10^4 hm²),高于 2005 年到 2010 年期间的增加区域。2000—2005 年未利用土地面积减少,2005—2015 年未利用土地面积增加了 2.0×10^4 hm²。

表 9-4　江苏省不同年份土地利用结构及其变化表

土地利用类型	不同年份的土地面积(10^4 hm²)				土地面积变化(10^4 hm²)		
	2000 年	2005 年	2010 年	2015 年	2000—2005 年	2005—2010 年	2010—2015 年
耕地	700.10	687.66	641.26	633.06	−12.44	−46.40	−8.20
林地	33.58	33.90	31.26	30.92	0.32	−2.64	−0.34
草地	14.83	14.08	9.29	10.90	−0.75	−4.79	1.61
水地	111.71	116.52	125.66	129.54	4.82	9.14	3.87
湿地	29.40	27.78	33.33	24.98	−1.62	5.55	−8.35
建设用地	147.00	156.70	200.49	211.96	9.70	43.79	11.47
未利用土地	0.21	0.20	2.15	2.19	−0.02	1.95	0.05
总计	1 036.83	1 036.83	1 043.43	1 043.54	0.00	6.61	0.11

　　为探索土地转换的类型对总 ESV 变化产生的重要影响,本章制作了一个 2000 年和 2015 年之间的土地利用和 ESV 变化的土地转移矩阵,发现在 2000—2015 年,17.76% 的总土地面积已转移,ESV 每年下降了 576 亿元。2000—2015 年,耕地和湿地面积减少最多,而建设用地和水域面积增加最多。土地流转主要发生在不同土地类型之间。由过渡矩阵可知,耕地减少主要是由于建设用地的扩张,转变为建设用地的面积为 8.92×10^5 hm²,占耕地减少面积的 81.1%,结果导致每年 1 163.73 亿元 ESV 的损失。这种减少 ESV 的

转换类型的变化是最大的。而其他土地利用类型向耕地转化的面积仅为 4.29×10^5 hm²,主要来自水体和建设用地。研究结果表明,虽然由水域向耕地的转变导致了年平均 ESV 下降 462.24 亿元,但从建设用地向耕地过渡 2.76×10^5 hm²,每年增加 360.41 亿元 ESV。此外,27.85% 的水域被改造为建设用地,导致每年 313.29 亿元 ESV 的损失。湿地转化为其他土地利用类型共 9.98×10^4 hm²,造成 ESV 每年损失 427.28 亿元。其中,土地利用类型变化最大的是湿地,由湿地向草地和水域转变,分别为 2.06×10^4 hm² 和 5.60×10^4 hm²,导致 ESV 每年分别损失 146.83 亿元和 870.55 亿元。

表 9 - 5　2000—2015 年江苏省土地利用与生态系统服务价值变化表

2000—2015	耕地	林地	草地	水体	湿地	建设用地	未利用土地	总计
土地利用转换(10^4 hm²)								
耕地	590.14	3.35	0.70	15.52	0.86	89.18	0.35	700.10
林地	4.40	26.16	0.10	0.34	0.04	2.20	0.34	33.58
草地	2.22	0.15	6.08	4.64	0.51	1.20	0.03	14.83
水体	7.47	0.25	1.29	96.70	1.64	4.18	0.17	111.71
湿地	1.20	0.02	2.06	5.60	19.42	1.08	0.02	29.40
建设用地	27.62	0.75	0.42	3.76	0.26	114.06	0.14	147.00
未利用土地	0.01	0.04	0.00	0.01	0.00	0.02	0.12	0.21
总计	633.06	30.73	10.65	126.56	22.73	211.92	1.17	1 036.83
ESV 变化(10^7 yuan/yr⁻¹)								
耕地	0.00	1119.68	43.43	9597.28	667.73	−11 637.28	−37.64	−246.79
林地	−1 470.37	0.00	−27.17	96.76	17.61	−1 020.68	151.22	−2 555.06
草地	−138.24	41.44	0.00	2 589.67	363.07	−230.35	−5.09	2 613.49
水体	−4 622.35	−71.86	−716.25	0.00	255.18	−3 132.98	−123.44	−8 411.70
湿地	−927.08	−9.90	−1 468.30	−870.55	0.00	−979.30	−17.63	−4 272.77
建设用地	3 604.09	349.52	80.96	2 812.76	232.95	0.00	3.16	7 083.43
未利用土地	1.34	18.76	0.00	9.08	0.00	−0.46	0.00	28.73
总计	−3 552.60	1 447.63	−2 087.33	14 227.99	15 36.53	−17 001.04	−331.86	−5 760.68

二、土地利用变化与 ESV 变化的历史空间分布

为确定 2000—2015 年主要土地利用转换发生位置,图 9‑2 为主要土地利用变化空间分布图。研究发现,耕地转化分布在整个区域,以苏南太湖地区为主。林地转化分布在苏北地区的北部,主要草地转化分布在苏北海岸线附近。转移水体主要集中在太湖和苏北沿海地区。转移湿地的面积主要分布在江苏中部与苏北北部的边界地区。转移后的建设用地主要集中在苏北沿海地区。图 9‑3 还显示了土地利用转型引起的 ESV 变化的空间分布。首先,耕地向建设用地的转化主要集中在苏南地区,其他地区则较为分散,每年每公顷减少 13 049 元。然而,从耕地到水域的转化密集地分布在江苏南部,特别是在太湖之滨的东部,分散在苏中和苏北地区,每年每公顷增加 61 858 元。然

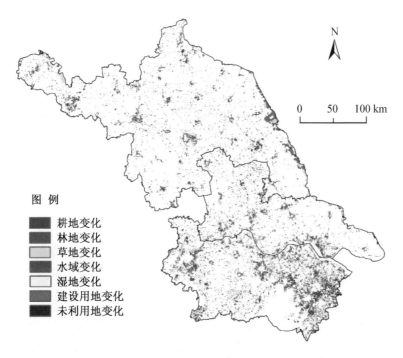

图 9‑2　2000—2015 年土地类型变化空间分布图

注:耕地变化表示耕地转化为其他类型的用地;其他地类变化含义以此类推。

本章彩图扫描章末二维码获得。

而,苏北地区由水域向耕地的转化分布在由北向南的沿海地区,导致每年每公顷减少 61 858 元。江苏省由水域向建设用地的转化区主要分布在沿海,并导致每年每公顷减少了 74 907 元。其他的湿地转化为草地,主要分布在苏南地区,并导致每年每公顷减少了 71 190 元;湿地转化为水域的区域零散地分布在苏南和苏中、苏中和苏北的边界地区,导致每年每公顷减少了 15 559 元。

表 9-6 显示江苏的次区域的 ESV 的详细变化,这表明苏南遭受最大的 ESV 损失,值为每年 37.5 亿元,这由于从 2000 年到 2015 年 7.09×10^5 hm² 的总土地发生转化。与 ESV 损失相对应的是,第一个主要的转化是由耕地向建设用地转化,这导致了每年 48.7 亿元 ESV 的损失。其次是从水域到耕地,并造成了每年 18.6 亿元的 ESV 损失。尽管耕地向水域的反向转化每年增加了 48.0 亿元的 ESV。湿地向建设用地的转变是造成 ESV 损失的第三大原因,每年减少 14.7 亿元。

苏中地区是 ESV 损失的第二大贡献者,每年为 11.0 亿元。耕地向建设用地和水域向耕地的转变是造成 ESV 损失的最大贡献者,分别为每年 23.9 亿元和每年 10.9 亿元。

另外,苏北地区 ESV 下降 5.9 亿元,其中耕地向建设用地和水域向耕地的转变是主要原因,ESV 每年分别损失 43.2 亿元 16.3 亿元。同时,由水域向建设用地、林地向耕地的转变分别使 ESV 每年减少 8.5 亿元和 7.7 亿元。

总体上看,2000—2015 年江苏省建设用地大幅增长是以牺牲耕地和水域等其他土地类型为代价。此外,湿地是建设用地扩张占用的重要地类。这些转变造成了江苏巨大的 ESV 损失,特别是苏南。

表 9-6 江苏省不同区域生态系统服务价值的变化表（10⁶ yuan · yr⁻¹）

2000		耕地	林地	草地	水体	湿地	建设用地	未利用土地	总计
					2015				
苏南	耕地	0.00	787.37	13.23	4 795.55	118.06	-4 865.26	-23.12	825.83
	林地	-647.09	0.00	-5.43	159.37	2.20	-604.98	-141.28	-1 237.21
	草地	-6.69	11.55	0.00	344.91	1.78	-32.29	-1.27	317.99
	水体	-1 860.38	-59.05	-411.67	0.00	43.18	-1 543.08	-19.97	-3 850.98
	湿地	81.29	-1.10	-105.01	-63.41	0.00	-1 467.82	-15.43	-1 734.05
	建设用地	995.63	336.74	3.37	552.44	18.09	0.00	2.64	1 908.91
	未利用土地	1.08	15.45	0.00	3.63	0.00	-0.29	0.00	19.87
	总计	-1 598.76	1 090.96	-505.50	5 792.50	183.31	-8 513.71	-198.43	-3 749.63
苏中	耕地	0.00	48.43	2.02	2 233.08	224.51	-2 394.79	-4.03	109.22
	林地	-33.40	0.00	0.00	89.65	0.00	-13.93	-5.52	36.80
	草地	-13.54	0.00	0.00	456.17	179.76	-63.13	-1.27	557.98
	水体	-1 088.70	-0.71	-134.91	0.00	72.74	-704.13	-32.68	-1 888.38
	湿地	-330.96	-1.10	-49.83	-251.29	0.00	-321.16	-2.20	-956.54
	建设用地	697.13	97.54	0.96	205.99	40.71	0.00	0.00	1 042.34
	未利用土地	0.00	0.00	0.00	0.00	0.00	0.00	0.00	0.00
	总计	-769.47	144.16	-181.75	2 733.61	517.72	-3 497.13	-45.70	-1 098.58
苏北	耕地	0.00	272.20	26.93	2 560.93	319.35	-4 322.10	-9.95	-1 152.65
	林地	-774.84	0.00	-23.10	112.42	17.61	-357.64	-8.83	-1 034.39
	草地	-107.42	27.17	0.00	878.97	35.60	-107.95	-1.27	725.10
	水体	-1 633.05	-9.96	-139.08	0.00	96.08	-850.19	-67.17	-2 603.37
	湿地	-507.09	-6.60	-28.48	-238.84	0.00	-176.41	0.00	-957.41
	建设用地	1 883.60	99.86	71.32	2 222.86	144.75	0.00	0.46	4 422.85
	未利用土地	0.27	2.21	0.00	5.45	0.00	-0.17	0.00	7.75
	总计	-1 138.53	384.87	-92.40	5 541.78	613.38	-5 814.47	-86.76	-592.12

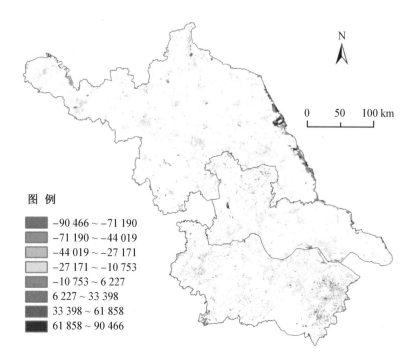

图 9-3　2000—2015 年土地利用变化生态服务价值变化空间分布图[元/(公顷·年)]

　　注:图例中的正数表示生态服务价值增加量,负数表示生态服务价值减少量。例如,耕地转变为水域增加生态服务价值 61 858 元/(公顷·年);林地转化为草地减少生态服务价值为 27 171 元/(公顷·年)。

第四节　生态服务价值最大化约束下土地利用变化模拟

一、生态系统服务价值最大化约束下未来土地利用总量预测

　　从表 9-7 可以看出,基于 LP 模型最大化 ESV 的情景,2025 年的土地利用总面积预测达到 1.05×10^7 hm²。由于江苏沿海开发区域围堰的出现,2025 年的围堰总面积比 2015 年增加了 4.51×10^4 hm²。然而,2025 年 ESV 值增长了 17%,达到 2 560 亿元,与 2015 年相比,土地利用结构得到了优化。

表 9 - 7　**2025 年与 2015 年相比土地利用优化结构和 ESV 的变化表**

土地利用类型	土地面积(10^6 hm²)		变化面积(10^4 hm²)	变化率	ESV 变化(10^{10} yuan/yr⁻¹)		
	2015 年	2025 年			2015 年	2025 年	变化
耕地	6.33	5.57	−76.24	−0.12	8.26	7.27	−1.00
林地	0.31	0.62	30.66	0.99	1.44	2.86	1.42
草地	0.11	0.08	−2.89	−0.27	0.21	0.15	−0.06
水域	1.30	1.50	20.68	0.16	9.70	11.25	1.55
湿地	0.25	0.46	20.61	0.83	2.26	4.12	1.86
建设用地	2.12	2.24	11.70	0.06	0.00	0.00	0.00
未利用土地	0.02	0.02	0.00	0.00	0.01	0.01	0.00
总计	10.44	10.48	4.51	0.00	21.87	25.66	3.79

土地利用优化是有益的,因为它增加了 ESV,通过限制 ESV 低增长的土地类型保护生态系统,例如,控制其他土地类型转变成建设用地(ESV＝0)。为了维持 2025 年生态系统的平衡和社会可持续发展,本章基于最大化 ESV 的构想调整了土地利用结构。2025 年,耕地面积将不可避免地减少到 5.57×10^6 hm²,这将导致 ESV 相比 2015 年减少 100 亿元。假设江苏省将实施最严格的耕地保护措施,2020 年的耕地面积将高于江苏省土地利用规划的耕地面积(4.56×10^6 hm²)。与 2015 年相比,2025 年草地面积将减少 26.5%,并导致 ESV 每年减少 6 亿元。然而,与 2015 年相比,2025 年林地、水域和湿地将增加,这将分别增加 142 亿元和 155 亿元和 186 亿元 ESV。此外,2025 年的建设用地将比 2015 年增加 6%。虽然未来建设用地将会增加,但增长率将低于 2005—2015 年的增长率(表 9 - 4)。

二、生态系统服务价值约束下土地利用变化的空间模拟

Logistic 回归模型结果的 ROC 和 R^2 值如表 9 - 8 所示。Logistic 回归结果的 *ROC* 值大于 0.8,说明各土地类型均有拟合优度,R^2 值有所提高。利用江苏省 2000 年土地利用数据模拟 2015 年的土地利用格局,并将模拟结果与 2015 年实际土地利用图进行对比,验证模型模拟的有效性(图 9 - 4)。结果表明,土地利用类型总体分布一致,在空间位置上没有大的偏差。Kappa 系数为

0.95，表明仿真结果能够满足精度要求。

表 9 - 8　Logistic 回归的 *ROC* 和 *R*²

	耕地	林地	草地	水体	湿地	建设用地	未利用土地
ROC	0.813	0.864	0.801	0.831	0.847	0.941	0.887
*R*²	0.482	0.563	0.481	0.551	0.504	0.701	0.663

　　在对模拟模型的精度进行检验后，利用 2015 年江苏省土地利用数据，利用 CLUE-S 模型模拟 2025 年土地利用的空间分布。在方法部分详细介绍了模型参数设置的过程。此外，本研究认为未来土地利用变化需要关注生态环境保护，因此在上述情景下，基于 ESV 最大化，预测了未来土地利用的总需求。

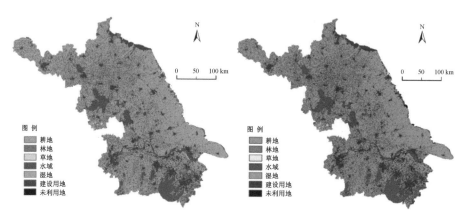

图 9 - 4　2015 年土地利用变化图(左图)与模拟图(右图)

　　为了识别主要的转换类型，土地利用转换位置，在增长潜力较大的地区增加 ESV，本章通过 ArcGIS 10.2 制作了从 2015 年到 2025 年土地利用转变图并提取了主要转换土地利用类别(图 9 - 5)，并且制作了地图显示 ESV 变化(图 9 - 6)。研究发现，在 2025 年大部分的土地利用类型不会转变，只有耕地、草地、建设用地和未利用土地会发生土地利用类型转变。苏南、苏北地区土地利用转换更为集中，苏中地区土地利用转换更为分散。

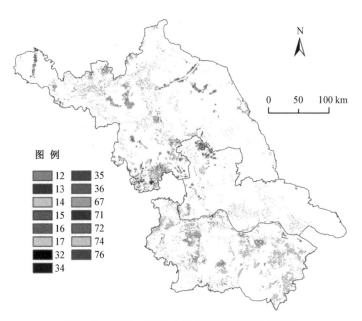

图 9-5　2015—2015 土地利用模拟空间分布图

注:1～7 数字分别表示耕地、林地、草地、水域、湿地、建设用地、未利用地;代码 12 表示 2015 到 2025 年耕地转化为林地,以此类推。

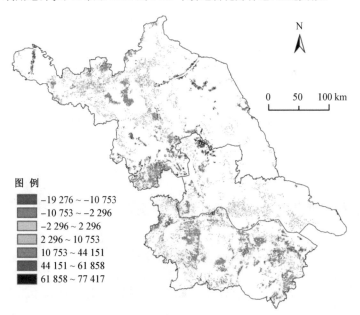

图 9-6　2015—2015 年土地利用变化的生态服务价值变化空间分布图

注:图例与图 9-5 代码对应,例如 77 417 元/(公顷·年)表示耕地转化为湿地(代码 15)增加的生态服务价值量。

根据最大 ESV 假设,我们预测到 2025 年,7% 的土地面积将转移到其他类型的土地利用,面积为 7.78×10^5 hm²,这将使 ESV 每年增加 289 亿元。耕地将成为转变最多的土地类型,2025 年转变面积为 7.2×10^5 hm²,占全部转变面积的 92.54%。具体来说,耕地转化的土地类型由高到低依次为① 耕地转林地,主要集中分布在苏北地区靠北和靠近西部的边界,分散在苏南地区(图 9-6)。这种转移类型占整个转移区域的 36.59%,每年每公顷增加 ESV 33 398 元。② 耕地转变为水域,占转出总面积的 24.16%,导致每年每公顷增加 61 858 元(图 9-6)。这一转变将是 ESV 增长总额中最大的贡献者。转化水域主要分布在太湖周围,分散在苏南和苏中的交界处、苏中和苏北的交界处。③ 耕地转化为湿地,占总转出面积的 15.16%,主要分布在苏北由北向南的海岸线,苏中和苏北交界线的西部。转变湿地将每年每公顷增加 77 417 元。④ 耕地转化为建设用地的面积占转移总面积的 16.63%,密集分布在苏北地区的北部,分散在江苏中部。这一转变将每年每公顷减少单位 ESV 13 048 元。

此外,草地转化为其他土地类型的面积占转移总面积的 7.25%,可使单位 ESV 每年每公顷增加 6 227 元。转变的草地分布在苏南、苏北地区。在未利用地类型中,转变面积百分比低于 1%,因此,它不是一种可以改变整个地区的 ESV 主要的转移类型。

综上所述,太湖周边地区以及苏中苏北边界地区将面临较强的土地利用类型转移压力。此外,苏北内陆城市和苏南除太湖地区以外的其他城镇土地利用转型将呈现集中分布,且这些地区都具有增加 ESV 的潜力。

三、土地利用变化与生态服务价值关系分析

(一) 土地利用变化驱动因素对 ESV 的影响

人类活动与生态环境相互作用的联系,导致了景观变化和生态环境的变化。社会经济驱动因素和自然因素都影响了土地利用变化,如城市化、人口增

长、土地利用政策、技术、文化和气候变化①②③④。这些变化对生物多样性和
生态系统服务功能产生了重大影响。特别是，土地利用变化对 ESV 损失的影
响在不同区域尺度下可能具有较强相关性。土地利用模式、土地管理方式、土
地利用规划等因素是影响 ESV 变化的主要驱动因素⑤。显然，城市化是全球
土地利用变化的主要原因之一，而快速的城市蔓延引发了土地利用类型的变
化⑥。土地利用和土地覆被变化改变了生态系统的结构和功能。

　　研究表明，城市化导致中国沿海地区土地利用变化引发的 ESV 损失显
著。研究发现，2000—2015 年，江苏省耕地、林地、水域和湿地转变为建设用
地的变化较为显著(表 9-5)，而过去的城市化进程往往以牺牲生态环境为代
价。江苏省只是中国的一个缩影，中国的城市化不仅急剧导致土地流转和
ESV 损失，还带来了社会和环境压力，如交通拥堵、社会隔离、农村衰落⑦。研
究结果与前人研究一致，表明土地利用变化是 ESV 损失的主要驱动因素之
一，而土地利用转换的速率和强度都在增加⑧。类似江苏的许多沿海发达地

　　① Qiu L，Pan Y，Zhu J，et al. Integrated analysis of urbanization-triggered land use change trajectory and implications for ecological land management：A case study in Fuyang，China[J]. Science of the Total Environment，2019，660：209-217.

　　② Shiferaw H，Bewket W，Alamirew T，et al. Implications of land use/land cover dynamics and prosopis invasion on ecosystem service values in Afar region，Ethiopia[J]. Science of the Total Environment，2019，675：354-366.

　　③ Shifaw E，Sha J，Li X，et al. An insight into land-cover changes and their impacts on ecosystem services before and after the implementation of a comprehensive experimental zone plan in Pingtan island，China[J]. Land Use Policy，2019，82：631-642.

　　④ Chen M，Lu Y，Ling L，et al. Drivers of changes in ecosystem service values in Ganjiang upstream watershed[J]. Land Use Policy，2015，47：247-252.

　　⑤ Lambin E F，Meyfroidt P. Land use transitions：socio-ecological feedback versus socio-economic change[J]. Land Use Policy，2010，27(2)：108-118.

　　⑥ Liu Y. Introduction to land use and rural sustainability in China[J]. Land Use Policy，2018，74：1-4.

　　⑦ Liu Y，Song W，Deng X. Understanding the spatiotemporal variation of urban land expansion in oasis cities by integrating remote sensing and multi-dimensional DPSIR-based indicators[J]. Ecological Indicators，2019，96：23-37.

　　⑧ Lambin E F，Meyfroidt P. Global land use change，economic globalization，and the looming land scarcity[J]. Proceedings of the National Academy of Sciences of the United States of America (PNAS)，2011，108：3465-3472.

区如荷兰[①]、日本[②]和韩国[③]，实施了农业和城市发展的土地利用转换。同时，土地利用的转换往往伴随着生物多样性的丧失[④]。

同时，土地利用变化引起的生态服务价值变化的空间效果显著，且在不同经济水平的区域间存在差异。经济发达地区土地利用变化频繁[⑤]。江苏是一个发达的沿海地区代表，这一地区的土地利用转变因为国家经济转型已经更加显著，比如中国成为世界贸易组织（WTO）成员，在 2003 年，大量的外国直接投资和开发建设区域投向中国[⑥⑦⑧⑨⑩⑪]。研究发现，苏南地区水体向耕地和建设用地的转化造成 ESV 的损失最大。生态系统服务功能的退化虽然已经发生，ESV 却很少作为可持续发展的一项措施被采纳。因此，土地管理者和决策者需要制定一套有效的方案，考虑切实可行的保护生态系统的方法，同时为控制无序的土地利用提供可行的空间指导。

————————

① Hoeksema R J. Three stages in the history of land reclamation in the Netherlands[J]. Irrigation and Drainage，2007，56：S113 - S126.

② Fan M，Shibata H，Chen L. Environmental and economic risks assessment under climate changes for three land uses scenarios analysis across Teshio watershed，northernmost of Japan[J]. Science of the Total Environment，2017，599 - 600＋451 - 463.

③ Kim M，You S，Chon J，et al. Sustainable land-use planning to improve the coastal resilience of the social-ecological landscape[J]. Sustainability，2017，9（7）：1 - 21.

④ Foley J A，DeFries R，Asner G P，et al. Global consequences of land use[J]. Science，2005，390：570 - 574.

⑤ Huang C C，Zhang M L，Zou J，et al. Changes in land use，climate and the environment during a period of rapid economic development in Jiangsu Province，China[J]. Science of the Total Environment，2015，536：173 - 181.

⑥ Gao J L，Dennis W Y H，Chen W，et al. Economic transition and urban land expansion in Provincial China[J]. Habitat International，2014，44：461 - 473.

⑦ Li Y F，Shi Y L，Zhu X D，et al. Coastal wetland loss and environmental change due to rapid urban expansion in Lianyungang，Jiangsu，China[J]. Regional Environmental Change，2014，14（3）：1175 - 1188.

⑧ Li F，Ye Y P，Song B W，et al. Assessing the changes in land use and ecosystem services in Changzhou municipality，People's Republic of China，1991—2006[J]. Ecologial Indicators，2014，42：95 - 103.

⑨ Li H，Wei Y H D，Huang Z J. Urban land expansion and spatial dynamics in globalizing Shanghai[J]. Sustainability，2014，6：8856 - 8875.

⑩ Wei D Y，Leung C K. Development zones，foreign investment，and global city formation in Shanghai[J]. Growth and Change，2005，36：16 - 40.

⑪ Wei D Y. Zone fever，project fever：development policy，economic transition，and urban expansion in China[J]. Geographical Review，2015，105：156 - 177.

(二) 改善生态系统服务价值的潜在效应

定量评价土地利用变化对生态系统价值(ESV)的影响是土地资源可持续开发和生态环境保护的关键。中国中央政府逐渐重视生态环境保护,学者们主张将 ESV 作为改善土地利用规划和政策制定的约束性指标[1][2]。我国现行的土地利用管理和土地利用规划忽视了土地利用变化的生态效应。因此,这些规定也未能控制土地流转,导致生态环境恶化[3]。许多城市化程度高、经济水平高的沿海地区在城市化进程中牺牲了耕地和湿地。ESV 评价完善了土地利用规划的概念和方法,充分考虑了土地利用结构的调整及其生态效应。研究结果表明,优化土地利用结构是江苏省控制建设用地扩张的有效途径。因为土地利用结构优化,2025 年 ESV 价值与 2015 年相比增长了 17%,达到每年 2 560 亿元。此外,优化后的土地利用结构能够有效增加林地、水体和湿地的面积,共每年增加 ESV 483 亿元。当我们在线性优化规划模型中假设 ESV 最大化时(表 9-7),优化后的土地利用结构将停止 ESV 的下降趋势,导致 ESV 增加。在优化土地利用结构的条件下,到 2025 年建设用地增长幅度将明显减小,有利于增加经济增加值。此外,本书认为,为了实现土地的可持续利用,其他的控制措施应该在 ESV 最大化理念的基础上实施,包括所谓的"农村建设用地减少与城市建设用地增加相联系"的土地利用政策[4],这是中国严格控制建设用地增长的政策。

---

① Wu K Y, Ye X Y, Qi Z F, et al. Impacts of land use/land cover change and socioeconomic development on regional ecosystem services: The case of fast-growing Hangzhou metropolitan area, China[J]. Cities, 2013, 31: 276-284.

② Bateman I J, Harwood A R, Mace G M, et al. Bringing ecosystem services into economic decision-making: Land use in the United Kingdom[J]. Science, 2013, 341: 45-50.

③ Xu G L, Huang X J, Zhong T Y, et al. Assessment on the effect of city arable land protection under the implementation of China's National General Land Use Plan (2006—2020)[J]. Habitat International, 2015, 49: 466-473.

④ Huang X J, Li Y, Yu R, et al. Reconsidering the controversial land use policy of "linking the decrease in rural construction land with the increase in urban construction land": A local government perspective[J]. China Review—An Interdisciplinary Journal on Greater China, 2014, 14(1): 175-198.

土地利用的空间差异导致了 ESV 损失呈现空间异质性,量化不同区域的 ESV 损失有助于建立跨区域的生态补偿机制。未来,ESV 不仅可以作为引导土地利用优化的工具,还可以作为引导生态文明建设落地的政策工具。最近,中国中央政府提出,要通过生态环境价值和生态保护成本来进一步完善生态补偿机制。然而,由于对补偿机制的界定模糊,缺乏大规模的政府参与,相关政策和补偿实践尚未成文[1][2]。需要建立的生态补偿机制是我国未来生态保护工作探索的重要路径。以区域间生态补偿机制为特征的多元化补偿机制已成为地方政府实施的一项战略。研究结果表明,江苏不同经济发展水平的区域 ESV 变化应考虑其空间效应。以江苏省土地利用变化和 ESV 损失的观测结果代表中国沿海发达地区。各地方政府应综合考虑土地利用的 ESV 变化,强调生态环境效应的空间显性程度。

未来空间模拟结果表明:2025 年耕地向林地、湿地和建设用地转变将成为主要的土地转移类型,尤以苏南、苏北地区为主。因此,地方政府在制定土地预防法规去阻止土地利用变化对生态环境的影响时,应以整个江苏地区为重点。苏北作为江苏欠发达地区,由于从耕地向建设用地的大转变,2025 年将面临严重的 ESV 损失。因此,地方政府应在政府间协调与合作的基础上,考虑制定切实可行的土地利用政策和分区间生态保护规划。此外,江苏省地方政府推进了苏南苏北产业转移计划,构建了苏南苏北生态补偿机制,将有效提高生态保护水平。

(三) 土地利用变化与土地结构优化的生态意义

土地利用和土地覆盖变化显著影响地球系统功能,直接影响生物多样性,间接改变生态系统服务[3]。生态系统服务提供与生态过程和生态系统结构所

① Shang W X, Gong Y C, Wang Z J, et al. Eco-compensation in China: Theory, practices and suggestions for the future[J]. Journal of Environmental Management, 2018, 210: 162 - 170.

② Pan X L, Xu L Y, Yang Z F, et al. Payments for ecosystem services in China: Policy, practice, and progress[J]. Journal of Cleaner Production, 2017, 158: 200 - 208.

③ Lambin E F, Meyfroidt P. Land use transitions: Socio-ecological feedback versus socio-economic change[J]. Land Use Policy, 2010, 27(2): 108 - 118.

依赖的自然生态系统的功能直接相关[①]。然而,ESV 在土地利用决策中的应用较少,相关的理论和方法也不足[②③]。本章将生态系统价值引入线性优化模型,以实现生态系统价值最大化为目的,优化土地利用结构。实施可持续的生态土地管理政策,一方面有利于土地利用规划和土地利用决策。另一方面,也存在着一些生态影响。首先,优化的土地利用格局防止了土地利用景观格局的破碎化,有利于提高生态网络的安全性和栖息地质量。其次,自然湿地的质量和规模是衡量一个地区生态环境质量的重要指标。湿地的减少导致生物数量和生物多样性的减少。结果表明,2000—2015 年,江苏省湿地向耕地、草地和建设用地转变,共造成每年 337 亿元 ESV 损失。滨海湿地为许多水生物种提供了庇护栖息地,以及丰富生物多样性[④]。一种生态指标约束下的生态土地利用管理方法,有效阻止了海岸围垦行为,减少了滨海湿地的减少[⑤]。再次,基于 ESV 指标的土地资源生态资本化有利于自然资源核算的构建,有利于促进生态系统功能和生态生产力的提高。土地利用变化过程影响土壤和植物之间的营养传递,影响生态系统的要素和结构[⑥]。ESV 与土地利用规划相结合的强有力的政府干预,可以引导土地利用转型过程,实施跨区域的生态补偿机制。

① Mendoza-Gonzalez G, Martinez M L, Lithgow D, et al. Land use change and its effects on the value of ecosystem services along the coast of the Gulf of Mexico[J]. Ecological Econmics, 2012, 82: 23 - 32.

② De Groot R, Alkemade R, Braat L, et al. Challenges in integrating the concept of ecosystem services and values in landscape planning, management and decision making [J]. Ecological Complexity, 2010, 7(3): 260 - 272.

③ Xue M, Ma S. Optimized land-use scheme based on ecosystem service value: Case study of Taiyuan. China[J]. Journal of Urban Planning and Development, 2018, 144(2): 1 - 11.

④ Camacho-Valdez V, Ruiz-Luna A, Ghermandi A, et al. Effects of land use changes on the ecosystem service values of coastal wetlands[J]. Environmental Management, 2014(54): 852 - 864.

⑤ Zang Z, Zou X, Zuo P, et al. Impact of landscape patterns on ecological vulnerability and ecosystem service values: An empirical analysis of Yancheng Nature Reserve in China[J]. Ecological Indicators, 2017, 72: 142 - 152.

⑥ Liang J, Zhong M, Zeng G, et al. Risk management for optimal land use planning integrating ecosystem services values: A case study in Changsha, Middle China [J]. Science of the Total Environment, 2017, 579(1): 1675 - 1682.

（四）比较和不确定性

本研究中分配的单位 ESV 值高于其他研究中计算的值[1][2]，这可能是由几个因素造成的。首先，本研究区域属于省级区域，其粮食市场价格高于单个城市。此外，通货膨胀率也导致了不稳定的结果。其次，江苏省拥有大量的水体和湿地，保证了作物良好的生长和丰产。江苏生长季长，优势作物一年可播两次。江苏省的植被生物量较高，有利于生态系统可持续发展。此外，本书研究中不同土地类型的部分单位 ESV 低于 Long 等[3]的研究。Long 根据 Costanza 等[4]的最新研究对耕地和建设用地系数进行了修正，本章没有考虑提高建设用地系数，而是参考谢高地等[5]的研究，考虑了江苏省的极端建设用地扩张。

尽管本章使用修正后的江苏省单位 ESV 来计算 ESV，但由于方法和假设，不确定因素仍然存在。笔者在本研究中引用并修改 Costanza 等[6][7]和谢高地等[8]的方法以估计江苏的 ESV。有些生态系统服务（如美学和文化）不能简单地通过估算其经济价值来评估。在后续的研究中，我们应该考虑到其他的部分。此外，使用 30 m 分辨率的遥感数据影响了土地利用类型。为了满足 CLUE-S 模型模拟的要求，我们将遥感数据重新分类为 0.5 km 分辨率，这可

① Liu Y, Li J C, Zhang H. An ecosystem service valuation of land use change in Taiyuan city, China[J]. Ecological Modelling, 2012, 225: 127-132.

② Li T H, Li W K, Qian Z H. Variations in ecosystem service value in response to land use changes in Shenzhen[J]. Ecological Economics, 2010, 69: 1427-1435.

③ Long H L, Liu Y Q, Hou X G, et al. Effects of land use transitions due to rapid urbanization on ecosystem services: Implications for urban planning in the new developing area of China[J]. Habitat International, 2014, 44: 536-544.

④ Costanza R, de Groot R, Sutton P, et al. Changes in the global value of ecosystem services[J]. Global Environmental Change, 2014, 26: 152-158.

⑤ 谢高地,甄霖,鲁春霞,等. 一个基于专家知识的生态系统服务价值化方法[J]. 自然资源学报, 2008,23(5):911-919.

⑥ Costanza R, Arge R, Groot R, et al. The value of the world's ecosystem services and natural capital[J]. Nature, 1997, 387(15): 253-260.

⑦ Costanza R, Cumberland J, Daly H, et al. An Introduction to Ecological Economics[M].

⑧ 谢高地,鲁春霞,冷允法,等. 青藏高原生态资产的价值评估[J]. 自然资源学报,2003,18(2): 189-196.

能导致了比更高分辨率的土地利用数据更粗糙的结果。在未来的研究中，CLUE-S 模型应采用更高分辨率的土地利用图像进行更大尺度的模拟。此外，线性优化模型被用于预测未来的土地面积总量，学者们认为生态系统具有复杂、动态和非线性的特性[①]，这导致线性模型受到其他非线性因素的影响。为了消除这种线性模型结果的不确定性，在未来的研究中应考虑一些非线性因素，并实施相关政策。因此，本书建议地方政府应考虑实施土地集约利用和保护政策等其他控制措施[②③]。

　　总体而言，本章根据江苏省地方特点对不同土地利用类型的 ESV 进行了划分，对土地利用的历史时空变化和 ESV 变化进行了分析，利用线性规划模型将未来土地利用结构优化为最大 ESV，利用 CLUE-S 模型模拟其空间分布。该方法可为土地管理者如何加强管理生态土地保护提供详细的指导。生态土地保护从宏观的土地面积控制和微观的空间管理两方面入手，有利于各种土地利用战略的实施。在今后的研究中，应进一步完善非线性因子在生态保护中的作用。特别是土地资源是生态文明实践的基础，需要在土地利用规划中加强生态环境保护和恢复，构建区域间的生态补偿机制，以促进自然与人类活动的协调和区域发展。

彩图二维码

① Limburg K E, O'Neill R V, Costanza R, et al. Complex systems and valuation[J]. Ecological Economics, 2002, 41: 409 - 420.

② Chen Y, Chen Z G, Xu G L, et al. Built-up land efficiency in urban China: Insights from the General Land Use Plan (2006—2020)[J]. Habitat International, 2016, 51: 31 - 38.

③ Xu G L, Huang X J, Zhong T Y, et al. Assessment on the effect of city arable land protection under the implementation of China's National General Land Use Plan (2006—2020)[J]. Habital International, 2015, 49: 466 - 473.

第十章 / 长江经济带经济一体化与土地资源可持续利用政策

第一节　市场一体化与土地资源可持续利用

一、完善土地要素市场化保障机制

　　要素市场分割严重导致了资源错配,土地资源市场发育不完善,严重影响了土地资源的利用效率。我国在城乡二元土地制度背景下,建立了土地用途管理制度和有偿使用制度,但是土地市场发育尚不完善,一级土地市场主要由政府主导,二级土地市场尚处于探索阶段。2019 年 7 月自然资源部发布《关于完善建设用地使用权转让、出租、抵押二级市场的指导意见》,提出要建立产权明晰、市场定价、信息集聚、交易安全、监管有效的土地二级市场。随后,我国土地二级市场逐渐开始放活。2020 年 4 月 20 日国务院出台了《关于构建更加完善的要素市场化配置体制机制的意见》,要求推进土地要素市场化配置,建立健全城乡建设用地市场,深化产业用地市场化配置改革,鼓励盘活存量建设用地,完善土地管理体制。从中央到各级地方政府,对土地要素的市场一体化展开了探索。土地要素市场在长江经济带建设中的基础性作用不可替代,目前,长江经济带各省市土地市场差异较大,土地存在地理隔离和中心化特征,中游地区城市地价为全域的价格低地,上、下游地区为中心城市高—边缘城市低的两极化地价格局①。

（一）构建整个流域统一地价定价标准

完善城乡基准地价、标定地价与发布制度。我国《标定地价规程》（以下简称《规程》）实施，有效地提高了区域地价定价标准的规范性。长江经济带各区域内自然资源禀赋空间差异较大，基准地价存在区域差异性，标定地价更是千差万别。长江经济带城市地价与行政等级相关，地价水平按"直辖市—副省级城市—非副省级省会城市—地级市—地级州"逐级递减②。在《规程》框架下，流域统一的地价定价标准构建可逐步推进，同一行政级别的城市区域内先形成统一的城乡土地地价定价标准，随后再对接行政级别较高的城市，逐步推行统一的地价定价标准。

（二）完善促进盘活存量用地的交易制度

创新存量用地数量登记管理办法。长江经济带的各级政府部门需要拓宽公共资源管理的途径，与时俱进地推动大数据在土地登记中的应用。各级部门之间的土地统计台账统一统计口径，对统计的门类进行规范化管理，细化农村与城市土地台账统计。另外，做好对区域内潜在存量用地的评估，通过深入挖掘土地台账，对潜在的存量用地进行归类管理，作为后备存量土地资源。健全存量用地交易平台建设，完善存量用地的交易规则和配套服务。

建立城乡统一的建设用地市场。存量用地的再开发是产权交易和利益重构的过程③，而存量用地的类型包括了"批而未供土地""闲置土地"和"低效使用土地"，大量的存量用地主要存在于城市工业园区、开发区、新城和农村集体建设用地。目前，城市用地和农村用地在产权界定和土地价格方面都存在差

---

① 张燕. 长江经济带土地市场分异特征及一体化可行性研究[D]. 中国矿业大学，2016.

② 莫悦，刘洋，朱丽芳. 长江经济带城市土地价格空间分异特征及其影响因素[J]. 长江流域资源与环境，2020，29(1)：13-22.

③ 何鹤鸣，张京祥. 产权交易的政策干预：城市存量用地再开发的新制度经济学解析[J]. 经济地理，2017，37(2)：7-14.

异,需要建立城乡统一的建设用地市场,为盘活存量用地交易市场奠定基础。

同时,创新交易机制来盘活存量土地。以武汉市为例,创新发展了委托交易模式,在土地有形市场公开出让,实现了土地资源要素流通,促进了土地一、二级市场联动建设①。

(三) 加强土地市场的监管力度

目前,我国的土地市场监管存在着土地供应开发违规行为、数据报备不及时和不准确、土地市场监管系统信息滞后等问题。针对现行的城市土地供应地价管理体系存在的问题,需要探索建设土地一级市场和二级市场并行的监管体系,开发具备兼容性的检测系统识别出土地的市场价值和交易价格,杜绝土地供应的违规操作。由于土地"二元"特征显著,集体所有用地入市不平等、土地资源配置不合理以及增值收益分配不公等问题在农村地区普遍存在。农村土地集体所有的主体产权不明晰,土地产权保障不足,从农用土地和宅基地的登记到确权存在权限界定模糊的现象,农村土地市场的培育和监管更为复杂。十九届五中全会提出,在"十四五"时期土地要素改革势必成为经济体制改革的重要任务,改革的目标就是建立城市与农村两种所有制土地平等、市场统一、增值收益公平共享的土地制度。因此,农村地区需要成立专门的部门,对农村土地的产权登记和确权进行摸底。

另外,设立土地市场监管管理委员会。政府部门作为土地市场的主体,难以全面实现土地市场的监管目标,需要从第三方管理机构入手,建立专门的土地市场监督管理委员会,该机构遵循市场调解机制,协调行政与市场对土地市场的监管。

二、协调引导劳动力要素合理流动

经济一体化的过程必然加快劳动力要素的流动,随着城镇化水平的提高,

---

① 郑义,周丰,王耀峰. 储备新规下存量土地的市场化配置——以武汉市委托交易制度为例[J].
上海国土资源,2018,39(1):15-18.

城市就业机会的增多,基础设施保障水平的提高,农村劳动力的流动由"候鸟式"循环流动转变为"迁徙式"流动,一方面,农村人口的非农化迁移导致农村地区由农业社会的过度开垦演变成耕地撂荒和农地边际化①。另一方面,大量农村劳动力转移到城市,城市土地的需求由于大量人口的流入而猛增,对城市建设用地的刚性需求增加,城市空间承载受到挑战,如何合理有序地推进农村剩余劳动力转移成为落实新型城镇化的重要内容之一,也是国土空间优化面临的重要挑战。

(一) 以户籍制度改革为抓手,引导劳动力有序自由流动

劳动力有序自由流动有利于实现土地要素市场化配置改革,提高土地资源的利用效率。2016 年国务院发布的《推动 1 亿非户籍人口在城市落户方案》指出,推动我国 1 亿左右农业人口和其他常住人口等非户籍人口在城市落户。农村劳动力流动的动力来源于农业收入下降和非农业部门工资上涨,而非农业部门工资上涨引起的流动会进一步推动农村土地的流转,农业收入下降原因带来的劳动力流转反而不利于土地流转②。在严格的户籍制度和土地控制下,只有拥有较高人力资本的农村劳动力迁往城市,户籍制度松绑将会有更多的农村劳动力迁往城市③。自 1949 年以来,我国农村户籍制度变革将推动农村土地制度的变革,而农村要素自由流动的管制程度决定了农村土地制度与户籍制度联动改革的成效④。户籍制度改革与土地制度的改革联动发展,只有以户籍制度改革为抓手,深化农村各项制度改革,配套以农村土地流转、社会保障、农民土地增值收益和城市住房需求等制度的改革,满足农民落户的多元化需求,引导农民有序自由流动,才能实现农村土地规模化经营,提

---

①　张佰林,高江波,高阳,等.中国山区农村土地利用转型解析[J].地理学报,2018,73(3):503-517.

②　江淑斌,苏群.农村劳动力非农就业与土地流转——基于动力视角的研究[J].经济经纬,2012,2:110-114.

③　周文,赵方,杨飞,等.土地流转、户籍制度改革与中国城市化:理论与模拟[J].经济研究,2017,6:183-197.

④　韩立达,史敦友,韩冬,等.农村土地制度和户籍制度系统联动改革:历史演进、内在逻辑与实施路径[J].中国土地科学,2019,33(4):18-24.

高农村土地利用效率,达到土地可持续发展的目标。

(二)以新型城镇化为目标导向,引导劳动力流入中小城市

过去,中国的城镇化率得到了快速提升,同时也暴露出土地资源浪费、城镇面积快速扩张、环境污染等问题。在中国特殊的城乡二元经济体系下,城镇化也出现了人口城镇化和土地城镇化的二元局面。尤其是以土地城镇化和土地规模扩张为主的低质量城镇化反而会拉大城乡差距。2020年国家发改委印发《2020年新型城镇化建设和城乡融合发展重点任务》,要求推进以县城为重要载体的新型城镇化建设,促进大中小城市和小城镇协调发展,推进城乡融合发展。长江经济带是落实城乡融合发展任务的重要区域,落实以人为本的城镇化,严守长江经济带"不搞大开发,共抓大保护"的底线,鼓励流域各级政府设立省级专项基金,支持生态资产核算,培育示范性的小城镇和特色小城镇,强化正面引导农村人口流入中小城市和小城镇。

三、提高信息技术要素市场一体化

地方保护限制了要素的自由流动,以致加剧区域资源配置扭曲,打破区域间行政壁垒,实现流域内区域信息、技术、创新的成果共享,可以有效提高土地资源的利用效率。

(一)构建流域数据共享机制

政府应建立土地信息系统,包括远期土地供给计划与方向、使用结构、土地出让与评估等相关的数据指标,通过网络、报纸等形式及时对社会公开公布,从而降低市场参与者对土地信息不对称问题的程度,有利于市场参与者及时、全面地了解相关信息,做出对当前土地出让和储备情况的合理预期,稳定土地一级、二级市场的交易。同时,相关部门应进一步完善土地市场信息共享系统,加强信息披露及市场预警,以更好地对土地市场发展与宏观经济走势进行趋势预判,以便在政策上做出前瞻性安排,防范市场风险,提高土地供给的科学性和有效性。

（二）加强流域数据整合和动态监管

打破行政壁垒，提高政策协同，信息技术要素在更大范围内畅通流动，离不开市场监管体系的协同配合，也离不开流域内各级政府行政管理工作的协同。长江经济带信息技术一体化以长三角一体化为驱动力，以大数据技术为支撑，共同建设流域统一的市场监管体系。大数据时代，信息共享成为市场监管一体化的前提，实现资源变化动态监管的重要技术保障。长江经济带涉及行政区较多，基础数据库联通工作是流域数据整合的基础，基于国家电子政务平台和土地交易网，收集登记各级行政单元的土地基础信息，摸清流域土地储备资源的家底，补充登记各级行政单元的工业用地、管理机构、未利用地等相关信息。打造长江经济带流域土地市场信息"一张网"、市场监管"一把尺"、动态检测"全覆盖"的现代管理体系。

（三）培育科技创新成果转化机构

强化长江经济带创新极核功能的带头作用，推动流域技术协同创新，培育产学研结合的综合机构，加快创新成果转化。将杭州、南京、武汉等城市的高新技术开发区作为创新要素重要溢出平台，积极整合流域科创资源，加速流域内浙江大学、武汉大学、南京大学等科研院校与新型创新平台的合作，加强创新机构的孵化能力，完善区域科技成果的转化体系，统一构建科技创新成果鉴定标准，打造高质量的区域创新评价系统。

（四）推动科技创新人才流动

长江经济带经济发展水平东中西部的差异较大，创新人才向东部下游地区流动为主，相对应地下游城市的土地资源利用更为集约，区域土地的利用效率更高。流域内城市群能级越高，人才流动呈现虹吸效应越明显，中上游城市需要积极打破人才流动及分工的制度性障碍，降低人才准入标准，提高同城化的人才认可程度。探索共享人才联络机构，联合国内外的人才创新创业基地，打造科技人才资源共享平台，加强人才培育，构建流域内外合作机制。推动科技人才的积极流动对流域的产业升级和资源要素利用效率都具有重要的保障意义。

第二节　产业一体化与土地资源可持续利用

产业一体化是由若干关联单位组合在一起形成的经营联合体,主要包括垂直一体化(生产企业同供应商、销售商串联)、前向一体化(生产企业同销售商联合)、后向一体化(生产商同原料供应商联合)、横向一体化(同行业企业之间的联合)。一体化战略有利于提高经营效率,实现规模经济,能够节约资源利用。

一、城乡产业一体化与土地利用

我国城乡二元结构的体制导致城乡发展处于失调状态,工农业发展失衡使得城乡之间的产业布局出现城市集聚,农村零散的现象。以户籍制度为基础的城乡分割管理体制导致城市吸收了大量的劳动力,导致农村土地资源浪费严重,农村机械化耕作水平低下,农业相关的产业发展缓慢。积极推进城乡产业一体化,不仅有利于城乡建设用地增减挂钩的实施,更是有利于城乡土地资源的更加高效的利用。

(一)以乡镇企业改革为抓手,推动城乡产业一体化

政府应该积极引导乡镇企业进行改革,改变乡镇企业投资主体单一的现状,加快乡镇企业的重组,发展新型产业类型的乡镇企业,增加农民的收入和就业机会,带动农民土地流转的积极性。土地流转是农村实施乡村振兴战略的必经之路,推进乡村全面振兴,必须坚持流转工作为基础性工程,推动乡村土地流转集约化推进,助推乡村产业规模化发展,增加乡村产业发展的效益。同时,乡镇集体企业明晰其企业产权制度,优化产权结构,建立清晰产权,保障集体经营性建设用地入市畅通,为城乡产业一体化发展提供用地保障。

积极引导乡镇企业集中连片发展,促进小城镇建设,提高乡镇企业的聚集度,引导乡镇企业向小城镇靠拢,依托小城镇的核心区域和腹地,优化布局乡镇企业,实现以乡带镇、以镇带城的城乡融合。

(二)以市场需求为导向,积极发展农业产业化

以市场需求为指引,对长江经济带的产业园区进行功能划分,针对长江经济带发展战略目标,以城市的战略性产业为主导,实现产业园区与战略性产业的联动发展,尤其是农村地区的特色农产品、特色的农业衍生品与相关产业链的工业进行合作,促进基础农业产业化,改变农业产业分散、产量低、用地粗放的局面。依据长江经济带不同区域的特色和市场优势,重点推进各市县农业产业化基地建设,发挥地区比较优势,例如,生态环境优美的农村地区可以发展生态农业、景观农业,对接当地的城市旅游和生物制药等工业,积极推进农业产业化和工业化的同步发展。长江经济带的下游,借鉴莱茵河的产业发展,南方城镇发展花卉种植业,形成景观农业带,花卉为鲜活易腐的产品,在物流过程中容易发生变质和出现污染、损耗的情况。欧洲的冷链起步于十九世纪中期,随着花卉产业的持续发展,现已经形成了较为成熟的花卉物流运输体系。因此,以花卉农业产业化发展推动物流业产业的发展,实现城乡产业一体化联动发展。

(三)以新型工业化为契机,加大工业反哺农业的力度

以信息化带动工业化,发展科技含量高、经济效益好、资源消耗低、环境污染少的新型工业化不仅可以提高工业自身的科技水平,也可以为实现农业现代化发展提高科技支撑。长江经济带不同区域需要因地制宜地推进新型工业化、新型城镇化和农业现代化进程,依据资源禀赋优势,优化产业布局,培育壮大优势产业,构建不同规模企业协同创新、共享资源、融合发展的新型产业链,积极推进小企业的发展,创造与农业基础产业之间的合作机会,增加就业机会,带动农业产业走向专业化、特色化发展。

（四）以产业一体化为目标，建立城乡跨区域的产业合作机制

长江经济带各地资源有限，又存在资源的比较优势，区域合作能够实现区域之间的优势互补，打破行政区划的界限，促进相邻地区或者产业链的上游和下游地区成为紧密联系的整体，加强跨区域、跨城市、跨行业的互动和合作。据本研究的结论，对比耕地和建设用地直接间接利用强度来看，长江经济带西部省份耕地间接利用程度较高，通过市场需求导向，对长江经济带西部地区的产业进行升级转型，降低产业链过程中对耕地资源农副产品的需求，提高产业科技水平，以技术代替资源，节约土地资源。另外，长江经济带不同产业行业之间的土地资源利用的强度不同，工业用地为主导的直接土地资源利用强度较高，2010 年耕地直接间接利用强度除了农林牧渔业以外，在电力、热力的生产和供应业，交通运输设备制造业，非金属矿及其他矿采选业，食品制造及烟草加工业，金属冶炼及压延加工业等行业依然较高。

二、产业集群与土地集约利用

长江流域一些地区盲目设立开发园区，造成大量土地资源闲置。据统计，目前我国共有各类开发园区近万个，产业园区整体空置率高达 43.2%。即使在长江沿岸产业成熟的苏州、无锡等地，园区空置率也超过 10%，部分园区空置率超过 20%①。长江经济带需要加强整合土地资源，充分发挥土地资源的集聚优势，提高土地绿色利用。

（一）引导产业合理转移，培育主导产业集群

长江经济带东西横跨我国东中西三大区域，不同地区的土地资源禀赋、产业发展水平差异巨大。产业园区在长江流域分布广泛，过去粗放式的发展造成了流域生态环境脆弱，经济发展的新时期，如何通过合理地优化土地资源，

---

① 中国土地：长江经济带地区土地利用方式的创新实践[EB/OL].（2016 - 01 - 18）[2021 - 05 - 19]. http://www.yueyang.cn/gtj/30262/30263/content_1217355.html.

合理推进产业有序转移,成为长江经济带可持续发展的关键。依据国家发改委《关于建设长江经济带国家级转型升级示范开发区的实施意见》(发改外资〔2015〕1294 号),充分利用长江经济带综合立体交通走廊优势,发挥各个地区的区位比较优势和资源禀赋优势,合理引导产业转移,提供一定的政策保障,培育壮大主导产业集群。

(二)加强流域间产业关联,发挥产业集聚的溢出效应

长江流域的下游、中上游产业之间存在紧密的联系,产业间贸易或者产业链之间的供应关系,会引起产业之间土地资源的间接性的利用(虚拟土地资源)。根据本书的研究结果发现,不同行业之间的土地资源的间接利用的强度不同,有必要加强流域间产业关联性,减少产品同质的产业发展,降低土地资源浪费的概率。例如,农林牧渔业,电力、热力的生产和供应业,交通运输设备制造业,非金属矿及其他矿采选业,食品制造及烟草加工业,金属冶炼及压延加工业等行业对耕地资源的间接性利用的强度较大,补齐建强产业链,完善信息对接,分享产业创新成果,加强产业联系,联动建设产业合作园区。

三、产城融合发展与土地集约利用

《国家新型城镇化规划(2014—2020 年)》提出来"工业化和城镇化良性互动"的发展理念,正是要求实现"产城融合"发展。产城融合是一个涉及面广且复杂的系统工程。产城融合分为"产"和"城"两个方面,产融于城、城包容产,二者的融合既要实现产业空间布局与城市空间规划的契合,实现人口在产业、城市的均衡分布,同时更重要的是要实现城市功能与产业定位之间的有效匹配[1]。产城融合是城市功能优化和产业发展协同共进与良性互动的动态过程。要求产业与城市功能融合、空间整合,"以产促城,以城兴产,产城融合"。

产业规划与城市发展规划协同。推动功能混合、土地复合利用的开发模

---

[1]　丛海彬,段巍,吴福象. 新型城镇化中的产城融合及其福利效应[J]. 中国工业经济,2017,11:62－80.

式。产城规划的协同是现实产城互动融合发展的基础。不同行政等级的城市避免盲目推行产城融合项目,造成圈地行为泛滥,需要把握产业发展趋势,定位好符合区域可持续发展的产业,以城市功能定位为核心,兼顾城市规划、城市功能和产业规划,鼓励产城融合的新型产业,这将有利于城市土地集约化,加速产业集聚发展。鼓励开发区和产业集聚区创新土地政策,允许不同功能的土地资源进行复合利用,兼顾土地资源的主要用途和次要用途,提高土地的附加值,引导产业规划和城市规划过程兼顾土地复合用途。同时,为了提高土地集约化,规范新型产业的供地方式,支持土地用途调整,综合考虑产城规模和发展水平,实行差异化的用地标准。

第三节　制度一体化与土地资源可持续利用

一、发展战略协同与土地可持续利用

受新冠肺炎疫情的影响,全球经济呈现下降趋势,中央明确指出,逐步形成以国内大循环为主,国内国际双循环相互促进的新发展格局。自中共十八大以来,我国深入实施区域协调发展战略,京津冀协同发展、长江经济带发展、粤港澳大湾区建设、长三角一体化等均上升为国家战略,长江经济带各大城市群(长三角城市群、长江中游城市群、成渝城市群、黔中城市群、滇中城市群)之间的区域差异较大,针对长江经济带经济发展政策和土地资源管理相关政策的制定需要与国家战略相协同,同区域发展生态环境保护政策相协同。

新形势下发挥各地区比较优势,促进各类要素合理流动和高效集聚,经济由高速增长阶段转向高质量发展阶段,对区域协调发展提出来新要求。中共中央在 2014 年发布的《国务院关于依托黄金水道推动长江经济带发展的指导意见》中明确了长江经济带在区域发展总体格局中的重要地位。依托长江经济带发展,打造中国经济的新支撑带。长江流域分为上中下游地区,在推动长江经济带时应该立足各区域的比较优势、经济布局以及环境承载能力,发挥长江三角洲的核心带动和示范作用及重庆、武汉作为长江中上游核心城市的引领作用。2016 年 3 月审议通过的《长江经济带发展规划纲要》进一步将长江经济带规划为"一轴、两翼、三级、多点"的发展新格局。以"一轴"即长江黄金水道作为依托,发挥核心城市的带动作用;以"两翼"即沪瑞和沪蓉两大运输通道为支撑,带动长江经济带沿线的货运及客运,提升各区域资源的有效配置;以"三极"即长江三角洲、长江中游城市群和成渝城市群为核心,通过三个核心城市群的辐射及带动作用,促进相关产业转移,推动长江上中下游欠发达地区的产业建设和经济发展;以"多点"即除了三大城市群以外的地级城市为基础,努力推动地级城市的经济建设,减小其与核心城市差距,促成核心城市群与地级城市的一体化进程。

二、生态环境保护与区域规划发展协同

推动加强长江经济带各区域的共同生态保护,将生态环境保护摆上优先的战略位置。《长江经济带生态环境保护规划》中强调了推动长江经济带发展,要坚持生态优先、绿色发展,将生态环境保护摆上优先地位,一切经济活动以不破坏生态环境为前提。而长江三角洲作为长江经济带上发展最活跃、开发程度最高的重要区域之一,在 2019 年 12 月印发的《长江三角洲区域一体化发展规划纲要》中明确提出加快长三角生态绿色一体化发展示范区建设,推动生态优势转化为经济社会发展优势,实现区域一体化的制度创新。

(一)推动生态保护区分级控制

根据不同的生态保护需求、资源开发利用程度、社会经济发展情况及可持续发展的角度,将生态保护区划分为不同等级区域,以适应环境保护与经济发展的不同需求[①]。长江经济带各级政府应该推动各级生态保护区的建成,将长江经济带各区域划分为严格生态保护区、生态保护利用区和开发建设区。其中在严格生态保护区中提高自然保护区、国家级生态公益林、水源地等生态

---

① 成文连,柳海鹰,关彩虹.区域生态保护分级控制规划——以浙江省安吉县为例[J].内蒙古环境科学,2009,21(03):9-14.

空间的保护力度,禁止任何以经济开发为目的而进行的生态环境破坏。在生态保护利用区范围内,推动森林公园、风景名胜区的建设,通过开发自然资源的观赏效应,带动游客前往参观,对该区域的经济发展具有一定的带动作用。而在建设开发区,应维护好各城市的生态环境,保障城市内部建设开发密度和植被覆盖密度在一个相对适宜的区间范围内,塑造绿色城市的基本形态。

(二)共同加强生态保护,推进环境协同防治

各区域间合力保护重要生态空间,特别是各区域交界生态区,如长江上游云南与四川省在金沙江附近交界处、京杭大运河、新安江—千岛湖等跨界水体区域。各省政府应该加强跨省联防联控机制,全面推动水污染的治理协作、生态修复及生态自然保护区的设立。从长江上游生态圈到中游生态圈再到下游生态圈,通过各省市的有效生态协作,减少生态治理成本,提高生态治理效率,以保证整条长江经济带的良好生态环境。

(三)将生态优势转化为经济发展优势,以生态一体化推动长三角 一体化

在保证基本农田总量不减、质量不降的前提基础下,优化完善整个空间布局。统筹土地管理,建立统一的建设用地管理机制,进一步推动土地要素的市场一体化。在环境保护区禁止部署工业区和具有污染性质的相关土地利用类型,规范土地资源合理有效的应用。在生态建成区推动旅游观光项目,并完善该区域的相关基础设施建设,做到在保护生态环境的同时,为生态区带来一定的经济效益。

(四)以生态环境保护为约束目标,优化区域国土空间格局

中共中央、国务院高度重视长江经济带生态环境保护工作,长江经济带以"共抓大保护、不搞大开发"为发展目标,约束国土空间开发。坚持生态优先、绿色发展,把生态环境保护摆上优先地位。本书以生态服务价值最大化为目标,以江苏省为案例,重点分析了江苏省土地利用变化对生态服务价值的响

应,并以生态服务价值最大化为约束,调控土地利用结构,并对未来的土地利用空间格局进行模拟。针对 2025 年太湖周边、苏中苏北交接带和苏北内陆地区将经历土地利用转型导致的生态系统服务价值(ESV)的较大变化,建议江苏省重视该类地区土地资源开发与保护,提高生态修复能力,建立生态补偿机制,加强生态环境的监管,保证生态环境不再恶化。

三、流域资源开发与保护监管协同

创新流域保护的制度,应该将已有的行政为主导的监管与市场调节手段、预警技术相结合。借鉴莱茵河、密西西比河和泰晤士河的环境治理理念,根据长江流域的具体情况,改革资源保护和供求方式,协调长江经济带各个部门和上、中、下游地区,以及各个长江支流地区,建立水资源交易市场和完善长江流域生态补偿机制。同时,通过数据集成和平台开发,建立长江经济带的环境监测机制和资源环境承载力预警机制,实时动态协同监管长江经济带资源环境状况。以市场手段为抓手,以科技监测手段支撑,以协同监管为目标,实现长江经济带资源环境可承载的可持续发展。

第四节　空间一体化与土地资源可持续利用

一、国土空间规划"一张图"与土地资源利用的集约性

《长江经济带生态环境保护规划》明确要求,严格空间管控,严守生态红线。各省市要系统构建长江经济带的区域生态安全格局,强化"生态保护红线、环境质量底线、资源利用上线、环境准入负面清单"硬约束。目前各地基本建立了以土地利用总体规划、城乡规划、区域规划为主体的国土空间规划体系,长江经济带的大部分区域也是《主体功能区规划》的重要部分,现行的规划体系存在"规划自成体系、内容冲突、缺乏衔接协调"和"重局部轻全局、重当前轻长远、重建设轻保护"等问题,多规合一的提出就是为了解决这些既有规划之间的冲突。

以大数据和智慧化等技术手段为支撑,加强引导规划实施监督,建立空间规划"一张图",依托国土空间基础信息平台,加强长江经济带市县的国土空间规划数字化进程,扎实推进"一张图"的底图收集工作,完善数据库信息,能够最大化地覆盖全流域,形成动态更新、权威统一的空间规划"一张图",彻底解决"多规合一"难以融合的难题。同时,统筹实施监督体系、法规政策体系和技术标准体系,同步推动不同行政等级之间空间规划"一张图"的协调对接。

二、陆路交通网络发展与土地资源开发的近远程耦合性

2021 年 2 月 24 日,国务院印发了《国家综合立体交通网规划纲要》(以下简称《纲要》),明确提出完善面向全球的运输网络,到 2035 年,基本建成便捷顺畅、经济高效、绿色集约、智能先进、安全可靠的现代化高质量国家综合立体交通网,实现国际国内互联互通、全国主要城市立体畅达、县级节点有效覆盖,有力支撑"全国 123 出行交通圈"。长江经济带是国家综合立体交通网络建设的重要部分,构成国家综合立体交通网骨架布局,对建设国际性综合交通枢纽集群、国际性综合交通枢纽城市和国际性综合交通枢纽港站意义重大。沪苏浙皖签署《长三角地区打通省际断头路合作框架协议》,省界断头路的打通被提上议事日程。未来,长三角的铁路网还将进一步加密,《长江三角洲区域一体化发展规划纲要》提出"到 2025 年,铁路网密度达到 507 公里/万平方公里,高速公路密度达到 5 公里/百平方公里"。

日益网络化的综合立体交通推动了国土空间格局重构,也加强了流域上下游间生产要素的自由流动,这将对上下游的土地资源开发利用带来远程耦合效应。综合化的交通网络产生了时空压缩效应,使得资源要素和生产要素在长江经济带上下游间流动加速,更使得不同区域之间的土地利用变化受到邻近城市,甚至较远城市的影响。土地利用的空间溢出效应在流域尺度上不容忽视,长江经济带正面临着产业转移和产业转型升级过程,要素的流动格外频繁,要素附着的土地利用强度也会加大,预判要素流动带来的空间溢出效应,有利于合理规划产业转移方向,节约土地资源,提高工业用地的效率。

三、长江流域多中心空间格局与土地资源开发的协调性

中共中央关于制定《国民经济和社会发展第十四个五年规划和二〇三五年远景目标的建议》（以下简称《建议》）提出"构建国土空间开发保护新格局"，这是我国进入高质量发展阶段的内在要求。长江经济带国土空间开放新格局既要按照产业发展路径分类治理，也要按照不同空间单元进行有序开发。

（一）发展"港口—腹地"空间双核结构，构建国土空间新格局

双核型空间结构是控制我国沿海和沿江地区区域经济发展的基本空间结构形态，是由区域中心城市和港口城市及其连线所组成。流域经济带是最有可能形成和发展双核结构的地区，能实现区位上和功能上的互补[①]。《纲要》明确提出，推进一批国际性枢纽港站、全国性枢纽港站建设。长江经济带下游有上海国际航运中心、中游有武汉航运中心、上游有重庆航运中心，还拥有很多的重点港口和内河港口。在新发展格局需求引导下，优先支持枢纽港口建设，积极支持重点港口，培育支持一般港口，从而形成港口与流域区域内中心城市的联动发展。

（二）加强不同等级城市群空间联系，协调土地资源开发

随着我国经济发展转向高质量发展，空间结构发生深刻变化，中心城市和城市群成为承载发展要素的主要空间载体。"十四五"时期我国进一步发挥城市群的资源集聚效应和辐射带动作用，提高区域城市群的一体化程度，发展高质量的融合经济。长江经济带需要加强上游与下游的联系，以长江三角洲城市群为龙头，以中游城市群和上游城市群为极核，带动沿江中小城市和小城镇的发展，起到功能互补的效果，形成区域联动、结构合理、集约高效、绿色低碳的多中心发展格局。"十四五"规划强调发挥中心城市和城市群带动作用，推进以县城为重要载体的城镇化建设。2015年以来，我国通过就地城镇化的方

---

① 陆玉麒.区域双核结构模式的形成机理[J].地理学报，2002，57（1）：85-95.

式使得县级单位与大城市之间的联系更加紧密,同时借助辐射效应,带动周边特色小镇以及乡村经济发展,实现资源要素不断完成由城市群周边向核心聚集,再由核心向周边回流的良性循环。

索　引

后　记

　　流域经济带成为世界上大国经济发展的重要区域,新时期我国区域发展格局的调整,将长江经济带开放利用再次提到了国家战略的高度,流域经济带建设将成为我国未来经济增长的重要增长极。习近平总书记指出,长江经济带要成为我国生态优先、绿色发展主战场,畅通国内国际双循环的主动脉,引领经济高质量发展的主力军。本专著得益于国家自然科学基金青年基金项目(41901210)、教育部人文社科一般项目(19YJCZH186)等项目的资助。也得益于浙江工商大学经济学院应用经济学学科建设平台的资助。

　　本专著是在博士论文的基础上修订完善而成,时隔三年,再次对毕业论文进行修订时,当年写作的场景历历在目,思绪万千,勾起了我对那段学习和生活的日子的深深思念。2013年博士入学,踏入了一个全新的土地资源利用的学科领域,内心激动与焦虑并存。激动的是我敬爱的导师黄贤金教授给了我一个宝贵的机会,成为他团队的一员,焦虑的是我硕士期间的研究聚焦在宏观的区域经济发展,如何寻找到博士期间的研究方向,能够在老师的研究领域找到契合自己的兴趣点。在迷茫的选题过程中,黄老师给了我很多的鼓励和支持,每次与老师的面谈都是醍醐灌顶,老师总会给出一些令我惊奇的想法,指引我去进一步求证和思考。也是在那时,我关注到了长江经济带发展战略的一些问题。由于涉及区域较大,涉及问题复杂多变,我担心做不好的时候,黄老师告诉我:"我们是科学家,要用科学的方法去为国家政策服务,也要有政策的敏感性,做好前瞻性的科学研究工作,才能更好地为未来的社会发展提供一些科学的建议,更要有学术自信去坚持自己的研究。"老师的肺腑之言让我坚持到最后，完成了博士论文。时至今日，在工作中遇到困难，研究上遇到瓶颈的时候，老师的话总是让我再次充满正能量，在科研的道路上继续前行。

黄老师团队还有很多极有感染力和亲和力的老师，在我读博期间给了我很多的帮助和关心。曾经的关怀和指导在此不再一一列举，内心充满着感恩，感恩我能在这样一个充满爱的团队里学习，感恩人生最后的一段学习旅程中遇到可亲可敬的老师们。感谢钟太洋老师、陈志刚老师、陈逸老师、汤爽爽老师、李禕老师、毛熙彦老师、杨俊老师。

感谢美国犹他大学魏也华教授，在我为期一年的访学中给了我很多的指导，不仅提升了我SSCI论文的写作能力，而且也让我对博士论文理论框架的构建有了新的认识。感谢访学期间，在博士论文写作过程遇到困难时，中山大学沈静老师，哈尔滨农业大学梁冬玲老师，犹他大学化学系王芳博士，迈尔密大学李寒老师，犹他大学肖伟烨博士、伍杨屹博士、张凌博士对我的关心和支持！感谢中科院南京分院杨桂山研究员，南京师范大学方斌教授，南京大学地海学院濮励杰教授、周寅康教授、李升峰教授、金晓斌教授、朱明老师等师长，各位老师的宝贵意见使得我能够深刻理解研究问题，对专著进一步进行修订完善，提高专著的科学性。

感谢浙江工商大学经济学院的领导和学术委员会的评审老师，在学科平台的支持下本专著顺利出版。感谢浙江工商大学经济学院学生杨宇超、王顺伍、薛荣鉴在专著修订过程在格式核对等方面的帮助。

最后，感谢南京大学出版社，特别感谢田甜编辑，在审稿和校稿过程付出的大量心血，发现了很多细节问题，让本专著得以进一步完善。